비교철학

비교철학

유명걸 저

전남대학교출판부

서 론

본 저서 「비교철학」은 저자가 30여년 동안 강의한 내용과 저자의 비교철학에 해당되는 논문들 가운데서 지면 관계상 논문 형식의 글로 수정한 것 중에서 6편만 골라 기술한 것이다. 비교철학은 다른 분야의 논문보다 어려울 수밖에 없다. 특히 인문분야의 비교 논문은 귀할 수밖에 없고 사상을 비교해도 수필 형식 내지 교양과목 교재 수준의 내용을 벗어날 수 없다. 비교철학이 어려운 것은 양측의 모든 내용을 나름대로 섭렵하거나 연구의 진척이 있어야 하기 때문이다.

첫째, 비교철학의 대상을 찾기가 힘들다. 어느 나라의 철학이든 사상이나 비교의 대상이 다르므로 비교철학의 대상을 찾기가 힘들다. 특히 두 사상의 바탕에 흐르는 철학사상, 비교되는 용어의 의미, 정의 그리고 의의 등이 공통점을 가져야 하는데 그것을 찾기가 힘들고 내용의 양도 한계가 있다.

둘째, 국가간의 비교철학이라면 두 국가간의 언어의 습득이 요청된다. 예를 들면, <미국 실용주의와 한국 실학사상>의 연구를 함에 있어서 미국 실용주의를 연구하고, 한국 실학사상을 연구하여야 하는데 그 방대한 두 사상을 연구함에 있어 미국 실용주의를 연구한 사람은 한문으로 된 한국 실학사상을 연구하기 힘들고 한문으로 된 한국 실학사상을 연구한 사람은 영어로 된 미국 실용주의 철학을 이해하기 힘들기 때문이다.

셋째, 비교하려는 두 철학적 대상의 학문적 바탕이 있어야 한다. 예를 들면, 한국의 실학사상은 한국 철학의 흐름과 역사 철학적 배경 속에서 이해되어야 할 것이고 미국 실용주의 철학사상은 서양철학 특히 영국의 경험주의 철학을 중심으로 한 영국철학이 바탕이 되어야 할 것이다.

넷째, 어느 한쪽이 아무리 본질적이고 좋은 철학사상이라고 해도 다른 한쪽과의 비교 대상이 되지 않는다면 비교철학에서는 제외될 수밖에 없다. 필자는 미국 실용주의 철학사상과 한국의 실학사상을 비교 연구하기 위해 미국 U.I.C대학 도서관에 있는 30여권이 넘는 미국 실용주의 철학 서적을 정독했다. 그래도 비교철학에 인용할 수 있는 서적은 10여권에 불과했다.

위의 다섯가지 경우를 종합해 본다면 어느 한쪽의 연구가 부족함을 느끼게 되거나 아니면 양쪽 모두 아쉬움이 남는 연구가 될 수밖에 없다. 그러나 여기서 자위로 삼고 싶은 사실이 있다면 비교 철학의 실마리를 풀었으므로 후진 철학자들의 더욱 깊은 비교철학 연구에 대한 길라잡이가 될 것을 희망해본다. 이러한 내용이 본 저서의 자부심이기도 한다. 이 저서를 살아 생전 필자밖에 몰랐던 나의 어머님 김상순 여사 영전에 바치고 싶다.

2007년 6월

둔덕동 연구실에서 저자

목 차

I. 단군 사화와 창조신화

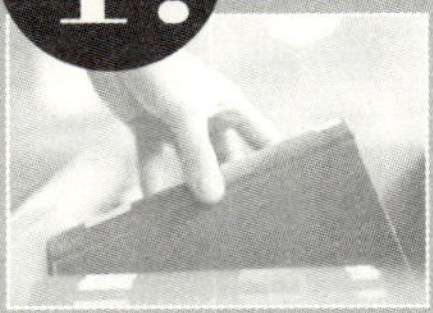

1. 서 언

인간만이 동물과 구별되는 이성을 가지고 있으며 사유할 수 있다. 이러한 인간의 특성은 동서고금을 통해 끊임없이 연구되어 왔고 논의되어 왔다. 어떤 현상에 대해서 사유하고 앎을 추구하는데 그치지 않고 그것이 인간에게 있어서 얼마나 정의롭고 가치 있으며 유용한가에 대하여 해답을 찾고자 했다. 앎이 지의 문제라면 정의의 추구, 가치의 실현, 유용한 것의 활용은 실천의 문제였다. 우리는 무엇을 알고 어떻게 알아야 하며 왜 알아야만 하는가? 우리에게 가치있는 일은 무엇이며 우리는 그것을 어떻게 실천해야 하는가, 하는 문제는 인간에게 있어서 매우 중요한 문제이다. 우리의 민족정신, 국민통합의 원천은 어디 있으며 국민의 근원적 사상은 어디에서 출발하는가? 이러한 물음에 대한 답은 이미 확인되어, 혼란과 당혹을 미연에 방지했어야 했다. 그것은 삼국시대나 고려에서 출발할 수 없다. 그것은 단군 건국사화에 있으며, 단군 건국사화에서 출발하며, 출발해야 한다. 한국 대부분의 학자들은 단군 건국사화를 <단군신화>, <단군 건국신화>라고 칭하는가 하면 유일신만을 주장하는 기독교인들은 우상이라 하여 미신으로 간주한다. 그러한 그리스도교적 입장에서 나온 주장은 어디까지나 그리스도교인들의 생각이며, 단군 건국사화를 단군 건국신화 또는 단군신화로 보는데서 오는 오류일 뿐이다. 참 안타까움을 금할 수 없다.

단군 건국사화 단군신화, 단군 건국신화가 미신이 아님은 그것이 사적 자료가 밝혀지기 까지는 건국에 관한 역사적인 사실일 뿐이라는 진리이며, 우리 민족의 사상적 근원이 거기에 있기 때문이다. 바다의 원천을 찾으라면 강물이고, 강물의 원천은 넘쳐 흐르는 옹달샘이라는 사실이 이를 잘 대변해 주지 않는가? 단군 건국에 관한 사실이 역사적으로 고증되었다면 그것은 단군조선 건국사화가 아니라 <단군조선 건국사>라고 칭해야 옳을 것이다. 단군을 신으로 모시든 모시지 않든 그것은 각각 개인의 자유다 그것을 미신으로 매도하는 것은 종교적 우매함에서 나오는 횡포이며 만행이다. 중국에서 개인들이 그들의 역사적 인물인 관운장이나 제갈공명을 사당에 모셔놓고 제사를 지내는 것도 그 나름의 종교적 의식이다. 사상이나 종교적 믿음을 역사적 고증으로만 해결하려함은 무지의 소치이다.

고조선이라는 국가의 형태가 모호하고 단군의 태어남이 비논리적이며 사적자료가 없기 때문에 신화라 한다면, 고구려의 고주몽 건국사화, 신라 박혁거세의 건국사화, 고려 왕건의 건국사화도 단국건국사화와 마찬가지로 취급해야 옳을 것이다. 그러나 그들이 세웠다는 고구려, 신라, 고려라는 나라들이 엄연히 존재했고 문화를 꽃피웠고, 훌륭한 왕과 훌륭한 사상가들이 존재했던 것을 무엇으로 해명할 것인가? 그들 나라의 국조와 건국에 관한 역사적 자료를 찾지 못했다 해서 그들 국가를 부정할 것인가? 고조선부터 고려에 이르기까지 건국사화에 관한 자료를 찾고 발굴해야 한다. 우리민족의 우수성을 온 세계에 확인시켜야 한다.

이스라엘의 건국신화는 그들의 시작이다. 현재까지 고리를 연결해주는 예수그리스도와 오늘날의 그리스도교는 모두 神이라는 대상과 믿음이라는 목표를 가지고 있었기 때문에 신화였고 종교였다. 우리는 이러한 문제를 거듭 심사숙고하지 않으면 안된다. 그리스도교의 창세기와 단군 건국사화, 기독교의 십계명과 단군조선의 8조금법에 관하여 비교 연구함은 우리들의 역사의식을 바로 세우고 우리의 사상적 근원을 확인함이 될 것이다. 사상에서의 知와 行의 문제는 역사에서처럼 역사적 고증이 중요한 것은 아니다. 의식적이든 무의식적이든 하늘에 대한 신앙이 우리 국민의 마음속에 있었고 다른 국가를 침략하지 않으며, 국가가 평화롭고, 개인에게는 행복의 기틀이 되었다면 그것으로 단군 건국사화의 소임은 충분한 것이다.

단군 건국사화가 민족국가의 정통성과 역사적 전통성의 초석이 되었고 우리는 그것을 전승해 왔음은 주지의 사실이다. 우리 스스로 부정할 필요가 어디 있는가? 역사학적, 고고학적, 문화인류학적, 사회경제학적 연구에서는 고증이 필요하고 사실확인이 필요 불가결한 문제일 것이다. 그러나 종교적인 측면과 사상적인 측면에서는 고증이 그렇게 중요한 것이 못되며, 필수적인 것은 아니다. 종교적 측면에서는 그렇게 믿으면 되는 것이요 사상적 측면에서는 그러한 바탕위에서 인간에게 도움을 주고, 행복을 줄 수 있는 사상으로 발전시키면 되는 것이다. 단군 건국사화와 같이 건국사화가 없는 국민들 보다 훨씬 더 자부심과 긍지와 행복을 추구할 수 있지 않을까?

2. 知와 行의 논리적 근거

본 논문에서 제기되는 知의 문제는 인식론의 세가지 주된 내용, 즉 앎의 이론, 논리학, 학문의 의미 중 앎의 이론에 관한 知와 행위와의 관계에서만 해명이 가능한 知이다. 사물이나 사실의 앎 자체를 알기 위하여 앎의 본질과 개념을 밝히는 것도 중요하지만, 개별적 사물이나 사실의 참된 앎은 오직 앎의 본질과 개념의 앎을 통해서 형성되기 때문에 앎의 근본이라는 사실을 간과해서도 안된다. 그러나 부분적 앎을 깊이 탐구함과 동시에 전체적 관점에서 종합적으로 사유하고 분석비판 함으로써 나무를 보고 숲을 보지 못하거나 숲을 보면서도 나무를 보지 못하는 우를 범해서도 안될 것이다.

知와 行은 아는 것과 실천하는 것, 지식과 행위의 문제이다. 서양의 사상에서 그리이스 철학이 아는 것(知)이요, 이론적이라면 그리스도교는 行의 문제요, 실천의 문제였다. 그리이스 철학으로 대표되는 知가 서양사사에서 바탕이 되고 날줄이 되었다면 그리스도교 사상은 씨줄이 되어 오늘날의 서양사상 체계를 구축해 왔다. 오늘날 그리이스 철학과 그리스도교 신앙의 해명없이 서양사상을 이해한다는 것은 불가능한 일이다. 知行의 문제는 중국철학의 주제인 것처럼 중국철학자들에게 지속적으로 내려온 과제이다. 주자와 왕양명의 지와 행에 관한 학문체계는 중국인의 사색 태도를 잘 표현하고 있는 것이다. 지와 행 각개의 문제를 중국의 왕양명은 지행에 관한 자기의 철학 사상으로 주창하면서 지행합일이라는 용어를 중국에서 처음 사용했다. 서양에서 知와 行의 문제는 역사성과 철학 소유의 한계를 긋기는 어렵지만 소크라테스는 플라톤의 저서를 통해 앎의 문제와 行의 문제를 해결하려고 하였다.

한국에서 많은 사람들이 종교적 이유로 자기 학문의 편향성 때문에 단군 건국사화(檀君建國史話)에 대하여 평가절하하고 곡해하는 사실은 대한민국 국민의 한사람으로서 가슴아픈 일이다.

우리는 단군건국사화에 대하여 그릇된 견해에 관한 반론을 몇 가지 추론해 볼 수 있다. 첫째 견해는 단군의 건국사화의 내용이 비과학적이며, 사실상 있을 수 없는 일이라는 주장이다. 그러나 현대적 국가가 아니고 세계의 어느 고대국가의 건국사화가 과학적이며, 건국사화의 내용이 가능한 일인가? 기독교의 창조신화는 과학적인가? 그것은 가능한 일인가? 반문하지 않을 수 없다. 둘째, 단군 건국사화의 출처가 분명치 않고 후세의 위작 또는 불교도들의 창작이라는 주장이다. 출처가 분명히 역사적으로 고증될 수 없기 때문에 단군 건국사화라는 표현이 적당하다고 본다.

셋째, 단군 건국사화를 우리민족의 독특한 사상인줄 오인하고 민족의 슬기를 표현하고 자기 스스로 과장하고 있다는 주장이다. 사상은 형성되어 가는 것이다. 단군 건국사화를 우리의 독특한 사상으로 유지 발전시킨다면 충분히 가능성이 있으며 지금까지 그렇게 해왔다. 단지 단군 건국사화를 무의미한 신화로 생각하고 져버린다면 우리의 사상적 근원은 어디서 찾을 것인가? 넷째 단군시대를 굉장히 문화가 열린시대로 알아 단군의 말씀과 사상이라면 어려운 내용을 제시하려한다는 주장이다. 인간은 문화의 창조자인 동시에 문화의 피조자이다. 우리는 어찌 되었든 간에 단군 건국사화를 중심으로 한 문화에 젖어왔고 단군 건국사화를 중심으로 문화를 창조할 수 밖에 없다. 단군시대의 문화가 위대하다거나 형편없다거나 하는 것이 문제가 아니다.

우리는 단군건국사화에 대한 오해와 편견 그리고 곡해를 타파하고, 단군건국사화에 대한 올바른 사상의 유지 및 발전을 추구해야 한다. 단군 건국사화에 관해 가장 중요한 내용은 사상이요 그 실천이다. 단군 건국사화에 관한 사상은 역사에서처럼 고증이 필요치 않다. 출처가 무에 필요하단 말인가? 단군조선 건국사화의 근원을 굳이 중국에서 찾을 필요가 어디 있는가? 우리는 중국인과 민족도 언어도 지리도 역사도 모두 다르다. 한반도라는 토양 속에서 중국대륙의 일부까지도 호령하며 사상을 형성하며 자존심을 지켜온 민족이다. 우리의 건국사화 속에서 우리의 사상을 찾고, 확인하고 발전시켜 세계적인 한국을 지향할 때이다. 그런 의미에서 나는 단군 건국사화를 토템이즘의 일종으로 보거나 단군신화로 보는 것에 반대한다. 단군 건국사화를 천신과 웅녀의 혼인으로 부족적 영웅, 곧 그 부족의 통치자가 탄생하였다는 신화유형의 한 형태로 보는 것도 반대한다.

3. 단군 건국사화와 창조신화

사대주의 성향을 띤 일부 주체성 없는 사람들은 중국에서 단군 건국사화의 근원을 찾고자 한다. 그것은 그들의 학문의 자유요, 분야가 역사에 관한 내용이니 좋은 결실이 있길 바랄 뿐이다. 그러나 일부 몰지각한 사람들이 단군의 건국사화를 토테미즘에 입각해서 자기의 주장을 굉장한 진리나 발견한 것처럼 떠벌이는 것은 경계하여야 한다. 토템이즘은 토템신앙에 의해 형성되는 사회체제 및 종교형태이다. 그리고 토템은 미개사회에서 씨족, 부족, 또는 씨족적 집단의 성원과 특별한 혈연관계를 가진다고 생각하여 신성시 하는 특정의 동식물 또는 자연물이다.

단군 건국사화에 호랑이와 곰 그리고 마늘과 쑥이 등장한다. 어느 것 하나 우리민족의 성원과 특별한 혈연관계를 가졌다고 생각하여 신성시 하는 것이 있는가? 없다. 과거부터 호랑이는 무서워하여 설화나 동화의 대상이 되어왔다. 현실에서도 곰과 호랑이와 마늘과 쑥은 토템의 대상이 아니다. 그것들은 정력식품, 건강식품으로 각광을 받아 신성시하지 않고 없어서 못먹는 식품이요 즐겨 먹는 식품들이다. 오히려 인간이 되었다는 곰은 외국까지 가서 밀렵하여 한국민 전체를 경계의 대상으로 삼게 했다. 어떻게 해서 토템인지 이해가 안간다. 동물만 등장하면 토템사상인가? 반문하고 싶다. 더 나아가 우리나라에는 곰에 대한 민족적 토템신앙이 없다. 사회체제는 부족국가의 형태이며 고려 이전까지는 민족종교도 없었다. 토템 내지 토템이즘 속에서 한국의 역사 한국의 사상적 근원을 찾으려는 것은 크나큰 오류를 범하는 것이다.

단군건국사화의 계승적 변형인 고주몽 건국사화에도 웅녀는 하백(河伯)의 딸로 되어 있다. 웅녀를 밝히지 않고 다만 천제자(天帝子)인 해모수(解慕漱)와 신혼한 장소를 웅신산(熊神山) 또는 웅심연(熊心淵)이란 지명으로 암시하고 바로 유화라는 사람이름을 붙인 것이 다를 뿐이다. 이 건국사화에서도 볼 수 있듯이 곰을 신성시하고 숭배한 것은 아니다. 여기서 우리는 몇 가지 사실을 추론해 볼 수 있다. ① 단군 건국사화이후 왕의 부인은 모두 웅녀로 부르지 않았던가? ② 웅녀라는 이름은 우리가 곰례라는 옛이름이 있고, 현대에는 순자, 영자란 이름이 흔한 이름이 되었듯이 모두가 아는, 널리 알려진 이름이 아니었던가? ③ 기억해 볼 만한 것은 단군 건국사화에서도 고구려 건국사화에서도 모두 하나님의 아들 환웅이나 해모수와 결혼하였다는 사실이다. 더 나아가 고구려의 역사가 우리에게 고증되어 전해오는데 굳이 부정할 필요가 어디 있는가? 그대로 믿는 것이오, 믿는 것은 아는 것이다.

창세기 1장 26절부터 28절에 "하나님께서 말씀하시되 우리의 형상을 따라 우리의 모양대로 우리가 사람을 만들고 그로 하여금 바다의 고기와 공중의 새와 육축과, 온땅과, 땅에 기는 모든 것을 다스리게 하자 하시고 하나님이 자기 형상 곧, 하나님의 형상대로 사람을 창조하시되 남자와 여자를 창조하시고, 하나님이 복을 주시며 그들에게 이르시되 생육하고 번성하여 땅에 충만하라, 땅을 정복하라, 바다의 고기와 공중의 새와 땅에 움직이는 모든 생물을 다스리라 하시니라."라고 기술되어 있다. 이 내용은 하나님의 말씀으로 여섯째 날에 이루어진 것이다. 창세기 2장 7절에 "여호와 하나님이 흙으로 사람을 지으시고 생기를 그 코에 불어 넣으시니 사람이 생령이 된지라"라고 기술하고 있다.

창세기 2장 15절부터 17절에 "여호와 하나님이 그 사람을 이끌어 에덴동산에 두사 그것을 다스리며 지키게 하시고 여호와 하나님이 그 사람에게 명하여 말씀하시되 동산 각종 나무의 실과는 네가 임의로 먹되 선악을 알게 하는 사무의 실과는 먹지 말라 네가 먹는 날에는 정녕 죽으리라 하시니라"라고 기술하고 있다. 창세기 2장 21절부터 23절에 "여호와 하나님이 아담을 깊이 잠들게 하시니 잠들매 하나님께서 그 갈빗대 하나를 취하고 살로 대신 채우시고 여호와 하나님이 아담에게서 취하신 그 갈빗대로 여자를 만드시고 그를 아담에게로 이끌어 오시니 아담이 가로대 이는 내 뼈중의 뼈요 살중의 살이라"고 말했다. 창세기 3장 6절에 「여자가 그 나무를 본즉 먹음직도 하고 보암직도 하고 지혜롭게 할 만큼 탐스럽기도 한 나무인지라 여자가 그 실과를 따먹고 자기와 함께한 남편에게도 주매 그도 먹은 지라, 이에 그들의 눈이 밝아 자기들의 몸이 벗을 줄을 알고 무화가 나뭇잎을 엮어 치마를 하였더라」.

창세기 3장 14절부터 17절까지에 "여호와 하나님이 뱀에게 이르시되 네가 이렇게 하였으니 네가 모든 육축과 들의 모든 짐승보다 더욱 저주를 받아 배로 다니고 종신토록 흙을 먹을 지니라 내가 너로 여자와 원수가 되게 하고 너의 후손도 여자의 후손과 원수가 되게 하리니 여자의 후손은 네 머리를 상하게 할 것이요 너는 그의 발꿈치를 상하게 할 것이니라 하시고 또 여자에게 이르시되 내가 네게 잉태하는 고통을 크게 더하리니 네가 수고하고 자식을 낳을 것이며 너는 남편을 사모하고 남편은 너를 다스릴 것이니라 하시고 아담에게 이르시되 네가 네 아내의 말을 듣고 내가 너더러 먹지 말라한 나무 실과를 먹었은 즉, 땅은 너로 인하여 저주를 받고 너는 종신토록 수고하여야 그 소산을 먹으리라"하고 말씀하셨다. 창세기 3장 21절에 "여호와 하나님이 아담과 그 아내를 위하여 가죽옷을 지어 입히시니라."라고 기술되어 있다.

단군 건국사화는 원시 시대부터 우리 민간에게 구비로 전승되어오던 우리나라 최초의 건국사화이며, 한민족의 국조설화이다. 단군 건국사화의 가장 오래전 기록은 중 일연이 지은 삼국유사에 기술되어 있는 내용이다. 삼국유사는 고려 충렬왕 10(AD 1284)년경 명승 이었던 보각국사(普覺國師) 일연(一然, 이름 견명 후에 일연으로 고침, <1206~1209년>)이 지은 저서로, 삼국시대의 야사5권, 삼국사기에 빠진 古史들의 기록들을 원형대로 모아 놓은 귀한 저서이다. 내용을 요약해 보면 다음과 같다.

삼국유사 고조선편에 위서(魏書)를 보면 2000년전에 단군임금이 있어 아사달(阿斯達)에 도읍하고 조선이라는 국호를 썼다.

때는 중국의 요(堯)와 같은 시대(BC 2333)였다. 삼국유사의 기록에 의하면 옛날에 환인(桓因)의 서자 환웅(桓雄)이 세상에 내려와 인간 세상을 구하고자 할때 아버지 되는 환인이 그 뜻을 알고 삼위태백(三危太伯)을 내려다 보니 가히 홍익인간(弘益人間) 할만 하다하여 천부인(天符印) 3개를 주어 내려가 세상을 다스리게 하였다. 환웅은 3천명의 무리를 거느리고 태백산 마루 신단수(神檀樹) 아래 내려와 신시(神市)를 열었으니 이가 곧 환웅천왕(桓雄天王)이다. 환웅천왕은 풍백(風伯), 우사(雨師), 운사(雲師)와 더불어 주곡(主穀), 주명(主命), 주형(主刑), 주선악(主善惡)등 인간의 360여가지 일을 맡은 여러 신을 데리고 세상을 다스렸다. 이때에 한 곰과 한 호랑이가 있어 사람이 되기를 빌었다. 신웅(神雄)이 영애(영艾, 쑥)와 마늘을 주며 이것을 먹고 백일동안 해볕을 보지 않으면 사람이 되리라 하였다. 그 결과 곰은 3·7일동안 기(忌)하여 웅녀(熊女)가 되었는데 호랑이는 참지 못하여 사람이 되지 못했다. 사람이 된 곰은 매일 단수(檀樹) 아래서 아기 가질 것을 기원하므로 환웅이 잠간 인간 남자로 변하여 웅녀와 결혼하여 아들을 낳으니 이분이 단군 임금이다.

평양에 도읍하여 국호는 조선이라 칭하였다. 그후 백악산(白岳山) 아사달(阿斯達)로 천도하여 1500년간 나라를 다스리다가 주나라 무왕 기묘년에 기자를 조선왕에 봉하게 될 때 단군은 장당경(藏唐京)으로 옮겼다. 그뒤 다시 아사달에 들어가 산신이 되었으니 그 수(壽)는 1908세이다. 이것이 그 내용의 큰 줄거리이다. 이 삼국유사와 비슷한 시기에 저술된 이승휴(李承休)의 제왕운기(帝王韻記)에도 내용에 조금 차이가 있기는 하지만 단군 건국사화가 실려 있다.

우리는 이스라엘의 신화 창세기 편과 단군 건국사화와의 관계에서 몇 가지 흥미롭고도 중요한 사실을 밝힐 수 있다. 첫째, 그리스도교에서나 단군 건국사화에서나 하나님과 하늘님의 이름이 있다. 여호와 하나님과 환인천재가 그것이다. 그리스도교에서 하나님은 말씀으로 세계를 창조하시었다. 빛과 어두움을 나누시고 궁창을 하늘이라 칭하고, 식물 동물을 만드시고 6일째 되는 날에 인간을 흙으로 만들었다. 그러나 단군 건국사화는 인간이 없는 만들어진 세상에 생물에게 필요한 360여가지를 주관할 신들과 3천명의 神의 무리를 대동하고 하늘에서 내려왔다. 이것은 플라톤(Platon BC 427~347)에 있어서 현상계와 다른 원형의 세계인 Idea 세계가 있는 것처럼, 이데아 세계의 환웅이 현상계에 내려옴으로써 인간 세계와 다른 하늘의 세계를 인정하여 신화와 사화를 구별하고 건국사화에 인격성을 부여하기 시작했다. 360여 가지의 삶의 지혜를 제시함으로써 行 도출의 근거를 마련했다.

더 이상 무엇을 얻고 무엇을 바랄 것인가? 100일 동안 일광을 보지 아니하고 컴컴한 굴에서 지내라고 한 것은 어린이가 태어나기 전 10개월 동안 어머니의 자궁속 생활을, 산고의 어려움을 표현하고 있다. 차원높은 인간에게서 볼 때 Platon의 동굴의 비유를 연상케 한다. 100일 치성의 원조요 인간의 새로 태어남이요 인간성의 창조이다. 호랑이는 참지 못하고 호랑이로 남았으나 곰은 3·7일만에 남자가 아닌 여자가 되었다. 호랑이와 여인은 짐승과 인간의 구별이며, 짐승과 인격의 구별이며 知와 行의 구별이다. 남자를 먼저 만들고 그 부속품으로 여자를 만든 창조신화에 비해 훨씬 더 인간적이다. 이것은 당시의 남자 중심이 아닌 여자 중심의 모계 사회를 잘 반영해 주고 있으며 지금까지도 민간 신앙으로 전해져 오고 있다. 지금도 민간 신앙에서는 어린이가 태어나면, 3·7일동안 대문에 고추와 숯을 달고, 애를 낳은 집과, 사망자 집과는 교류가 없는 것이 그것이다.

창세기 1장 27절 "하나님의 형상대로 사람을 창조하시되 남자와 여자를 창조하시고", 2장 7절 "하나님이 흙으로 사람을 지으시고 생기를 그 코에 불어 넣으시니", 2장 21절부터 23절에 있는 아담과 이브의 창조신화를 종합해 보면 우리는 그 자체 모순을 발견할 수 있다. 하나는 시간상의 모순이다. 하나님의 말씀으로 창조하셨으므로 말씀이 창조의 순서이다. 그렇다면 3번에 걸쳐 각각 다른 시간에 몇 사람을 만들었다는 결론에 도달한다. 둘은 논리적 모순이다. 한번은 흙으로, 한번은 하나님의 형상대로, 한번은 아담의 갈비뼈로 만들었다는 것이 그것이다. 그러나 우리가 여기서 시간적 논리적 모순을 지적한 것

자체가 모순일지도 모른다. 왜냐하면 그리스도교는 서양의 종교요, 창조신화요, 그들의 교리이기 때문이다. 우리의 건국사화도 마찬가지다.

창조신화는 신화에 머물렀다. 그러나 건국사화는 자유가 있다. 환인께서 일방적으로 인간을 만드신 것이 아니라 호랑이와 곰의 간청에 의해서 인간이 될 선택의 기회를 100일간이나 주었다. 곰 혼자가 아니라 호랑이와 둘의 선택이다. 인간이 될 수 있는 100일간의 知속에서 行의 선택을 결정짓도록 했다. 우리들은 어린이가 태어나면 언제부터인가 100일 잔치를 열어 그동안 무사했음을 감사하고 튼튼하게 잘 자라도록 축원한다. 여기서 100일 잔치는 무엇을 의미하는가? 이것은 웅녀의 노력끝에 얻은 人間化의 과정에서 나온 결과가 아닐까? 100일 동안만 무사하다면 인간한계까지 무사하다는 사상이 우리 민족에게 연연히 내려온 것이라고 볼 수 있다. 불교에서 100일 기도를 올리는 것 또한 단군사상에서 도출된 것이라고 생각하는 것도 무리는 아니다.

단군의 탄생에 있어서 생각해 볼 수 있는 내용은 임신의 과정이다. 예수그리스도는 단군보다 훨씬 연대가 후인데도 동정녀 마리아에게서 태어났다. 목수 요셉이 마리아의 남편이기는 하지만 요셉과는 무관하게 성령의 은총을 받아 태어났다. 기록이 가능한 시대임에도 불구하고 현실로서는 납득하기 어려운 종교적 설명이다. 인간의 아들을 신격화하는 전형적인 한 형태이다. 그러나 단군은 환웅이 이데아 세계에서 현상세계로 내려와 웅녀와 결혼하여 단군을 낳았다. 예수 그리스도처럼 지상에서 천상으로 올라가는 신격화가 아니라, 천상에서 지상으로 내려오는 인격화다. 이것이 인간 삶의 知의 출발이요 行의 시작이다.

성경의 창세기 신화에 비해 단군 건국사화는 훨씬 더 인간적이고 적극적이며 긍정적이며 논리적이다. 마늘과 쑥을 먹지 말라고 금지하는 것이 아니라 마늘과 쑥을 먹으면 소원을 들어준다는 긍정적이요 적극적인 知의 제안이다. 100일간이라는 기간은 역으로 100일간의 선택기간을 준 것이다. 100일간의 오랜 기간을 인내하며 상달에 좋은 결실을 맺도록 한 것이다. 동물이나 식물 바다고기에 이르기까지 가을에 풍요로움을 더할나위도 없다. 그 풍요로움을 예시한 것이다. 100일간은 앎의 기간이요 실천의 기간이요 行의 기간이다. 한국의 건국사화에서는 知와 行의 문제가 대립적으로 나타나는 것이 아니라 함께 知行合一로 나타난다.

함께라는 말은 협동심이 없이는 성취될 수 없다. 知와 行이 함께 나타나고 아는 것을 실천에 옮김으로써 소크라테스에게서 찾아 볼 수 있는 知行合一說을 제안하고 있는 것이다. 단군 건국사화에서는 여기에 멈추지 않고 남녀 평등사상과 남녀가 함께 실천하는 行의 문제도 해결해 준다. 죄의 근원이 이브의 꼬임에 있지 않고, 뱀과 이브 아담이 같이 알고 같이 행하는 가운데 죄를 사탄에게 돌리는 하나님의 창조물로서 결할 수 있는 모순도 배제한다. 단군 건국사화에서 호랑이의 행동은 호랑이가 책임지는 법칙원리가 적용될 뿐이다. 아담과 이브에서처럼 선악의 문제가 아니라 옳은 것이냐 또는 그른 것이냐 하는 문제일 뿐이다. 호랑이의 자유가 인정되고 곰의 인내와 고통이 고진감래로 표상된다. 인간적이며 논리적이며 윤리적이며 너무나도 인간적이다.

단군의 건국사화에는 인간화라는 목표가 있다. 하늘님의 아들로서 태어나 존재하여 있는 것을 거부하고 인간이기를 원한다. 한국에서는 제일 인간과 유사한 곰을 통해서, 곰을 매체로 하여 이데아세계의 인간이 현상세계, 태백산으로 내려온다. 인간이 되기 위한 방법으로 쑥과 마늘의 섭취가 있으며 100일이라는 기간이 있다. 쑥과 마늘의 공간적인 것과 100일이라는 시간적인 것을 통해 知와 行이 合一한다. 인간화의 목표는 정신적인 것이요 知이라면 쑥과 마늘의 섭취는 물질적인 것이요 行이다. 환제의 계시 환웅의 무언의 전언이 정신적인 것이요 知라면, 곰의 웅녀가 되기위한 마늘과 쑥의 섭취는 실천적인 것이요 行의 문제이다. 단군 건국사화가 창세기 신화편보다 더 논리적이고 과학적이다.

성경 창세기에 보면 최초의 인간 아담은 남자였고 두번째의 인간 이브는 여자였다. 그들은 그들이 남자인지 몰랐으며 여성인지 몰랐다. 행복이 무엇인지 불행이 무엇인지 몰랐다. 이것은 서양에 있어서 성경에 있어서 최초의 知의 문제였다. 아무것도 몰랐던 그들이 하나님의 명령을 거역하고 선악과를 따 먹음으로써 선과 악을 알게 되었다. 여자와 남자를 알게 되었고 부끄러움과 창피함을 알게 되었다. 선악과를 따먹지 말라는 하나님의 말씀은 知의 문제요 따먹는 과오는 行의 문제이다. 창피하고 부끄러워하는 것은 知요 성기를 무화과 잎으로 가린 것 또한 행의 문제이다. 지적인 것과 실천적인 것, 지와 행이 대립적으로 나타난다. 행위에 있어서 법칙원리와 목적원리가 제시된다.

4. 범금삼조와 십계명

서양에서 그리스도교 십계명중 1~4계명이 하나님과의 관계에 관한 계명이라면, 우리는 단군의 민간신앙으로 십계명과 비교 설명할 수밖에 없다. 십계명은 고대 이스라엘 사회에서 종교와 도덕, 신앙과 교리의 표준이 될 열가지 계율을 말하는데 증거판, 계시판, 언약의 돌판이라고도 한다. 하나님이 시나이(Sinai) 산에서 발현하여 모세를 통해 계시한 것이다. 십계명의 원칙은 〈하나님에 대한 사랑, 하나님 명령의 순종, 하나님에 대한 경배〉 라는 날줄과 〈이웃에 대한 사랑, 예의 지켜야할 법도〉 가 씨줄로 짜여진 사랑의 계명이다. 그 표현 양식은 (~하라, ~하지 말라)는 정언명법을 사용하고 있다. 십계명은 ① 여호와 하나님 이외의 다른 신을 섬기지 말라 ② 우상을 섬기지 말라 ③ 하나님의 이름을 망녕되이 부르지 말라 ④ 안식일을 거룩히 지키라 ⑤ 너희 부모를 공경하라 ⑥ 살인하지 말라 ⑦ 간음하지 말라 ⑧ 도둑질하지 말라 ⑨ 이웃에게 불리한 거짓 증언을 하지 말라 ⑩ 네 이웃의 재물을 탐내지 말라 등 열가지 계명이다. 그리이스의 철학이 知라면 기독교의 십계명도 知이다. 또한 십계명이 知라면 실천은 行이다. 십계명에서 4계명까지가 신의 知요 인간의 行이라면 5계명부터는 인간의 知요 人間의 行이다.

어느 나라 민족이든지 각기 풍속과 관습이 있으며 그 나라 안에서도 많은 민간신앙이 있음을 알 수 있다. 단군 건국사화 중에서 추출해 낼 수 있는 단군신앙도 그러한 민간신앙중 하나라고 생각하면 큰 문제가 될 수 없다고 본다. 환인이 환웅으로 하여금 인간의 360여사(餘事)를 맡아 다스리고 교화하도록 하였는데, 이것은 1년간의 삶을 체계적으로 살 수 있도록 취한 조치이며 과학적이고 논리적이다. 360여 가지의 일중 지나칠 떼는 8조금법에 따라 벌을 받아야 한다는 의미가 내포되어 있는 만큼 360여 가지 일과 8조금법이 주는 의미를 다시한번 숙고해야 한다. 360여 가지의 제시는 知요 8조금법의 실천은 行이다. 두 짐승이 싸우지 않고 같이 산다는 것은 화합과 평화의 정신이 있고 큰 짐승들이 적은 양의 식물로 견딘다는 것은 인내와 끈기와 자기자신 고통의 극복이라는 사상이 있다.

고조선의 사회질서를 유지하기 위한 고조선의 범금8조가 있었으나 그 중 3조가 전해지고 있다. ① 살인자는 사형에 처한다 ② 남을 상한 자는 곡물로서 보상한다. ③ 남의 물건을 도둑질하면 그 주인의 노예가 되는 것이 원칙이다. 속죄하고자 하면 매인당 50만전을 내 놓아야 한다는 것이다. 여기에는 서양의 탈리오의 "눈에는 눈, 이에는 이"라고 하는 법칙과 유사한 법칙이 적용되었다. 그러나 융통성이 있으며 죄인에게 선택의 기회, 선택의 자유까지 부여했다. 생명을 존중하는 사상은 살인하지 말라는 정언명법으로 전제되어 있으며, 그리스도교의 십계명중 6계명과 상통한다. ②와 ③의 금법은 재산존중의 사상이 있으며 그리스도교의 십계명 ⑧⑨⑩과 같은 의미를 내포하고 있다. 여기서 3조금법은 도덕원리의 知이요 법사상의 知이며 이의 실천은 行이다.

건국사화나 신화없는 문화는 그 건강하고 창조적인 자연력을 상실한다. 건국사화에 의하여 하나의 지평선이 둘러싸여서 그 속에서 문화운동 전체가 통일되고 완결된다. 건국사화의 보호 밑에서 젊은 혼은 성장하고, 건국사화 인도하에 성년이 된 인간은 자기의 인생과 삶의 의미를 해명할 수 있다. 비록 국가라 하더라도 건국사화나 이념, 신화적인 기초 이상의 강력한 불문율을 알지 못한다. 국가가 종교와 관련이 있다는 것, 국가가 신화적인 여러 관념으로부터 성장했다는 것, 건국이념이나 교육이념에 충실했다는 것, 이러한 것을 보장하는 것이 바로 건국사화나 신화적인 기초 이외에 있을 수 없다.

단군의 건국사화 없는 우리민족, 우리의 교육, 우리의 풍속, 우리 국가의 정통성없는 방황은 어떠하였을까? 어느 하나 견고하고도 신성하지 못한 사상적 원주지를 갖지 못하고 닥치는 대로의 가능성을 다 강구하고, 모든 문화의 피는 다 흡수해서 자신의 생명을 이어가는 불쌍한 민족들을 보라! 신화없는 인간, 건국사화 없는 인간은 영원히 굶주리고 모든 과거의 틈에 서서 과거를 파헤치고 뿌리를 찾고 있다. 심지어는 뿌리를 감추려하고, 이웃나라와의 관계 때문에 뿌리를 바꾸려고 한다. 비록 멀리 떨어진 역사유적 속에서 그 뿌리를 찾지 않으면 안되는 경우라 할지라도 말이다. 충족되지 못하는 현대 문화의 어마어마한 역사적 욕구, 수없는 이질 문화의 집합, 싫증을 모르는 인식욕, 이러한 것들은 건국사화의 상실이요, 고향의 상실이다.

우리는 지금까지 단군의 탄생과 단군의 건국에 관한 내용을 "단군 건국신화", "단군신화", "미신"이라고 칭했으며 혹자는 토템사상으로 보는 견해도 있었다. 이것은 잘못이다. 그것은 신화나 미신이나 토템사상이 아니라 "건국사화"이다. 성경 창세기와 단군 건국사화의 비교에서 나타난 것처럼, 창세기에서는 인간 마리아와 인간 목수 요셉과의 관계를 인간 마리아와 신(神)인 하나님 성령과의 관계로 승격시켜 성모 마리아로, 예수그리스도를 하나님의 아들로 신격화했다. 단군 건국사화에서는 인간이 되기를 원하는 동물, 곰의 진화론적 설명에서 도출한 인간화, 그 인간과 신과의 사실혼인 관계에서 단군이라는 인격화가 형성되었다. 여기에서부터 그리스도교의 창조신화와 단군 건국사화의 차이가 시작된다.

그리스도교 창조신화의 사상적 원천은 원죄에서 출발했고, 하나님의 명령에 대한 이브의 부정에 있다. 단군신화에서는 그 사상적 원천이 곰과 호랑이의 자유화에 있으며, 환웅의 명령이 아닌 제안을 거부하고 아니라고 부정함으로써 단군사상의 원천은 시작한다. 하나님이 최초의 인간 아담에게 선악과를 따먹지 말도록 주의를 준 것은 知요 선악과를 따먹는 행위는 行이다. 선악과를 따먹고 창피함을 알고 잘못을 아는 것은 知요 창피하여 국부를 나뭇잎으로 가리는 것은 行이다. 단군 건국사화에는 자유가 주어지고 선택의 자유가 주어졌다. 죄를 전제로 하지 않았으며 성취 가능성만 제시했다. 가능성 제시가 知요 그 가능성을 믿고 실천에 옮긴 것은 行이다. 100일간 약초를 먹고 소원을 빌라는 말씀은 知요 실천하여 여인이 된 것은 行이다. 이것은 하나님과 인간과의 약속이요 약속의 실천이다. 약속은 그 스스로에 의해서 반드시 지켜져야 한다는 도덕원리를 우리에게 제시해 주었다.

그리스도교의 십계명이 신에 대한 계율과 인간에 대한 계율로 구성되었다면, 단군 건국사화는 8조 금법중 5조 금법이 전해오지 않지만 전해오는 3조 금법은 하나님의 약속이행을 인간에게로 전수하는 인간의 도덕적 판단과 원리에 근거하고 있다. 우리가 단군 건국사화를 앎은 知이요 단군 건국사화를 연구하고 발전시켜 행동의 지표로 삼아 널리 인간을 이롭게 한다면 그것은 行이다. 세계 평화와 더불어 온 인류에게 행복을 줄 수 있다면 그러한 사상은 만들어야 한다. 하물며 존재해온 우리민족의 숭고한 사상을 업신여길 것이 아니라 우리의 사상적 근원임을 확인시키는 계기를 만들어야 한다. 역사학적, 고고학적, 문화인류학적, 종교적 측면에서 고찰하여 민족의 사상적 측면까지도 무시함은 크나큰 오류가 될 것이다.

독일의 니이체가 비판한 것은 기독교이지 예수그리스도가 아니다. 니이체는 복음서의 내용을 실천하지 않았다하여 기독교인들을 비판한데 반하여 복음서의 내용을 실천한 예수그리스도를 칭찬한다. 복음서의 내용은 知요 예수그리스도의 실천은 行이다. 서양의 문화가 본격적으로 유입되기 시작한 해방전까지 한민족이 평화를 사랑하고, 온화하고, 어질며, 인내심이 강하고 창조력이 우수했던 것은 단군사상에 그 근원이 있으며, 단군사상의 行이다. 서양의 일부 나쁜 사상을 여과없이 받아들일 것이 아니라 우리는 사상적 뿌리를 더 많이 찾아야 한다. 그 뿌리는 이 세상의 모든 이에게 알려지도록(知) 더욱 발전시켜야 한다(行). 우리 민족의 고향으로부터, 교향의 흙으로부터 단절되어서는 안된다. 민족사상의 근원과 풍속과 실천위에서 평화롭게 살 수 있어야 한다. 한국사상에 있어서 홍익인간(弘益人間)의 이념은 知의 근원이고 홍익인간의 이념의 실천은 行의 근원이다.

Ⅱ. 칸트와 쇼펜하우어의 철학

1. 칸트에 있어서 학문의 논의

1) 서 언

나는 여기에서 칸트가 그의 「순수이성비판」에서 철학은 논하고, 수학을 논하고, 철학의 한 분과인 형이상학에 관하여 논한 것을 모두 모아 편집하였다. 주로 철학의 분과이고 철학과 관계있는 순수학문으로서 수학에 관한 논의이다.

2) 철학분과의 논의

철학은 아프리오리한 모든 인식의 가능성 원리 및 범주를 규정하는 학을 필요로 한다. 철학적 방법은 체계적일수가 있다. 그것은 우리의 이성(주관적으로는)이 그 자신 하나의 체계를 가지고 있기 때문이다. 아프리오리하게 가능한 한에서 우리가 대상을 인식하는 양식을 다루는 모든 인식을 나는 선험적이라고 부른다. 이러한 모든 개념의 체계를 선험철학(Transzendental - Philosophie)이라고 부를 수 있을 것이다. 선험철학은 단적으로 순수 사변이성의 철학이다. 철학에 있어서 유추라고 하면 두개의 수량적 관계의 동등성이 아니라 질적 관계의 동등성을 뜻하는 것이다. 선험철학이외에도 순수이성의 학문이 두개 있는데 하나는 순전히 사변적인 내용을 가진 것이고, 다른 하나는 실천적인 내용을 가진 것이니 순수 수학과 순수 도덕철학이다.

칸트는 철학적 증명을, 직관적 증명이라고 하기보다는 도리어 단순한 말에 의한 개념적(논증적)증명이라고 부르고 싶어한다. 자연과학(물리학)은 아프리오리한 종합판단을 원리로써 간직하고 있다. 철학에는 또 세계개념(Weltbegriff)이라는 것이 있다. 이 개념은 항상 철학이라는 명칭의 근저에 있었고, 특히 이 개념이 말하자면 인격화되어서 철학자라는 이상에 있어서 원형으로서 생각해질 경우에는 더욱 그러하였다. 이러한 의미에 있어서는 철학은 일체의 인식과 인간이성의 본질적 목적과의 관계에 관한 학이다. 그리고 철학자는 이성의 기술자는 아니고 인간이성에 보편적 법칙을 주는 입법자이다.

인간이성의 입법(철학)은 두 가지 대상을 가지고 있다. 즉 자연과 자유인 것이다. 그러므로 철학은 자연법칙과 도덕적 법칙과를 처음에는 두 가지 별다른 철학체계로서 포함하고, 최후에는 이 두 가지 종류의 법칙을 단지 하나의 철학체계로서 포함하게 된다. 그리고 자연철학은 존재하는 일체의 것에 관계하고 또 도덕철학은 존재해야 될 것에만 관계한다. 그러나 무릇 철학은 순수이성에 의한 인식이든가 그렇지 않으면 경험적 원리에 기초한 이성인식이든가 이 두개 밖에 없다. 그리고 앞의 것은 순수철학이라고 부르고 뒤의 것은 경험철학이라고 부른다.

순수이성의 철학은 이성의 능력을 일체의 아프리오리한 순수인식에 관해서 연구하는 바 예비학(예비적 연습)이요 비판이라고 부르든가 그렇지 않으면 순수이성에 기초한(진실한 그리고 가상의) 철학적 인식의 전체로서 순수이성의 체계(학), 즉 체계적 연관이라는 형식이 되어서 형이상학이라고 부르든가 둘 중의 하나이다. 그러나 또 형이상학 이라는 명칭은 비판까지 포함해서 순수철학 전체에도 적용이 되는 일이 있다. 그렇게 되면 이 경우에는 형이상학 이라는 이름으로 어쨌든 아프리오리하게 인식되어지는 일체의 것이 연구와 이 종류의 순수한 철학적 인식의 체계를 이루어 일체의 경험적인 이성사용과 수학적인 이성사용으로부터 구별되는 것의 서술과를 총괄하게 되는 것이다.

형이상학이란 적어도 그 목적으로 보아 전적으로, 아프리오리한 순수 종합명제로부터 성립되어 있는 것이다. 형이상학은 사변적 사용의 형이상학과 그 실천적 사용의 형이상학으로 구별된다. 그러므로 형이상학은 자연의 형이상학이든가, 그렇지 않으면 도덕의 형이상학이든가 이 두 가지밖에 없다. 자연의 형이상학은 일체의 사물의 이론적 인식이라고 하지만 개념만에 의한(따라서 수학은 제외된다)인식에 관한 순수한 이성원리의 모두를 포함하고 있다. 그리고 도덕의 형이상학은 인간의 행위를 아프리오리하게 규정하고, 이것을 필연적인 것으로 만드는 원리를 포함하고 있다. 그런데 도덕성은 우리의 행위에 관해서 아주 아프리오리하게 원리로부터 도래되는 유일한 합법칙성인 것이다. 그러므로 도덕의 형이상학은 본래 순수한 도덕철학으로서, 인간학(따라서 경험적 조건)이 그 근저에 놓여지는 일은 없다.

아프리오리한 순수인식은 특수한 인식능력, 즉 이러한 인식이 거기에서만 발생하게 되는 인식능력에 의하여, 특수한 통일을 만들어 내게 된다. 그리고 형이상학은, 이와 같은 순수인식을 이러한 체계적 통일에 의해서 표시해야 될 철학인 것이다. 형이상학의 사변적인 부분은, 특히 형이상학이라는 명칭을 띠는데 적합한 것이요, 따라서 우리는 이것을 자연의 형이상학이라고 부른다. 그런데 이 사변적 부문은 존재하는(존재해야 될 것이 아니고) 일체의 것을 아프리오리하게 개념에 의하여 고찰하는 학이다.

협의의 형이상학은, 선험적 철학과 순수이성의 자연학으로 형성된다. 선험적 철학은 오성과 이성 그것만을 일체의 개념과 원칙, 즉 주어진 특수한 대상을 상정하는 것이 아니고, 대상일반에 관계하는 개념과 원칙의 체계로서 고찰한다(존재론). 또 자연학은, 자연 즉 주어진 대상(그것이 감관에 주어지는지 혹은 다른 종류의 직관에 주어지는지는 물을 경우가 아니다)의 총괄을 고찰한다. 그러므로 자연학(전혀 이성적인 학이기는 하지만)이라고 부르고 있다. 형이상학은 종교의 기초는 될 수 없다 하더라도 의연히 종교의 보루로서 존속할 수는 있다. 인간 이성은 그 자연적 본성에로 가려는 방향에서 볼 때에 이미 변증적인 것이기 때문에, 형이상학을 결코 결여할 수 없다.

자연의 형이상학 및 도덕의 형이상학과 준비적 연습(예비학)으로서 이러한 형이상학보다도 앞서 있는 비판, 달리 말하면, 자기 자신의 날개를 믿고 위험을 감행하려는 이성에 대한 비판과의 3자만이 진정한 의미에서 철학이라고 부를 수 있는 것을 구성하는 본래의 부분이다. 철학은 일체의 것을 지식에 관계시키지만 그러나 그것은 학이라는 길을 통해서의 일이다. 학문의 길은 일단 열리게 되면 결코 잡초에 매몰되는 일이 없는, 또 행인을 혼란에 빠뜨리는 일이 없는 유일(唯一)의 길이다. 수학 자연과학은 두말할 것 없고 인간의 경험적 지식까지도 대부분은 우연적인 목적에 대한 수단으로서, 그렇다고 하지만 결국은 인류의 필연적 본질적 목적을 달성하기 위한 수단으로서 각기 높은 가치를 가지고 있다. 그러나 이것은 순수한 개념에 의한 이성인식을 통해서만 가능한 것이요, 그러므로 이 이성인식이야말로 이것을 어떠한 이름으로 부를 것인가는 사람들의 자유이지마는 본래의 형이상학에 다름없는 것이다.

신학은 사변적 이성을, 뒤에 형이상학이라는 이름으로 뚜렷이 유명하게 된 일에로 점차로 이끌어 들인 근본적인 것이었다. 우리의 일체의 이성인식의 대상에 관해서 말한다면 철학자 중에는 순수한 감각론자와 순수한 지성론자가 있었다. 그리고 에피쿠로스는 감각론자로서 가장 중요한 철학자라고 말할 수 있고, 또 플라톤은 지성론자로서 가장 현저한 철학자라해서 좋을 것이다.

3) 철학과 수학

철학적 정의는 주어진 개념을 분석하는데 있다. 그러므로 이러한 개념은 역시 난잡하기는 하지만 정의보다는 선행하는 것이다. 수학에 있어서 우리는 정의에 앞서 어떠한 개념도 가지지 않는다. 왜냐하면 개념은 정의에 의하여 주어지기 때문이다. 그러므로 수학은 언제나 정으로부터 시작하지 않으면 안되고 또 실제로도 정의에서 시작하게 되는 것이다. 철학에서 정의는 현재보다 더 좋은 존재를 위해서 필요한 것이다.(희망적) 이에 비해 수학에서 정의는 존재를 위해서 필요하다.(필연적) 수학적 정의에는 잘못된다고 하는 것은 결코 있을 수 없다. 수학에 있어서 개념은 정의에 의하여 비로소 결정된다. 철학에는 공리의 이름에 해당하는 원칙이 있을 수 없다. 수학은 공리를 가질 수 있다. 직관적 증명을 가진 것은 수학뿐이다. 수학과 물리학은 각기 그 대상을 아프리오리하게 규정하지 아니하면 안될 두 개의 이론적 인식이다. 수학은 전체로서 순수하고, 물리학은 적어도 부분적으로 순수하다. 수학은 인간이성의 역사가 소급될 수 있는 가장 오랜 시대로부터 그리이스 사람이라는 경탄할 만한 국민가운데 한 개의 학으로서의 확실한 길을 걸어왔다. 수학적 판단은 모두 종합적이다.

인간이성의 (자랑거리인) 수학의 참된 가치는 다음과 같은 사실에 있다. 즉 수학이 이성을 인도하여, 대소를 불문하고 자연을 질서 있고 규칙 바르다는 것과 자연을 움직이는 힘은 놀랄 만큼 통일되어 있다는 것을 통상적인 경험위에 세워진 철학의 모든 기대를 훨씬 넘어서 통찰하도록 하기 때문에, 수학은 이로 말미암아 모든 경험 너머까지로 확장하여 이성을 사용하도록 유발하고 격려하는 동시에 이를 취급하는 철학에게, 철학의 성질이 허용하는 한에서 알맞은 직관을 통하여 그 연구를 뒷받침 해줄 매우 탁월한 자료를 제공해주는데 수학의 참가치가 있다.

철학적 인식은 개념에 의한 이성인식이요, 수학적 인식은 개념의 구성에 의한 이성인식이다. 그런데 개념을 구성한다는 것은 개념에 대응하는 직관을 아프리오리하게 제시하는 것이다. 따라서 개념의 구성에는 비감성적인 직관이 필요하다. 철학적 인식은 특수를 보편에서만 고찰한다. 여기 반해서 수학적 인식은 보편을 특수에 있어서—아니 그뿐인가, 개별적인 것에 있어서 고찰한다. 수학의 대상이 량이라고해서 철학을 수학으로부터 구별했다고 생각하는 사람들은 결과를 원인과 바꾸어 버리고 있다고 할 것이다. 철학도 수학과 같이 량을 문제삼는다. 철학적 고찰은 일반적 개념에만 의뢰하지만, 수학적 고찰은 단순한 개념으로는 아무것도 얻는 것이 없기 때문에 곧 직관에 원조를 구하게 되고 개념을 직관에 의하여 구체적으로 고찰한다. 철학자는 개념에 의한 길을 택하지만, 또 한편은 수학자에 의한 길을 택하여 직관을 아프리오리하게 개념에다가 적합시킨다. 이와같이 철학자나 수학자는 함께 이성의 사용을 문제삼는다. 여러 문제(존재하는 일체의 것에 관한 여러 문제)와 더 나아가서 이러한 현실적 존재의 가능성 · 현실성 · 필연성과 이러한 성질의 반대의 것들이 고찰되지 아니하면 안된다. 그리고 이러한 것은 모두 개념에 의한 이성인식에 속하고, 철학적 이성인식이라고 불려진다. 여기에 반해서 아프리오리한 직관을 공간에 있어서 규정하고(형태), 시간을 분할하고(길이 혹은 짧은 지속), 혹은 시간과 공간에 있어서의 동일한 것(단위)의 종합에 있어서의 단순한 보편적인 것과 이러한 종합으로부터 발생하는 바 직관일반에 있어서의 량(수)과를 인식하는 것은 모두 개념의 구성에 의한 이성활동으로서 수학적 이성인인식이라고 불려진다.

수학과 철학은 자연과학에 있어서는 제휴하지마는 본래는 전혀다른 것이요 따라서 수학적 방법은 철학적 방법에 의해서는 결코 모방되어질 수 없는 것이라는 것이다. 수학의 명확성은 정의, 공리 그리고 증명에 근거하고 있다. 철학의 본지(本旨)는 자기가 말해야될 한계를 아는데 있는 것이다. 수학은 자기가 생각하는 대상을 직관에 있어서 아프리오리하게 표시하고 있으니, 왜냐하면 이 대상은 대상의 개념 이상의 것도 이하의 것도 포함하고 있지 않기 때문이다. 철학에 있어서의 설명에 정의(定義)라고 하는 존경어를 부여하는 것을 거절한다.

철학상의 정의라고 하는 것은 주어진 개념의 해명에 지나지 않지마는 수학상의 정의는 본래 우리가 만든 개념에 의해서 구성되어진 것이라고 말하는 것이 좋을 것이다, 철학적 정의는 분석(그 완전성은 필연적으로 확실한 것은 아니나)에 의해서만 성립되는데, 수학적 정의는 종합에 의하여 성립된다. 따라서 개념을 스스로 만드는 것이 된다. 여기에 반하여 철학적 정의는 개념을 설명하는데 지나지 않는다. 철학에 있어서는, 우리는 수학을 흉내내어서 맨처음에 정의를 내리는 것과 같은 일을 해서 안된다. 직관적 증명을 가진 것은 수학뿐이다. 수학은 개념으로부터가 아니고, 개념의 구성으로부터－ 바꿔말하면 개념에 대응해서 아프리오리하게 주어질 수 있는 직관으로부터 인식을 인출해내기 때문이다. 철학에 있어서 보편은 언제나 추상적으로(개념에 의하여)고찰되어지지 않으면 안된다. 그런데 수학은 보편을 구체적으로(개개의 직관에 있어서), 그러면서도 아프리오리한 순수표상에 의하여 고찰할 수 있다.

독단적인 걸음을 가지고 뽐내며 또 수학이 띠고 있는 명칭이나 띠로써 스스로 분장하는 것은 철학의 본성으로서는 맞지 않고, 더구나 순수이성의 영역에 있어서는 더욱 그러하다. 수학에 있어서는 나의 종합의 안내가 되는 것은 아프리오리한 직관이요, 이렇게 해서 일체의 추론은 순수직관으로부터 직접적으로 인출되어 진다.

수학에 있어서는 주관적 표상을 객관적 인식과의 뒤바꿈은 불가능하다. 그러므로 간적접 증명법은 수학에 있어서 바로 그 정당한 장소를 만났다고 할 수 있다. 자연과학에서는 일체가 경험적 직관을 기초로 하고 있기 때문에 이러한 뒤바꿈은 수많은 비교나 관찰에 의하여 방지된다. 형이상학의 모든 체계는 다음의 네 주요부문으로 성립될 것이다. 존재론, 이성적 자연학, 이성적 우주론, 이성적 신학이 그것이다. 또 제5부문, 즉 순순이성의 자연학은 다시 두 가지 작은 부분으로 세분된다. 즉 이성적 물리학과 이성적 심리학이다.

칸트가 여기서 말하려는 이성적 물리학을 보통 일반물리학이라고 불리고 있는 것과 동일시해서는 안된다. 일반 물리학은 자연의 철학이라고 하기 보다는 오히려 수학이다. 자연의 형이상학은 수학과는 전혀 별개의 것이요, 도저히 수학만큼 많은 확장적 인식을 줄 수 있는 것은 아니다. 그라나 자연에 적용되어지는 순수한 오성인식 일반의 비판에 관해서는 굉장히 중요하다. 이러한 비판을 결여하고 있기 때문에, 수학자들까지라도 어떠한 종류의 일반적인, 그러나 실제로는 형이상학적인 개념에 관련시켜서 자연학 속으로, 아는 사이 모르는 사이에 가설을 집어넣게 된 것이다. 이러한 가설의 원리를 비판하면 물론 소멸하기는 하지만, 그러나 그 때문에 자연학의 영역에 있어서의 수학의 사용(이것은 결코 결어 되어서는 안된다)에는 조금도 지장을 가져오는 일이 없다.

4) 결 언

철학의 첫째의 그리고 가장 중요한 일은 오견(謬見)의 근원을 막음으로써 철학으로부터 일체의 유해한 영향을 영구히 제거하는데 있다 할 것이다. 철학이 마음에 주는 것은 자신의 본래의 한계를 오인하려는 이성의 맹목성을 발견하고 우리의 개념을 충분히 해명해서 사변의 자부를 겸손하게 그리고 근본적인 자기인식에로 되돌아가게 하는데 있다.

수학자, 자연과학자 그리고 논리학자에 관해서 말한다면 앞의 둘은 일반으로 이성인식에 있어서 굉장히 장족의 진보를 이루고, 또 논리학자가 좌우간 철학적 인식에 어느 정도 다대한 기여를 했다고 하더라도 이 셋은 어느 것이나 이성의 기술자에 불과하다. 그런데 이것의 이상으로서의 교사가 있다. 이 사람은 이러한 철학적 인식을 모두 체득하고, 이것을 도구로써 사용하고, 인간이성의 본질적 목적의 달성을 시도하려한다. 이러한 사람이야말로 우리는 철학자라 불어야만 된다. 그러나 이러한 철학자가 실제로 존재하는 것은 아니다.

2. 칸트철학과 쇼펜하우어철학

1) 서론

칸트(Kant, Immanuel 1724~1804)의 방대한 철학과 쇼펜하우어(Schopenhauer, Arthur 1788~1860)의 철학을 비교한다는 것 자체가 난해한 일이 아닐 수 없다. 그러므로 본 논고에서는 칸트 이론 철학의 핵심 단어인 물자체 (Ding an Sich)와 쇼펜하우어의 의지 (Wille)만을 직접 비교함으로써 물자체와 의지의 의미를 이해하는데 도움이 되었으면 한다. 칸트는 "대상을 사유하는 것과 대상을 인식하는 것은 같은 것이 아니다."라고 설명하고 있다. 따라서 필자는 여기에서 물자체나 현상(Erscheinung)에 대한 인식의 논의가 아니라 물자체나 현상에 대한 사유만 연구하게 될 것이다. 그러므로 인식, 이성, 오성, 감성 등에 관한 깊은 연구는 다음 기회로 미루어지게 될 것이다.

칸트철학의 물자체와 현상에 비교하여 쇼펜하우어 철학의 의지와 표상(Vorstellung)을 고찰함으로써 두 철학과의 관계는 물론 그들의 사상까지도 더욱 잘 이해할 수 있을 것이다. 그것은 "칸트의 심원한 상상력에 대해서는 언제나 찬탄하여 존경하고 있었으며 또한 그에게 도움 받은 것이 크다는 사실을 생각할 때 다음과 같은 호메로스 (Homeros) 의 시귀는 칸트의 영혼이 나에게 호소하는 것과 같이 들리기도 한다 즉 '나는 그대의 눈에 있던 운무를 거둬버린 사람'"이라는 인용문을 보듯 쇼펜하우어가 칸트에게서 입은 영향은 지대한 것이다.

2) 물자체와 의지

(1) 물자체

① 본체 (Noumenon)

칸트는 물자체와 함께 본체를 논하고 있다. 여기서는 물자체를 논하기 전에 먼저 본체에 관하여 논하려고 한다. 윌커슨이 밝힌 것처럼 "전통적인 합리론자들은 그들이 현상, 감각적 사물 또는 대상이라고 표현하는 사물들과 사물들 자체, 본체, 알 수 없는 사물이라고 표현하는 물체와의 두가지 대상사이의 구별형식으로 나타낸다." 내가 사유함으로써 나의 현존재는 이미 주어져 있는 것이다. 칸트에 있어서 사유라는 것은 주어진 직관을 하나의 대상에 관련시키는 행위이다. 사유는 그 자체로 말할 것 같으면 순전히 논리적 기능일 뿐이요, 따라서 하나의 순전히 가능적인 직관의 다양을 결합시키는 순연한 자발성이며, 사유는 결단코 의식의 주관을 형상함으로써 표시하지 않는다 "사유하는 나에게 내 자신은 단지 현상일 뿐이다." 순전한 사유에 있어서 내 자신의 의식안에서 나는 존재와 자신이다.

감관적 사물이나 혹은 단지 오성을 통해서 사유되어지기만 하는 대상으로서 전혀 우리의 감관의 객관이 되지 않는 다른 가능적 사물을, 말하자면 저 감관적 존재에 대립시켜 이를 본체(Nourmena=가상적 존재)라고 부르는 것이다. 어떤 사물이 우리의 감성적 직관의 객관이 아닌 이상 우리가 그런 사물을 본체(Noumenon)로 이해한다면 우리가 그것을 직관할 방식을 추상하므로 이것은 소극적 의미에서의 하나의 본체이다.

만일 우리가 현상으로 여겨지지 않는 대상에 +++범주를 사용하려고 감성적 직관이외에 다른 직관이 근저에 놓여있어야 하는 것이므로 그때에 그 대상은 적극적인 뜻에서의 본체이다 가상체에 있어서는 범주의 모든 사용이 정지되고, 범주의 의의마저도 모두 정지되고 만다. 그러므로 우리가 본체라고 부르는 것은 소극적인 뜻에서 그렇게 이해되어야 한다.

본체는 물자체로 사유되어져야 할 사물이다 이러한 개념은 감성적 직관을 물자체 너머까지 확대시키지 않도록, 또 이에따라 감성적 인식의 객관적 타당성을 제한하기 위하여 필요한 것이다. 그러므로 본체의 개념은 감성의 원천을 제한하고, 따라서 소극적 사용을 위해서만 쓰이는 한계 개념일 뿐이다. "감관의 대상에 있어서 그 자체가 현상이 아닌 것을 나는 가상적이라고 부른다." 더 나아가 우리는 감각계의 주관에다가 하나의 가상적 성격을 허용할 수밖에 없게 된다. 이러한 가상적 성격을 물자체의 성격이라 부를 수 있다.

가상적 성격은 경험의 성격에 따라 사유되어져야 할 것이다. 우리가 이성은 현상에 관하여 원인성을 가진다고 말할 수 있다고 가정하면 이성의 행위가 이성의 경험적 성격(감각양식)에 있어서 아주 정확하게 규정되면 필연적이더라도 이성의 행위는 자유스럽다고 할 수 있다. 이 경험적 성격은 다시 가상적 성격(사고 양식)에 있어서 규정된다. 그러나 우리는 이 가상적 성격을 알 수 없고, 본래 감각양식(경험적 성격)만을 직접적으로 의식케하는 현상을 통해서 우리가 그것을 표시할 뿐이다.

주관의 가상적 성격에 관하여 주관은 감성의 모든 영향과 현상에 의한 모든 규정으로부터 방면되어야 할 것이다. 그 주관 안에서는 그것이 가상체이므로 아무것도 생기지 않는다. 뿐만 아니라 순전히 경험적인 오성사용의 법칙을 제한하여 그것이 물자체의 가능성에 대하여 결정하지 못하게 하며 비록 현상을 설명하기 위하여 가상체를 설명하지 못하더라도 그런 까닭 때문에 본체가 불가능한 것이라고 설명해서는 안 된다. "본체의 개념은 자기모순이 없으며 개념들의 부정을 억누르는 규칙들에 의해서 아주 올바른 방법으로 구성되었다."고 S.Körner도 해명한다.

우리는 자유로운 행위를 판정하는데 있어서 그것의 원인성에 관하여 가상적 원인에 이르기까지만 갈 수 있고 이러한 원인 너머로까지 뛰어 넘을 수 없다. 가상적 원인은 그것의 원인성과 더불어 현상의 계열밖에 있다. 반면에 이 가상적 원인의 결과는 경험적 조건의 계열안에서 발견된다. 따라서 결과는 그의 가상적 원인에 관하여는 자유로운 것으로 알려질 수 있고, 동시에 현상에 관하여는 자연의 필연성에 따라 생긴 현상의 결과로 여겨질 수 있다. 가상적 원인은 단지 감성적 계열 일반을 가능하게 하기위한, 우리에게는 선천적이고 알려지지 않는 근거를 의미하기 때문이다.

우리가 총체적인 감성의 세계밖에서 현상을 단지 자체상 지성적 존재의 가상적 대상의 우연적인 표현양식으로만 간주하므로 우리에게 남는 것은 단지 유추뿐이다. 우리는 이러한 유추에 의하여 우리가 그 자체를 조금도 알지 못하는 가상적 사물에 관하여 어떤 개념을 형성하기 위하여 경험적 개념을 사용하게 된다. 우리가 경험을 통하지 않고는 우연적인 것을 알지 못하는데, 여기서는 전혀 경험의 대상이 되지 못하는 물자체가 문제되기 때문에, 우리는 그것에 대한 지식을 자체상 필연적인 것으로부터 사물 일반에 대한 순수한 개념으로부터 도출해내야 할 것이다.

하나의 무제약적 현존재를 현상의 근저에 두는 이러한 양식은 전항에서 말한 경험적으로 무제약적인 원인성(즉 자유)으로부터 다음과 같은 점이 다르다. 즉 자유의 경우에 있어서 물자체는 원인(Substantial Phenomenon = 현실적 실체)으로서 조건의 계열에 속하고 단지 그의 원인성만이 가상적인 것으로 생각된다. 그러므로 "칸트는 경험할 수 있는 사물들의 세계를 현상세계 또는 외적 사물들의 세계라고 부른다. 참된 세계는 알 수 없으며 본체들이나 물자체들의 세계이다."라는 설명이 가능한 것이다.

② 물자체(Ding an sich)

이성은 물자체를 설정해서 강제적으로 그리고 또 전혀 당연한 것으로, 일체의 조건부의 것에 대하여 무조건자를 요구하고, 또 이렇게 해서 조건 계열의 완결을 요구하는 것이다. 그러나 우리가 우리의 경험적 인식은 물자체로서의 대상에 따라 규정되어진다고 상정하는 한, 무조건자는 모순 없이는 전혀 생각해질 수 없는 것이다. 우리가 인식할 수 있는 것은 물자체로서의 대상이 아니고, 감성적 직관의 대상으로서의 사물, 달리 말하면 현상으로서의 사물 뿐이다. 감성의 형식은 공간이며 감성의 참된 상관자(Korrelation) 곧 물자체는 그 공간을 통해서 전혀 인식되지도 않고 인식될 수도 없는 것으로, 물자체에 관하여는 경험가운데서도 결코 질문되어지지 못하는 것이다.

칸트에 있어서 무지개는 여우비가 내릴 때 생기는 현상이라고 하고, 비는 물자체라고 하는데, 이것은 우리가 비라는 개념을 물리적으로 생각하는 한에서 올바른 말이다. 다시 말하면 감관에 대하여 각양각색으로 나타나는 여러 가지 상태하에서 일반적으로 경험하는 경우, 비가 직관 안에서 언제나 비로만 규정이 되고, 다른 것으로 여겨지지 않는다는 의미에서는 비를 사물자체라고 부르는 것이 정당하다.

물자체에 관한 개념정의는 명확히 단정짓기는 어려우나 이성적 사유속에서 추상하는 것은 가능한 것으로 보인다. 칸트도 물자체에 관하여 "물자체는 그 자체대로는 우리에게 알려져 있지 않다." "물자체는 단지 미지의 어떤 것이란 이름 아래서만 사유되어질 뿐이다." "나는 물자체가 무엇일는지 알지 못한다, 또 알 필요도 없다." "물자체가 (우리를 촉발시키는 표상을 고려치 않고는) 어떻게 존재하는지는 전혀 우리의 인식분야 바깥에 있는 것이다." 라고 순수이성비판에서 기술하고 있다. 칸트는 또 "플라톤에 있어서 이념은 단지 범주처럼 가능적 경험에의 열쇠일 뿐만 아니라 물자체의 원형(Urbilder)이다."

세계가 무한하거나 혹은 유한하다고 말한다면 양자가 모두 거짓일 수 있다. 왜냐하면 그런 경우엔 내가 세계를 양적으로 규정된 물자체로 보기 때문이다. 한편 나는 대립명제에 있어서 세계의 무한성을 부정하고 이와 함께 아마 세계의 완전히 독립된 실재성을 부정할 뿐만 아니라 물자체로 생각되는 세계에다 하나의 규정을 첨가시키는 것이다. 내가 이제 이 최고 존재자, 달리 말하면 세계와의 관계에서 절대로 (무조건적으로) 필연적이었던 존재자를 물자체로 본다고 하면, 이 필연성은 전혀 이해하지 못한 것이 된다. 따라서 이러한 필연성은 현실적 존재의 실질적 그리고 실체적인 제약으로서는 아니고, 단지 사유의 형식적인 제약으로서만 나의 이성가운데 발견될 수밖에 없었던 사실이다. 현상의 근저에 놓여있는 물자체에 관하여서는 한 마디도 할 수 없다는 등의 사실은 의심할 나위 없이 확실하고, 단지 관계를 통해서만은 물자체가 인식될 수 없으므로 다음과 같이 판단하면 좋을 것이다. 즉 외감을 통해서는 단지 관계 표상만이 우리에게 주어지므로, 외감도 그 표상에 있어서 대상이 주관과 맺는 관계만을 포함할 수 있을 뿐이지 객관 그 자체에 속하는 외적인 것을 포함하지 못한다.

3) 쇼펜하우어에 있어서 의지 (Wille)

(1) 의지

의지(Wille)는 일반적으로 넓은 뜻으로는 생물의 목적적 행동을 일으키는 작용으로 요구에 의해 일어나는 동기유발로부터 목표를 구하여 요구를 만족시키기까지의 전 과정을 가리킨다. 좁은 뜻으로는 이 중에서 특히 의식적 계획적인 또는 자발적, 자유선택적인 행동을 촉진시키는 과정 또는 원인이 되는 것을 의미하며 그러한 고차적 능력에 대해 하급의 능력을 욕망이라 한다. 그러나 쇼펜하우어에 있어서 의지는 서양 자연 철학시대의 Arche나 플라톤(Platon)의 Idea, 칸트의 물자체와 같은 맥락의 의미를 갖는다. "이 세계는 나의 의지이다." 이것은 세계의 내적 본질에 관한 쇼펜하우어의 규명이다. 이는 이 세계가 지니고 있는 양면성 가운데 그 일면성에 대한 고찰이다. 그에 있어서 이 세계는 표상으로서의 세계와 의지로서의 세계로 되어 있는바, 의지로서의 세계는 세계의 현상에 관한 규명이 아니라 세계의 내적 본질에 관한 규명이다. 의지는 시간과 공간과 인과성의 제한을 받지 않는 것으로서 직접적 통찰에 의해서 인식되어지는 실체다. 이러한 의미에서 셀라즈(Sellars, Roy Wood)

는 "쇼펜하우어나 분트(Wundt, Max)가 의지를 궁극적 실체로 간주했다는 것이 기억될 것" 이라고 말한다. 결국 실체로서의 의지는 쇼펜하우어가 말하는 근거의 원리의 지배를 받지 않을 뿐만 아니라 개체화 원리인 시간과 공간의 영역 밖에 있으므로 다양성이나 다수성도 포함하지 않는다.

의지는 시간의 그림자처럼 시간과 함께 영원히 존속한다. 그것은 결코 '속에' 존속는 것은 아니며, 시간과 공간의 제약을 받는 것도 아니다. 쇼펜하우어에 따르면 시간과 공간에 있어서 의지의 현상은 무수한 것이지만 의지 그 자체는 복수성으로부터 자유롭다. 의지 그 자체는 하나이다. 또한 "원의지(Ur - wille)는 실존에 대한 끝없는 맹목적인 충동이고 무의식적인 충동이다. 그리고 원의지는 하나이자 전체인 것이다." 그러나 이러한 의지도 그 표상에 있어서는 부분적이고 개별적이다. 예를 들면, 바윗돌과 조약돌은 같은 의지를 같은 정도로 가지고 있다. 그런데 이 똑같은 의지도 표상화 될 때에는 근거의 원리에 따르기 때문에 다르게 표상화되는 것이다.

세계의 본질로서 의지에 대한 고찰은 플라톤(Platon)의 이데아(Idea)와 칸트의 물자체와도 깊은 연관을 가지고 있다. 쇼펜하우어는 "의지, 객관화의 여러 단계는 플라톤의 이데아에 불과하다. 내가 여기서 미리 이렇게 말하는 것은 이제부터 이데아라는 말을 이런 뜻에서 사용하고 싶기 때문이다."라고 표현한다. 그렇다면 이와는 달리 이데아라든가 물자체라는 말과 같은 의미로 의지를 사용하면서도 물자체라 하지 않고 의지라는 말을 사용한 이유는 어디 있는가? 그는 다음과 같이 말하고 있다. "만일 본질로서 물자체가 단순히 추리에 의하여 존재한다고 간주되고 따라서 간접적으로만 또 추상적으로만 인식되는 그 무엇이라고 한다면 그것을 어떻게 표현하든 조금도 다름이 없을지도 모른다. 만일 이러한 것이면 두말할 필요도 없이 물자체를 무어라 이름 짓든 상관없는 일이다." 이것은 이데아와 물자체 그리고 의지는 같은 의미라는 것을 보여주는 것이다.

쇼펜하우어의 의지는 직접 인식되는 것이다. 그것은 누구에게나 직접적으로 알려진 것으로 주어져 있으므로 이것을 의지라는 말로서 표현할 수 있다. 쇼펜하우어는 물자체의 본성은 그 명백성 때문에 조금도 설명되지 아니한다고 본데 반하여, 의지는 설명하기 어려우나 인식할 수 있다고 보았다. 그에 있어서는 인식이 주관에서 출발한데 반하여, 칸트에 있어서 물자체는 불가능한 것으로서 그 인식의 출발점이 주관과 객관 모두에서 출발하였다는 데 그 차이가 있다. 더 나아가 휩셔(Hübscher, Arthur)는 "쇼펜하우어는 존재의 가면을 벗기는 것에 만족하지 않았다 .그는 필연에서 필연으로 추진하는 원동력이 되는 의지의 강제력이 어떻게 흘러나오게 되는가에 의문을 제시하였다."고 말한다. 이러한 사실을 종합해 볼 때 쇼펜하우어의 의지와 칸트의 물자체는 본질적인 측면에서는 같은 의미를 가질 수 있으나 인식의 측면에서는 엄격히 구별되는 것이라

할 수 있다.

(2) 의지의 객관화

의지는 그의 객관화에 의해서 현상으로 나타난다. 여러 가지 현상의 내적 본질은 자연력이다. 이 자연력은 쇼펜하우어에 있어서 가장 낮은 단계에서 객관화된 의지이다. 식물 속에서 작용하고 성장해 가는 힘, 결정을 만드는 힘, 자석을 북극으로 향하도록 작용하는 전격의 힘, 물질의 친화력에 있어서 실로 강력하게 작용하며 돌을 지면으로 당기고 지구를 태양으로 당기는 중력, 자연 속에서 보편적인 불변의 여러 가지 법칙에 의하여 작용하고 있는 힘, 모든 물체의 운동을 지배하고 있는 힘, 전혀 기관을 갖지 않고 자극에 대하여 감수성도 없고 동기에 대하여 인식도 갖지 않고 존재하는 힘, 그리고 불가입성(Undurchdringlichkeit), 강성, 유동성, 응집력, 이와 같은 여러 힘이 무기물에 있어서의 의지이다. 이러한 힘이 물질로 표상된다. 그 원인은 물질의 존재는 물질의 작용이며, 자용 이외의 물질의 존재는 생각할 수 없다는 데 있다. 의지로서의 자연력은 현상으로서만 보면 서로 다르나 내적 본질상으로는 동일하다. 그것이 동일한 것으로 인식되어 명백히 나타날 경우에 의지라고 불러야 한다.

힘의 근거는 규정할 수 없다. 그러나 이것이야말로 모든 무기물에 있어서의 본질적인 여러 가지 숨은 성질이라 할 수 있다. 숨은 성질의 운동방식으로서 그 발현은 외부로부터의 작용에 의해서 일어난다. 인간에 있어서도 이러한 유형의 성질이 있는데 그것을 쇼펜하우어는 물질에 있어서의 성질과 구분하기 위하여 성격이라 불렀다. 이 두 가지는 같은 것으로서 직접적으로 인식된 경우에 의지라 불리게 된다. 따라서 일반적이고 근원적인 자연력은 모두 그 본질에 있어서는 낮은 단계에서 객관화된 것에 불과하다. 의지가 자신을 객관화하는데 있어서의 현상법칙에서는 원인이 있게 되는데, 이 원인은 무기물에서는 "원인"이라는 인과성의 모습으로 나타난다.

인식에 인도되지 않는 식물에서의 의지객관화는 힘이 시간과 공간에 있어서 나타날 때의 기점을 규정하는 자극(Reiz)이라는 원인에 의해서 규정된다. 이러한 사실을 우리는 동물에게서 나타나는 현상 가운데 식물적 성질을 가진 요소 즉 분비, 성장, 재생 등의 자극에서 알 수 있다. 또한 식물에 있어서 액즙의 상승과 나도황기(Hedysarum)나 함수초(Mimosa Pudica)의 운동은 단순한 작용에 의한 것이라고 생각된다. 식물에 있어서 의지의 현상과 연결하는 유대는 적극적이며 여기에서 의지는 완전히 인식을 갖지 않고 동력으로만 작용하여 단계적으로 의지를 객관화하는 것이다. 식물에 있어서 의지는 다른 목표도 목적도 없이 생존만 하려는 단순한 맹목적인 충동으로 나타나게 된다.

동물에 있어서 의지는 동기에 의해서 표상된다. 그런데 동물에게는 직접적 표상만이 있을 뿐이고 개념도 반성도 없다. 그 때문에 동물은 현재에만 구속되어있을 뿐 미래를 고려하지 못한다. 동물에 있어서의 의지는 인식은 있으면서도 이성이 없는 인식이어서 단지 경험적 일 뿐이다. 그리고 즉각적 충동으로 인한 행위에 의해서 의지와 객관성이 갖는 단계가 점차 높아지게 된다. 쇼펜하우어에 의하면 본질이 한층 높은 단계에 있을수록 본질의 개체성 또한 한층 더 뚜렷해진다. 그 때문에 의지 객관화의 정도가 높아질수록 개성은 더욱 뚜렷이 나타난다. 또한 신체는 표상으로서의 인식과 의지로서의 인식 즉 이중인식을 지닌다. 이때 신체는 표상으로서의 인식에 알맞은 외적 합목적성 의지로서의 인식에 적합한 내적 합목적성을 지니게 된다.

(3) 살려고 하는 의지

쇼펜하우어는 인간뿐만 아니라 그 외의 동물들까지도 모두 의지를 갖고 있다고 말한다. 동물의 본질에 있어서의 생존의지는 동물 본질의 구심점이며 단지 변할 수 없고 제약되지 않는 특성의 핵심인 것이다. 쇼펜하우어에 있어서 중심문제는 생명의지이다. 이 의지가 자기보존을 위해 노력할 때 생존의지라 불리울 수 있는 것으로서 그것은 모든 동물에게 있어서 내적 본질이 된다. 단지 동물은 끝없는 시간 속에 있는 어떤 점에서 바로 그와 같은 동물로서 태어날 것이며 똑같은 죽음에 고통받을 것이다. 바로 생명의지는 자기가 의지하기만 하면 어떤 동물로든 태어날 수 있으며 그것은 의지의 전체성과 동일성에 의해 언제든지 같은 것으로 내어날 수도 있다. 이 생명의지가 표상된 후에는 근거의 원리에 따르기 때문에 현상세계에서 나타나는 행복과 함께 고통도 필연적이다. 이러한 "고통은 더욱 훌륭하고 더욱 고상한 형식들 속에서 브라마나(Brahmana), 현자(Weiser), 성인(Heiliger)처럼 재생을 보답으로서 약속한다." 이것은 불교의 윤회설, 니이체의 같은 것의 늘 되돌아옴(die ewige wiederkehr des Geichen), 예수의 부활을 연상케 해준다.

결국 인간의 삶은 생존을 한동안 유지하려는 생명의지의 연장에 불과하다는 것을 보여준다. 쇼펜하우어는 생존의 연장을 위해서는 고통은 필연적이라고 본다. 그래서 묻고 대답한다. "무슨 죄 때문에 그들은 이러한 고통을 받아야만 하는가? 공포에 대한 이러한 배경의 원점은 무엇인가? 유일한 대답은 생명의지가 자기 자신을 객관화하기 때문이다." 이처럼 본능에 사로잡혀 살기 위해 분투하는 생명의지는 이성이나 오성이 없다는 의미에서 맹목적 의지인 것이다. 본능적인 면을 제외한다면 생명의지는 삶의 경향으로서, 삶에 대한 사랑으로서, 그리고 활기에 넘치는 힘으로서 나타나는 맹목적 의지이다. 쇼펜하우어가 보는 이 세계에서는 사람이 어떤 모습을 하고 어떠한 형태를 취하더라도 그것은 자기보존 즉 생명의지의 유지일 뿐이다. 그에게 있어서 생명의지의 유지는 사랑이며 그러한 생명의지가 특수화되고 한정되고 개체화된 것이 성욕이다.

4) 칸트에 있어서 현상

(1) **가능적 경험** (Mögliche Erfahrung)

대상은 현상에 불과한 것이요, 이 현상을 완전히 인식한다는 것은 단지 가능적 경험일 뿐이거니와, 아프리오라한 모든 원칙은 필경에 가서는 이 현상을 완전히 인식하는데 이르러야 되는 것이다. 만일 내가 모든 사물을 현상으로 보지 않고 물자체로 생각하여 순전한 오성의 대상으로 여긴다면 그 사물들은 비록 실체이기는 하나, 그 사물들의 현존재가 다른 외래의 원인에 의존해 있는 것으로 생각할 수 있다. 그러나 그렇게 되면 실체란 말의 어의가 달라질 것이요, 또 경험의 가능적 대상으로서의 현상에 적합지 못할 것이다. 인식의 대상은 가능적 경험의 이러한 종합적 통일안에서만 주어지는 것이다. 그러므로 사물의 가능성의 요청은 사물의 개념이 경험일반의 형식적 조건과 일치되기를 요구한다. "만일 개념이 다만 오성 안에서 경험의 형식적 조건과 결합되어 있다면 개념의 대상은 가능적이라고 불린다."

가능적 경험만이 우리의 개념에다 실재성을 줄 수 있다. 그것이 없으면 모든 개념이 이념일 뿐이며, 진실성도 없던 대상에의 관계도 없는 것이다. '해야 한다'는 하나의 가능적 행위를 표현한다. 그것의 근거는 순전한 개념이외의 아무것도 아니다. 최고의 원인성이 있는 곳에, 즉 가능적 결과를 위하여 근원적으로 자신 안에 충분함을 지니고 있고 그 개념이 또한 모든 것을 포괄하는 완전성이라는 유일한 첨가에 의하여는 아주 쉽게 성립하는 존재자 속에다 이제 최상의 원인성을 두는 것은 매우 적절하다.

(2) 현상

칸트는 현상을 가능적 경험의 대상이라고 정의한다. 그는 "현상, 즉 가능적 경험의 대상에만 관계된 것이라면 경험적 사용이다." "경험적 직관의 무규정적인 대상을 현상이라고 부른다." "현상은 사물의 표상일 뿐이요"라고 기술하면서, 현상에 있어서 감각에 대응되는 것을 칸트는 현상의 질료라고 부르며, 현상의 다양적인 것이 어떠한 관계에서 정리되어지도록 하는 것을 현상의 형식이라고 부른다. 모든 현상은 가능적 경험 안에 포함되어 있는 것으로서, 우리의 심성 안에서는 통각에 의한 공존재 안에 서 있어야 한다.

현상은 자체 상으로는 존재하지 않고 감관을 가지고 있는 한에서 그 주관에 관계해서만 존재하듯이, 법칙은 현상 안에 존재하는 것이 아니라 현상이 부속해 있는 주관이 오성을 가지는 한에서 그 주관에 관계해서만 법칙이 존재한다. 현상은 우리의 인식이 객관적 실재성을 가질 수 있는 유일한 것이요, 말하자면 개념에 직관이 상응할 수 있는 인식을 주는 유일한 것이다.

모든 현상에 있는 순전한 직관은 공간이거나 혹은 시간이므로 직관으로서의 모든 현상은 하나의 외연량이다. 왜냐하면 모든 현상은 (부분에서 부분에로의) 계속적 종합에 의해서만 이해

안에서 인식될 수 있기 때문이다. 따라서 모든 현상은 분명히 집합체로서(미리 주어진 모든 부분의 집합) 직관된다. 현상에 있어서 이해의 이러한 필연적 규칙의 조건을 포함하는 것이 객관이다. 현상은 이해 자체 안에 있어서는(공간과 시간 안에서의) 경험적 종합에 불과하고, 따라서 이것 안에서만 주어진다.

칸트에 의하면 "현상일반은 우리의 표상이외의 아무것도 아니라는 것이다." 감각계는 현상이외의 것은 포함하고 있지 않다. 그러나 현상은 다 감성적으로 규정되는 순전한 표상이다. 객관의 표상과는 불가불리적인 것이 현상이다. 현상은 그 자체상 순전한 표상으로서 단지 지각 안에서만 현실적이다. 지각은 사실상 하나의 표상의 현실성, 즉 현상에 불과하다.

(3) 표상

칸트는 "나의 현실적 존재를 규정하는 일체의 근거는 내 안에서 찾아내어지지만, 그러나 이 규정근거가 표상이요, 또 표상이기 때문에 표상과는 다른 상주불변(常住不變)의 것을 필요로 한다."고 설명한다. 현실적 존재 가운데 있는 어떠한 상주불변(Beharrlichen)한 것의 표상은 상주불변한 것을 필요로 하는 표상과는 다르다. 상주불변한 표상은 우리의 모든 표상과 함께, 그뿐만 아니라 물질의 표상까지도 마찬가지로 아주 변절하기 쉬운 것이지마는, 역시 어떠한 상주불변한 것에 관계하고 있다. 그러므로 상주불변한 것은 나의 일체의 표상과는 다른 것으로서 외적인 사물이 아니면 안된다.

우리의 표상은 계속적으로 일어난다. 그러나 이는 다만 우리가 표상을 시간계열 가운데 있는 것으로 의식한다는 것을 의미한다. 즉 내적감관의 형식을 따라 우리가 그 표상을 의식할 뿐이다. 모든 표상을 포함하고 있는 하나의 총괄자는 내적 감관이다. 그리고 이 내감의 아프리오리한 형식도 시간이다. 표상의 종합은 상상력에 의거한다. 공간과 시간은 순수표상이다. 외감을 통해서는 단지 관계표상만이 우리에게 주어지므로, 외감도 그 표상에 있어서 대상이 주관과 맺는 관계만을 포함할 수 있을 뿐이지, 객관 그 자체에 속하는 외적인 것을 포함하지 못한다. 외감에 의하여 현상은 존재한다.

사유하는 작용에 앞서 표상으로서 선행하는 것은 직관이다. 그리고 심성은 표상을 심성자신에 놓아 둠으로써, 따라서 심성자신을 통해서 촉발되는 양식에 불과하다. 다시말하면 직관형식은 심성형식상 내적감관(내감)에 불과하다. 감관을 통해서 표상되어지는 것은 모두 이상과 같은 한에서는 언제나 현상이다. 오성은 대상 일반의 표상을 가능하게 한다. 판단은 대상에 관한 직접적 인식이요, 따라서 대상에 관한 표상의 표상이다. 따라서 모든 판단에는 많은 표상에 타당하는 하나의 개념이 있고, 이 개념은 이 많은 표상 가운데 하나의 주어진 표상을 포함하고 있는데, 이 마지막 표상이 직접 대상에 관계하고 있는 것이다. 칸트는 표상에 대하여 직접적인 정의를 내리지 않고 있으나 필자의 견해상 칸트가 의미하는 표상은 '현상에 대한 판단'

이라고 정의하고 싶다.

반성(überlegung)은 무엇보다도 우리로 하여금 개념에 도달하게 하는 주관적 조건을 발견하기에 꼭 알맞은 심성의 상태이다. 반성은 주어진 표상이 우리의 상이한 두 인식 원천(감성과 모성)에 대하여 맺는 관계의 의식이다. 이 의식을 통해서만 표상 상호간의 관계가 올바르게 규정되어질 수 있다. 우리의 표상을 다루는데 있어서 제일 먼저 나타나는 문제는 이러한 것이다. 표상방식의 단계에서 류(Gattung)는 표상일반이요, 류 아래에는 의식을 가진 표상(지각, Percepti)이 있다.

5) 쇼펜하우어에 있어서 표상

쇼펜하우어에 있어서 이 세계를 인식론적으로 이해한 것이 그의 표상이다. 관념론의 성격에서 고찰한 쇼펜하우어에 있어서의 인식은 단 한 가지의 인식이 아니라 인간정신이 지니고 있는 여러 가지 근본적 인식이다. 그리고 이와 같은 인식을 그 종류와 근원에 따라 그 자체로부터 판별하여 분리시키는 것은 매우 중요하다. 이러한 중요성으로 인한 필연성에 의해서 근본적 인식으로부터 나온 것이 그의 충족근거의 원리(Satz vom zureichenden Grunde)이다. 이 원리는 표상들 사이의 원리인 것다. 이 원리는 표상과 표상사이의 여러 가지 법칙들을 일반적이며 추상적으로 표현한다. 그러므로 한가지 표상이 인식되기 위하여는 한 가지의 충족근거의 원리가 거기에 상응해야만

한다.

"충족근거의 원리란 우리에게 선천적으로 주어진 몇 가지 인식을 통합적으로 표현한 것이다." 우리들 인식능력의 여러 가지 법칙들은 충족근거원리의 보편적인 표현이다. 충족근거의 원리란 이들 표상간의 연결이 보편적으로 표현된 것이다. 그리고 모든 형태가 공통되는 것을 일반적 추상적으로 파악한 것이 근거의 원리이다. 이와 같은 쇼펜하우어의 설명을 종합해서 의미를 부여하면 다음과 같다. '충족근거의 원리란 우리에게 선천적으로 주어진 여러 가지 인식력으로부터 표상간의 여러 가지 법칙들을 보편적으로 총괄해서 표현한 것'이다. 현상세계의 파악이 충족근거의 원리에 의해서 이루어진 인식론적 입장이라는 것은 "왜냐하면 내가 만드는 표상은 바로 나의 것이기 때문에 나의 밖에 있는 사물의 존재자체와는 결코 동일하게 존재할 수 없는 것이다."라는 쇼펜하우어의 주장에서도 고찰될 수 있다.

표상으로서의 세계는 주관이 창조한 세계이므로 "세계는 나의 표상이다."라고 쇼펜하우어가 말하였던 이 명제는 앞에서 논했던 "세계는 나의 의지이다."라는 명제에 도달하는데 필요하고도 불가결한 것이다. 쇼펜하우어에 있어서 표상은, 반성하고 추상적으로 의식하는 사람 즉 개념을 형성하는 자 자신을 제외한 이 세계의 모든 인식된 객체는 표상이라고 하는 의미이므로 자기 자신도 다른 인식자 즉 타자에 있어서는 객체요 표상으로서, 자기 자신에 있어서는 자기자신의 신체까지도 표상이 되어야 한다는 것이다.

쇼펜하우어가 "우리의 표상이 존재한다는 것과 주관에 대상이 존재한다는 것은 같은 것이다. 우리의 모든 표상은 주관의 객체이며 주관의 모든 객체는 우리들의 표상이다."라고 정의하듯 표상은 관념적인 의미를 지닌 것으로서 인식하는 자의 주관이 창조한 현상이다. 우리가 인식할 수 있는 것은 현상뿐인 바 인식된 현상이 표상이며 현상을 인식하는 자는 표상자이다. 쇼펜하우어에 있어서 표상은 네 종류로 분류되고 있는데, 그 분류의 첫째는 변천을 지배하는 근거의 원리가 작용하는 직접적 표상(die unmittelbare Vorstellung)이다. 둘째는 인식을 지배하는 근거의 원리가 작용하는 추상적 표상(die abstrakte Vorstellung)이요, 셋째는 존재를 지배하는 근거의 원리가 작용하는 순수직관의 표상(die rein-anschauliche Vorstellung)이며, 넷째는 내감의 직접객관이며 의욕의 주체로서 자아(Ich)라고 하는 표상이다. 이 네 종류의 표상은 각각 네 종류의 충족근거의 원리에 대응하여 특별한 형식으로 나타나고 어떤 형식에 있어서나 동일한 것으로 인정된다. 그리하여 대상의 종류가 다름에 따라 여러 가지 다른 형태를 취하게 되므로 이러한 네 종류의 표상에 대하여 다음과 같이 세론하고자 한다.

(1) 직접적 표상

우리들이 우리들의 표상능력에 따라 나눌 수 있는 대상에는 여러 가지가 있다. 그 가운데 직접적 표상은 직관적 표상)(die anschaulzche Vorstellung)과 충실적 표상(die vollstandige Vorstellung), 그리고 경험적 표상(die empirischen Vorstellung)으로 나눌 수 있다. 직관적 표상의 대상은 단지 사유 속에서만 구성된 대상이어서 추상적 내용을 포함하지 않는 경우의 것이다. 충실적 표상의 대상은 현상의 형상뿐만 아니라 그 실질까지도 포용하고 있는 것이다. 경험적 표상에 나타나는 대상은 우리의 신체의 오관에서 생기는 감각에 기원하며 이 감각에서 거슬러 올라갈 경우에 그 실재성을 설명할 수 있는 대상이다. 경험적 표상은 경험적 실재라고 부르는 합성체이며 공간과 시간과 인과관계가 공동으로 작용하는 합성체이다.

경험적 실재는 내적 감각의 형식인 시간과 외적 감각의 형식인 공간을 형식으로 하고 있다. 그런데 만일 시간만을 유일한 형식으로 한다면, 쇼펜하우어가 말하고 있듯이 "이미 동시 존재라는 것이 없어지고 따라서 지속한다던가 내구한다는 것이 있을 수 없게 된다." 다른 한편으로 공간만을 유일한 형식으로 한다면 이 경우에는 변천이라는 것이 아주 없게 된다. 결국 시간과 공간이 없이는 변천은 있을 수 없게 된다. 경험적 실재라고 하는 합성체로서의 경험적 표상은 시간과 공간이라고 하는 두 가지 형식의 결합에 의해서만 출현하게 되며, 변천은 시간과 공간을 통해서만 가능하게 된다.

쇼펜하우어에 있어서 모든 객체의 변화는 시간의 제약을 받는 것으로서, 모든 객체의 상태가 '생겼다', '소멸됐다', 하는 것에 대한 근거의 원리는 변천을 지배하는 근거의 원리 또는 생성의 근거원리이다. 모든 객체의 변화는 원인과 결과라고 하는 사슬에 묶여 있다. 인과법칙은 변화에만 관여하는 것으로서 시간 속에서 생기거나 소멸하는 것을 지배한다.

(2) 추상적 표상

사람과 동물의 현저한 차이, 즉 인간이 동물보다 월등하게 우월한 근본적 차이점은 이성의 소유여부에 있다. 이 사실은 이성이 인간에게서만 찾을 수 있는 특유한 인식력 이라는 데에 그 근거를 둔다. 인간은 이 능력을 구비하고 있기 때문에 여타의 동물에게는 없는 특수한 표상을 갖게 된다. 이성은 추상적이고 추리적이며 고찰될 수 있는 인식에 대해서만 가능하다.

이성은 먼저 직관적 인식으로부터 얻어진 표상에게 추상작용을 가하여 사물의 여러 가지 성질로부터 어떤 것은 추출하고 어떤 것은 보류하여 그것들을 하나의 관념에 결합시킨다. 이렇게 하여 이성이 관념을 만들면 표상은 직관성을 잃어버리게 된다. 그 대신 관념에 의해서 모든 것을 볼 수 있으며 또 용이하게 그것들을 취급할 수 있게 된다. 쇼펜하우어에 있어서 이러한 이성이란 하나의 추상적 표상 즉 개념적 표상이며, 이 추상적 표상은 개개의 것을 통합하는 직관적 표상으로 추상될 수 있다는 점에서 표상의 표상이 된다. 따라서 표상의 표상이라고 부르는 추상적 표상 즉 "개념은 언제나 하나의 보편적인 것이지 직관성은 아닌 것이다.”

사고작용은 논리적인 추리를 한다던가 직관적 표상의 영역에까지 진행되는데 직관적 인식이나 추리적 인식 또는 오성과 이성과를 매개하는 것은 절대적으로 필요하며, 이 양자를 매개하는 것이 판단이다. 쇼펜하우어는 이렇게 해서 “명석하게 사고되고 표현된 개념간의 관계를 결국 판단”이라고 부른다. 이러한 판단의 기초가 되는 근거로 그는 “논리적 진리, 경험적 진리, 선천적 진리, 초 논리적 진리” 등 네 가지 진리를 제시하고 있다. 그가 주장하는 판단이 진실이 되고 어떤 인식을 표현하는 것이 되려면 하나의 충족된 근거를 가지고 있어야 하는 것으로서 이 원리가 인식을 지배하는 충족근거의 원리라는 것이다.

(3) 순수 직관의 표상

시간과 공간을 순수직관의 표상이라 함은 순수한 점과 선은 표시될 수 없고 공간과 시간과의 무한한 연장과 무한한 가분성도 순수직관을 대상으로만 직관될 수 있기 때문이다. 그러나 이러한 시간과 공간에 대한 논리도 칸트의 학설을 그대로 받아들인 것이므로, 여기서는 칸트의 논리를 인용하여 쇼펜하우어가 주장하는 순수직관으로서의 시간과 공간의 의미를 더욱 분명히 하고자 한다. 쇼펜하우어가 주장하는 순수직관으로서의 시간과 공간은 칸트에서처럼 ‘공간은 경험에서 이끌어낸 경험적 개념이 아니다.’ 또한 ‘시간이란 어떤 한 경험에서 이끌어낸 경험적 개념이 아니다.’ 공간과 시간에 있어서 모든 부분은 다른 부분에 대하여 하나의 대비적 관계를 지니며 하나하나의 부분은 다른 하나하나의 부분에 의해서 규정되고 제약된다. 이러한 대비적 관계가 공간에서는 위치라 불리우며 시간에서는 연속이라 불리운다. 이 관계는 순수한 선천적인 직관에 의해서만 알려지게 되는데, 공간과 시간의 부분이 이러한 양자의 대비적 관계를 만들어 서로를 지배하는 경우를 존재를 지배하는 충족근거의 원리라고 한다.

(4) 자아

모든 인식은 반드시 주관과 객관을 필요로 한다. 따라서 자기의식 또한 인식하는 것과 인식되는 것으로 나누어지게 마련이다. 이 자기의식의 경우에는 인식된 것이 전적으로 의지로 나타난다. 여기에서 말하는 표상이란 주관을 인식하는 것으로 인정하지 않으며 단지 하나의 의욕하는 주체로서 또는 내감의 직접적인 대상으로 인정한다. 인식을 하는 주관에 대해서는 역시 객관으로 인정하는 것이다. 표상을 하는 자아로서의 인식주체는 모든 표상에 있어서 필연적인 상관개념이며 요건이다. 따라서 우리는 인식주체를 어떤 경우에도 표상이나 객관이라고 볼 수 없다.

"자아는 인식한다."고 할 때 자아는 "자아"라고 하는 것에 표현되어 있는 것 이상은 포함하지 않는다. 그것은 "자기에게 대해서 객관이 있다."고 하는 것과 같다. 또한 그 명제는 "나는 주관이다."하는 것과 같아서 단순한 "나" 이상 아무것도 포함하고 있지 않은 것이다. 우리에게 있어서 객관이라고 말할 수 있는 것은 인식의 주체가 아니고 의욕의 주체이며 대내적 자기의식을 의욕하는 것으로 발견된다. 이때 “자아”라고 하는 말은 인식의 본체와 의욕의 본체를 모두 포함하고 있으며 실재에 있어서도 이 두 가지 본체는 동일한 것이 된다. 이 두 가지의 합일이야 말로 쇼펜하우어가 언급하듯이 설명될 수 없는 우주 최대의 비밀이다.

행위근거로서 동기가 나타나게 된다. 동기라는 원인으로부터 인간과 동물의 운동이나 행위에 관한 결과의 내부 비밀은 드러난다. 그것으로서 의지에 대한 하나하나의 행위를 정체로 하고 있으며 단순한 표상으로서 나타나는 동기에 응해서 생긴다는 것을 알게 된다. 이러한 동기작용 방법을 생각해 볼 때 인과율이 물체간의 변화를 연결하는 것이라면, 동기작용이란 내측으로부터의 인과법칙이 된다. 여기서 인과법칙은 전혀 다른 양상과 방법으로 별종의 인식에 대하여 나타난다. 따라서 근거원리의 특별한 형식으로서 인과법칙이 인정되기 때문에 행위를 지배하는 충족근거의 원리가 된다. 곧 동기작용의 법칙이다.

6) 결론

나는 본 논문을 끝맺으면서 칸트 철학에 관한 지금까지 나의 속견에 관하여 나 자신 부끄러움을 금할 수 없었다. 그것은 칸트 철학의 방대함, 난해함, 논리성 그리고 깊이 있고 체계적인 연구를 그동안 막연히 바라보면서 비록 철학개론 시간이기는 하지만 칸트의 철학을 강의해 왔기 때문이다. 특히 부분적으로만 읽었던 「순수이성비판」을 두세번 읽으면서 칸트의 이론 철학에 관하여 감탄할 수밖에 없었다.

나는 쇼펜하우어의 철학을 그 자신만의 독특한 사상으로 이해해 왔으나 칸트의 「순수이성비판」을 정독하고 나서 칸트와 쇼펜하우어의 관계를 다시 생각하게 되었다. 쇼펜아우어의 철학이 그 자신만의 독특한 사상이 아니라 칸트철학을 더욱 연구하고, 더욱 세분하여 발전시킨 것이 쇼펜하우어의 철학이라고 생각된다. 특히 본 논문의 핵심 내용인 '대상을 사유하는' 측면에서 칸트 철학을 대부분 수용하여 발전시킨 것이 쇼펜하우어의 철학이라고 생각된다.

나는 내가 생각할 수 있는 몇 가지만 비교 분석하려고 한다. 그러나 여기에서의 비교분석은 인식 방법의 측면이 아니라 사유의 측면임을 다시 한번 밝혀둔다.

칸트에 있어서 물자체는 우리에게 알려져 있지 않는 미지의 어떤 것인데 반해 쇼펜하우어의 의지는 내적 본질세계이다

칸트는 물자체를 가상체와 물자체라는 이름으로 규명하였으나 쇼펜하우어는 의지라는 이름 하나만으로 설명했다.

플라톤의 이데아(Idea)는 칸트에 있어서는 물자체의 원형(Urbilder)으로 설명되는데 비하여, 쇼펜하우어에 있어서는 의지객관화의 여러 단계로 설명되고 있다. 이데아, 물자체 그리고

의지 모두 같은 맥락에서 이해되어도 큰 무리는 없을 것으로 보인다.

칸트에 있어서 가상체는 오성에 의하여 인식되고 물자체는 오성과 이성에 의한 판단이지만 이성의 제약을 받지 않는 쇼펜하우어의 의지는 세계의 내적 본질이다. 칸트의 물자체가 이성비판에서 나온 산물이라면 쇼펜하우어의 의지는 반성과 사유속에서 나온 관념론의 산물이다.

칸트는 "이념의 제1 대상은 나(ich) 자체다." 그리고 "자아는 단지 내 사유의 의식일 뿐이다." 라고 표현한데 비하여 쇼펜하우어는 "이 세계는 나의 의지이다." 라고 표현한다.

칸트는 물자체의 원형(urbilder)을 제시하고 쇼펜하우어는 원의지(Urwille)를 제시한다.

칸트는 현상세계를 현상, 표상의 2가지 이름으로 설명했으나 쇼펜하우어는 표상 하나로 설명했다.

칸트에 있어서 표상은 '현상에 대한 판단' 이며 쇼펜하우어에 있어서 표상은 '주관이 창조한 세계' 즉 의지의 객관화이다.

칸트에 있어서 "현상 일반은 우리의 표상 이외의 아무것도 아니라는 것이다." 이에 비해 쇼펜하우어에 있어서 "이 세계는 나의 표상이다."는 결국 같은 의미이다.

칸트는 대상을 사유하고, 대상을 인식하는 방법하에서 현상세계를 설명하였으나, 쇼펜하우어는 충족이유율의 4가지 원리하에 4가지 표상을 두어 현상세계를 설명하려고 하였다.

칸트에 있어서 인간은 그 자체가 분명히 한편으로는 현상이지만, 다른 한 편으로는 어떤 능력에 관하여는 하나의 순전한 가상적 대상이다. 쇼펜하우어에 있어서 객관이라고 말할 수 있는 것은 인식의 주체가 아니고 의욕의 주체이며 대내적 자기의식을 의욕하는 것으로 발견된다. 이때 '자아'라고 하는 말은 인식의 본체와 의욕의 본체를 모두 포함하고 있으며 실재에 있어서도 이 두가지 본체는 동일한 것이 된다.

쇼펜하우어는 물자체의 본성은 그 명백성 때문에 조금도 설명되지 아니한다고 보나 의지는 설명하기는 어려우나 인식할 수 있다고 보았다. 쇼펜하우어의 표상은 칸트의 현상에 주관을 가미한 것이요 쇼펜하우어의 의지는 칸트의 물자체에 주관을 가미한 것이다.

참고문헌

1. Kant, immanuel : Kritik der Reinen Vernunft, Felix Meiner Verlag, Hamburg, 1956.
2. Schopenhauer, Arthur : Arthur Schopenhauer's sämtliche Werk (I). Über die Vierfache Wurzel des satzes Vom zureichenden Grunde (S.G), Leipzig. FA.Brokaus. 1923.
3. Schopenhauer, Arthur : Arthur Shopenhauer's sämtliche Werk (II), (III). Die Welt als Wille and Vorstellung (WWV), Leipzig. FA.Brokaus 1923.

4. S.Körner : Kant, Penguim Books. London. 1955.

5. Randall and Buchler : Philosophy and Introduction Barnes & Noble, Inc. U.S.A 1956.

6. Sellars, Roy Wood : The principle and problems of philosophy, Macmillan, N.Y. 1926.

7. Huebscher, Arthur : Von Hegel zu Heidegger, Philip Reclam Jun. Stattgart. 1961.

8. T.E. Wilkerson : Kant's critigue of pure reason, Clerenoon press. Oxford. 1976.

Ⅲ. 쇼펜하우어의 철학과 니이체의 철학

1. 서 론

쇼펜하우어(Schopenhauer, Arthur 1788~1860)와 니이체(Nietzsche, Friedrich Wilehlm 1844~1900) 그들의 독특한 삶, 철학, 의지에 관한 학문적 관련과 사상적 접근은 우리의 관심을 집중시키고, 매력을 느끼게 하며, 호기심을 불러일으키기에 충분하다. 그리하여 그들의 학문적 관계를 규명하도록 우리를 끌어당긴다. 이와같은 인력은 그들 두 철학자가 갖는 한가지 특징이요 자랑이기도 한 것이다. 이러한 인력의 원인은(Ursache)은 그들의 본질적 견해가 서로 밀접한 관계를 지니고 있고 또한 그들 사상의 근본이 전통적인 서양 철학사상에 아주 깊은 뿌리를 두고 있다는 점에 있을 것이다. 이러한 전통적 사상의 흐름 속에서 하나의 지류를 형성하고 있는 것이 쇼펜하우어와 니이체의 비합리주의적 의지의 철학인 것이다. 이러한 의지의 철학의 근원은 어디 있는가? 특히 쇼펜하우어에 있어서 의지론의 근거는 무엇인가? 그것은 다음과 같이 두 가지로 집약될 수 있다.

쇼펜하우어에 있어서 의지론의 근거가운데 하나는 고대로부터 헤겔(Hegel, Georg Wilhelm Friedrich)에 이르기까지 이성철학에 대한 표면화되지 않은 대립이다. 합리적 이성에 근거를 두고 비합리주의적 잔재를 근절시키려고 시도한 것이 헤겔의 관념론적 체계다. 말할 것도 없이 이성에 대한 신앙은 헤겔주의의 근본적인 확신이었다. 헤겔의 학설에 의해서 비합리주의적 잔재를 근절시키려 시도하는 일반적 정신의 운동을 민감하게 인식하고 남들보다 가장 앞서서 전환의 구실을 한 철학자는 셀링(Shcelling, Friedrich Wilhem Josep)이다. 그는 이성이 비합리주의적 의지 속에서 근원적 우연, 즉 필연적인 것으로서 이해될 수밖에 없음을 알았다. 그는 다만 발견할 수밖에 없는 것, 모든 현실에서 어두운 생명의 충동으로서만 체험될 수밖에 없는 것을 보았다. 이것은 비판철학에서 시도된 이성주의가 비합리주의로 전환되는 일점이었다.

이와 같은 철학의 흐름 속에서 쇼펜하우어는 주의적(主意的) 비합리주의를 셀링보다 훨씬 능가하면서 가능한 한 그것을 철저하게 체계화 시켰다. 그는 신비적이고 종교적인 요소를 어느만큼 철저히 제거해 버리고 셀링에 의해서 흘러 들어가 있던 역사적 전통에서 비합리주의를 해방시켰다. 쇼펜하우어는 합리적 인식에 의해서는 도저히 도달할 수 없다고 여겨져 왔던 물자체(Ding an Sich)를 오로지 직접적 직관에 의해서만 체험할 수가 있는 것으로 보았고, 이것은 우리들에게는 의지로서 나타난다고 보았다. 이 의지는 동시에 일체 현상의 본질을 의미하는 것이며, 이것은 표상에 의해서 규정되어지는 것이 아니고 차라리 어둡고 냉정한 비이성적인 맹목의지에 의해 규정되는 것이라 할 것이다.

다음으로 쇼펜하우어의 비합리주의적 의지의 철학은 칸트(Kant, Immanuel)의 영향을 입은 바 크다. 쇼펜하우어와 니이체의 의지설은 의지를 세계, 존재, 인식, 행위 근본원리로 여기며 의지를 이성보다 상위에 놓는 의지의 형이상학이다. 이러한 철학을 논함에 있어 그 선구자인 쇼펜하우어와 그의 학문적 스승 칸트를 거론함은 필연적인 급선무이다. 칸트에 의해서 이름지어진 비판철학은 그 과제와 성과가 아주 잡다함에도 불구하고 그 일관된 중심은 인간의 정신생활 전 영역에 걸쳐 모든 것을 이성으로 이해하려는 것을 지양한다. 이 비판철학은 비합리주의적 원리가 시작되는 것을 정확하게 지적해주는 중요한 관건이 된다.

비판철학의 대가, 칸트의 비합리주의적 입장을 받아들이는 가장 철저한 후계자는 쇼펜하우어이다. 그 칸트에 대한 쇼펜하우어의 견해를 살펴봄으로써 두 철학자의 관계를 더욱 잘 이해할 수 있을 것이다. “칸트의 심원한 상상력에 대해서는 언제나 찬탄하여 존경하고 있었으며 또한 그에게 도움 받는 것이 크다는 사실을 생각할 때 다음과 같은 호메로스(Homeros)의 시구는 칸트의 영혼이 나에게 호소하는 것과 같이 들리기도 한다. 즉 ‘나는 그대의 눈에 있던 운무를 걷어버린 사람,’” 이 인용문에서 보듯이 쇼펜하우어가 칸트에게서 입은 영향은 지대한 것이다. 쇼펜하우어의 철학의 중심문제인 의지뿐만 아니라 그의 이원론적인 세계관도 역시 칸트의 물자체와 현상을 받아들여 발전시킨 것이다. 이것은 “칸트의 최대 공적이란 물자체로부터 현상을 구별하는 것이다.” 라는 쇼펜하우어의 글을 볼 때 더욱 명확히 나타난다. 이는 바로 쇼펜하우어의 의지와 표상의 구별을 말함이요 암시라고 볼 수 있는 것이다.

쇼펜하우어가 비합리주의의 바탕과 칸트의 영향 하에서 의지의 형이상학의 체계를 확립했다면, 이러한 쇼펜하우어의 영향을 가장 많이 받고 또한 그의 비합리주의적 의지의 형이상학을 계승한 철학자가 니이체이다. 그는 쇼펜하우어를 스승으로 받아들였다. 니이체는 자기 학문의 많은 영역에 걸쳐서 쇼펜하우어의 영향을 받았으며 그의 학문적 체계를 형성하는 데 지대한 역할을 했다고 보아야 할 것이다. 니이체 또한 스스로 그러한 사실을 아래와 같이 자인하고 있다. : “오늘날 내가 자랑으로 여기고 있는 스승이며 엄격한 선생님인 아르투어 쇼펜하우어를 상기하고 싶다.” 이같은 표현 외에도 많은 곳에서 니이체는 쇼펜하우어를 칭찬하고 비판하는 과정에서 쇼펜하우어로부터 지대한 영향을 받았음을 보여주고 있다. 더 나아가 두 철학자의 관계는 니이체의 다음과 같은 말로도 더욱 강조되고 있다. : "나는 쇼펜하우어의 독자이거니와 첫 페이지를 읽기 시작만 해도 모든 페이지를 통독해버려 적어도 그가 말하는 모든 말에 귀를 기울일 수 있다는 것을 명확히 아는 독자의 한 사람이었다." 한 마디로 말해서 니이체는 쇼펜하우어의 저서를 통해 세계와 인생, 그리고 자신의 감정을 아주 훌륭히 사고 할 수 있는 거울을 발견했던 것이다.

니이체의 철학이 비합리주의적 의지의 형이상학이 되도록 한 영향가운데 하나는 쇼펜하우어의 영향뿐만 아니라 반이성주의, 반지성주의의 사고에 있다. 이것은 니이체가 쇼펜하우어의 생명의지(Der Wille zum Leben)를 받아들이며 비합리주의적 입장에 있어서는 헤겔의 이성보다 더욱 근저에서 가장 근원적인 힘에의 의지(Der Wille zur Macht)를 발견하였기 때문이다. 뿐만 아니라 "니이체는 이와 같은 헤겔의 이성주의에다가 반기를 높이 든 것이었다. 물론 그것은 생이란 것이 합리주의적인 것으로서 만은 도저히 규명할 수 없다고 하는 니이체의 굳은 확신과 신념에서였다. 그는 헤겔과는 달리 역사과정의 비합리성을 잘 알고 있었던 것이다. 말할 나위도 없이 니이체에 있어서 생의 본질이란 어디까지나 비합리적인 것이었다."고 박준택은 말하고 있다. 바로 니이체의 비합리주의적 의지의 형이상학의 발생은 일면에서는 헤겔을 위시한 이성주의에 대한 대립으로부터라고 할 수 있으며 다른 한편으로는 쇼펜하우어의 영향으로부터라고 할 수 있다.

칸트와 쇼펜하우어, 쇼펜하우어와 니이체의 관계를 비합리주의적 의지의 형이상학의 사적 배경과 함께 개략적으로 살펴보았다. 이러한 측면에서 보았을 때 그들의 학문적 연관성은 부인할 수 없는 것이다.

본 논문에서 다루어질 논의의 준비과정으로서 논자는 쇼펜하우어에 있어서 의지와 그 의지의 표상(Vorstellung), 그리고 니이체에 있어서 의지와 그 의지에 대한 자기 주관의 원근법적 세계현상에 관한 가치평가를 자세하고도 정확하게 해명하려고 한다. 이러한 해명은 본론을 위한 준비과정이다. 의지는 어떻게 변천되었고, 의지객관화의 단계는 어떤 연관성을 지니고 있으며, 의지의 양태(예를 들면 쇼펜하우어와 니이체에 있어서 신(神)의 문제, 쇼펜하우어의 염세주의와 니이체의 허무주의)는 어떤 대비 속에서 설명이 가능한가? 이러한 문제들을 명확히 해결하기 위해 두 철학자가 말하는 의지의 의미를 더욱 분명하고도 정확하게 밝힘으로써 그들의 의지설이 서로 밀접한 연관을 갖고 있다는 사실을 명백히 함과 동시에 그들의 의지에 대한 의미의 같음과 관점의 차이를 본 논문의 주된 문제로서 논하려고 한다. 이를 위해 니이체에 대한 쇼펜하우어의 영향과 쇼펜하우어에 대한 니이체의 평가를 분석 비판하여 집중 논의할 것이다.

2. 쇼펜하우어에 있어서 의지와 표상

1) 표상

(1) 서언

쇼펜하우어는 그의 박사학위논문 「충족이유율의 4가지 근거에 관하여」에서 이 세계에는 4가지 표상(Vorstellung)이 있음을 제시하고 그 4가지 표상에는 각각 하나의 원리가 존재한다고 주장한다. 그가 말하는 표상은 칸트가 주장하는 현상(Erscheinug)에 주관을 가미한 것이다. 그리고 그 근본적 존재는 의지이며, 이것은 칸트가 주장하는 물자체(Ding an sich)이다.

쇼펜하우어는 의지와 표상에 관한 그의 사상을 그의 주저 「의지와 표상으로서의 세계 Ⅰ, Ⅱ」에서 전개하고 있다. 여기 제Ⅰ부에서는 표상과 충족이유율의 관계를 그의 박사학위 논문 「충족이유율의 4가지 근거에 관하여」와 그의 주저 「의지와 표상으로서의 세계」를 중심으로 논하려 한다. 그에게 있어서 우리가 접하는 "이 세계는 나의 표상"인 것이다.

(2) 표상

쇼펜하우어에 있어서, 세계를 인식론적으로 이해한 것이 표상이다. 그 때문에 그의 표상을 해명하기 위해서는 먼저 그의 인식의 기본입장과 표상간의 관계를 해명해야하므로 여기서는 그러한 관계부터 살펴보려고 한다. 관념론의 성격에서 고찰한 쇼펜하우어에 있어서의 인식은 단 한 가지의 인식이 아니라 인간정신이 지니고 있는 여러 가지 근본적 인식이다. 그리고 이와 같은 인식을 그 종류와 근원에 따라 그 자체로부터 판별하여 분리시키는 것은 매우 중요하다. 이러한 중요성으로 인한 필연성에 의해서 근본적 인식으로부터 나온 것이 그의 충족근거의 원리(Satz vom zureichenden Grunde)이다. 이 원리는 표상들 사이의 원리인 것이다.

객관적 세계에 관해서 기술하고 설명하고 예증하는 것이 학문이다. 이러한 의미의 학문이 인식의 집합이라면 인식을 연결시키는 것이 충족근거의 원리이다. 쇼펜하우어는 "결국 학문이란 인식의 단순한 집합과는 달리 인식의 체계 즉 연결된 인식 전체로서의 체계를 의미한다."고 정의한다. 학문을 인식의 총체로 한다면 객관세계가 무엇인가 하는 것을 구명하기 위해 인식의 교량역할을 보편적으로 표현한 것이 충족근거의 원리이다. 이 원리는 표상과 표상사이의 여러 가지 법칙들을 일반적이며 추상적으로 표현한다. 그러므로 한 가지 표상이 인식되기 위하여는 한 가지의 충족근거의 원리가 거기에 상응해야만 한다.

쇼펜하우어 자신은 "인식상의 근거와 인식 사이에는 매우 중요한 차별이 있다는 것"을 기술한다. 그는 충족근거의 원리에 관해 "우리가 추구하는 근거의 원리라는 것은 단 한가지의 인식에서 나오는 것이 아니라 인간정신이 지니고 있는 여러 가지 근본적 인식으로부터 나오는 것이다."라고 하였다. 또한 "충족근거의 원리란 우리에게 선천적으로 주어진 몇 가지 인식을 통합적으로 표현한 것이다; "우리들 인식능력의 여러 가지 법칙들은 충족근거원리의 보편적인 표현이다." ; "충족근거의 원리란 이들 표상간의 연결이 보편적으로 표현된 것이다." 그리고 "모든 형태가 공통되는 것을 일반적 추상적으로 파악한 것이 근거의 원리이다."라고 설명한다. 이와 같은 쇼펜하우어의 설명을 종합해서 의미를 부여하면, 다음과 같다: '충족근거의 원리란 우리에게 선천적으로 주어진 여러 가지 인식력으로부터 표상간의 여러 가지 법칙들을 보편적으로 총괄해서 표현한 것' 이라고.

현상세계의 파악이 충족근거의 원리에 의해서 이루어진 인식론적 입장이라는 것은 "왜냐하면 내가 만드는 표상은 바로 나의 것이기 때문에 나의 밖에 있는 사물의 존재자체와는 결코 동일하게 존재할 수 없는 것이다." 라는 쇼펜하우어의 주장에서도 고찰될 수 있다. 쇼펜하우어는 「의지와 표상으로서의 세계」에서 "인간만이 의식 속에서 이 진리를 반성하고 추상할 수 있으며 인간이 실제로 이렇게 할 경우 거기에 인간의 철학적 명상이라는 것이 일어나는 것이다." 라고 밝히고 있다. 그는 명백히 주관논자이기 때문에 인식하는 주관자의 입장에서 그를 보아야만 그의 사상을 정당하게 평가할 수 있다. 인식하는 주관의 입장에서 볼 때 이 세계는 표상이요 의지이다. 그리고 표상으로서의 세계는 주관이 창조한 세계이므로 "세계는 나의 표상이다." 라고 쇼펜하우어가 말하였던 이 명제는 앞에서 논했던 "세계는 나의 의지이다." 라는 명제에 도달하는데 필요하고도 불가결한 것이다. 쇼펜하우어에 있어서 이 명제는 세계는 나의 의지이다." 라는 명제와 함께 하나의 진리로서 전제되며 이러한 진리의 전제 아래에서만이 세계파악은 가능한 것이다. 또한 "유클리데스(Euklides)의 공리처럼 '세계는 나의 표상이다.' 라고 하는 말은 모든 사람들이 그 말을 듣자마자 곧 이해할 수 있는 명제는 아닐지라도 그가 이 말을 이해하자마자 진리로서 인식해야만 하는 명제인 것이다."

쇼펜하우어에 있어서 표상은, 반성하고 추상적으로 의식하는 사람 즉 개념을 형성하는 자, 자신을 제외한 이 세계의 모든 인식된 객체는 표상이라고 하는 의미이므로 자기 자신도 다른 인식자 즉 타자에 있어서는 객체요 표상으로서, 자기 자신에 있어서는 자기 자신의 신체까지도 표상이 되어야 한다는 것이다. 이러한 의미는 "시간과 공간 속에 있지 않는 것은 객체가 될 수 없는, 즉 단지 다른 종류의 형이상학적 존재일 뿐이다. 결과적으로 객관적 세계가 표상으로서만 존재한다는 원리는 그러한 칸트의 원리에 있는 것이다."라고 하는 것을 볼 때 더욱 확실히 나타나고 있다.

객관적 세계에 대해 쇼펜하우어가 "그와 같이 객관적인 것은 언제나 본질적으로 주관의 의식속에 그의 존재를 가지고 있는 것으로서 주관의 표상이다. 따라서 주관에 의해서 제약되며, 주관에는 속하나 객체에는 속하지 않는 표상에 대한 주관의 형태들에 의해서 제약되는 것이다."라고 말하는 바와 같이 객관적인 것은 객체에 속하지 않는 주관의 표상이다. 이와 같은 표상을 칸트의 현상과 비교하여 다음과 같은 예를 들 수 있을 것이다. 야외에서 삼각다리 위에 놓인 카메라 렌즈에 비친 객관세계는 칸트가 말하는 현상이요 주관자로서의 사람이 눈으로 들여다 볼 때 보이는 세계는 사람이 봄으로써 "아름답다", "추하다", "크다", "많다", "적다"라고 하는 주관을 포함하게 되는 바 이때 인식되어지는 현상세계가 쇼펜하우어의 표상인 것이다. 쇼펜하우어가 "우리의 표상이 존재한다는 것과 주관에 대상이 존재한다는 것은 같은 것이다. 우리의 모든 표상은 주관의 객체이며 주관의 모든 객체는 우리들의 표상이다"라고 정의하듯 표상은 관념적인 의미를 지닌 것으로서 인식하는 자의 주관이 창조한 현상이다. 우리가 인식할 수 있는 것은 현상 뿐인 바 인식된 현상이 표상이며 현상을 인식하는 자는 현상자이다.

"세계는 나의 표상이다", "세계는 표상이다"라는 주장은 쇼펜하우어에 있어서 이 객관적 세계란 표상으로서만이 존재한다는 것이요, 사람 자신이라고 말할 수 있는 현상자에 관하여서만이 존재한다는 것을 뜻한다. 물자체 즉 쇼펜하우어에 있어서 의지는 형이상학적 관념으로 존재할 뿐이며 표상은 현상세계의 존재인 객관적 세계로만이 존재할 뿐이다. 쇼펜하우어에 있어서 표상은 네 종류로 분류되고 있는데, 그 분류의 첫째는 변천을 지배하는 근거의 원리가 작용하는 직접적 표상(die unmittelbare Vorstellung)이다. 둘째는 인식을 지배하는 근거의 원리가 작용하는 추상적 표상(die unmittelbare Vorstellung)이요, 셋째는 존재를 지배하는 근거의 원리가 작용하는 순수직관의 표상(die rein - anschauliche Vorstellung)이며, 넷째는 내감의 직접객관이며 의욕의 주체로서 자아(Ich)라고 하는 표상이다. 이 네 종류의 표상은 각각 네 종류의 충족근거의 원리에 대응하여 특별한 형식으로 나타나고 어떤 형식에 있어서나 동일한 것으로 인정된다. 그리하여 대상의 종류가 다름에 따라 여러 가지 다른 형태를 취하게 되므로 이러한 네 종류의 표상에 대하여 다음과 같이 세론하고자 한다.

(3) 직접적 표상

우리들이 우리들의 표상능력에 따라 나눌 수 있는 대상에는 여러 가지가 있다. 그 가운데 직접적 표상은 직관적 표상(die anschauliche Vorstellung)과 충실적 표상(die vollstandige Vorstellung), 그리고 경험적 표상(die empirischen Vorstellung)으로 나눌 수 있다. 직접적 표상의 대상은 단지 사유 속에서만 구성된 대상이어서 추상적 내용을 포함하지 않는 경우의 것이다. 충실적 표상의 대상은 현상의 형상뿐만 아니라 그 실질까지도 포용하고 있는 것이다. 경험적 표상에 나타나는 대상은 우리의 신체의 오관에서 생기는 감각에 기원하며 이 감각에서 거슬러 올라갈 경우에 그 실존성을 설명할 수 있는 대상이다. 경험적 표상은 경험적 실재라고 부르는 합성체이며 공간과 시간과 인과관계가 공동으로 작용하는 합성체이다. 아래에서는, 이 세가지 표상 중에서도 변천을 지배하는 근거의 원리에 따르는 경험적 표상이 거론될 것이다.

경험적 표상은 오성의 역할에 의해서만 가능하다는 것이 쇼펜하우어의 견해이다. 오성능력은 그의 특유한 인과술이라는 방식과 거기에 종속하고 있는 순수 감각성의 방식인 시간과 공간을 사용하여 감각기관에 생긴 몇 개의 재료를 소재로 하여 처음으로 이 객관적 세계를 만들어 낸다. 직관을 만들어 내는 것은 오성이 하는 일이며, 이 경우 오성은 예의 자료를 소재로 한다. 그러나 쇼펜하우어가 말하는 것처럼 눈과 귀와 손이 감각하는 것은 직관이 아니다. 그것은 단순한 소재이다. 경험적 실재는 내적 감각의 형식인 공간을 형식으로 하고 있다. 그런데 만일 시간만을 유일한 형식으로 한다면, 쇼펜하우어가 말하고 있듯이 "이미 동시 존재라는 것이 없어지고 따라서 지속한다던가 내구 한다는 것이 있을 수 없게 된다." 다른 한편으로 공간만을 유일한 형식으로 한다면 이 경우에는 "변천이라는 것이 아주 없게 된다." 결국 시간과 공간이 없이는 변천은 있을 수 없게 된다. 경험적 실재라고 하는 합성체로서의 경험적 표상은 시간과 공간이라고 하는 두가지 형식의 결합에 의해서만 출현하게 되며, 변천은 시간과 공간을 통해서만 가능하게 된다.

쇼펜하우어에 있어서 모든 객체의 변화는 시간의 제약을 받는 것으로서, 모든 객체의 상태가 '생겼다', '소멸됐다.' 하는 것에 대한 근거의 원리는 변천을 지배하는 근거의 원리 또는 생성의 근거원리이다. 모든 객체의 변화는 원인과 결과라고 하는 사슬에 묶여 있다. 인과법칙은 변화에만 관여하는 것으로서 시간속에 생기거나 소멸하는 것을 지배한다. 인과법칙은 시간 속에서의 상태의 관계를 다스릴 뿐인 바 이 관계 중에서도 앞에 나온 것이 원인이 되며 뒤에 나온 것이 결과가 된다. 이때 새로운 상태가 일어났다고 한다면 새로운 상태 이전에는 선행하는 상태가 있었을 것이다. 선행하는 상태에 대하여 새로운 상태가 나타나는 것이 변화이다. 이와 같은 인과법칙을 변천을 지배하는 근거의 원리라고 하는 것도 인과율이 하나의 변화 즉 새로운 상태의 출현이 있는 곳에만 반드시 적용되기 때문이며 시간적으로 원인이 결과에 선행한다는 것이 분별되기 때문이다.

인과의 법칙은 그 물질적 상태의 변화에만 관계하고 결코 그 이외의 상태에는 관계하지 않기 때문에 전혀 없었던 것이 새로 생긴다던가 또는 존재를 얻는다던가 하는 일은 있을 수 없다. 인과법칙은 우리들의 외적경험에 나타나는 대상을 내용으로 하지 않으면 안 된다. 지금까지 논술한 인과의 법칙은 경험적으로 주어진 물질세계의 변화에만 적용되어야 하되 불가입성, 강성 등의 자연력이나 내적 본질로서의 의지와 근거원리 자체에 적용되어서는 안 된다. 만약 그것을 적용한다면 쇼펜하우어가 지적하듯 두가지의 오류를 범하게 된다. "형이상학이나 윤리학에 사용되고 있는 많은 개념과 같이 원인이라는 개념을 너무

넓게 사용하고 있는 것" 이 그 첫째 오류이며, "인과의 법칙이 가설에 불과하다는 사실을 잊어버리게 된다는 것" 이 두 번째 오류다.

(4) **추상적 표상**

사람과 동물의 현저한 차이, 즉 인간이 동물보다 월등하게 우월한 근본적 차이점은 이성의 소유여부에 있다. 이 사실은 이성이 인간에게서만 찾을 수 있는 특유한 인식력이라는 데에 그 근거를 둔다. 인간은 이 능력을 구비하고 있기 때문에 여타의 동물에게는 없는 특수한 표상을 갖게 된다. 이성은 추상적이고 추리적이며 고찰될 수 있는 인식에 대해서만 가능하다. 그것은 말에 의해서 이어지고 말에 의해서 다른 곳에 전달될 수 있는 인식의 사용 하에서만 성립될 수 있는 것이다.

현상세계를 대상으로 하는 직관적 인식은 그 내용에서 경험적 인식이며, 이성은 그것을 추상화하여 관념을 형성한다. 나아가서 이성은 말을 붙여서 감각적으로 파악하여 알고 다음에는 그것을 사용하여 판단하고 개념을 형성한다. 원리와 추론에 관련된 능력으로서의 이성은 회상과 관념에 의해서 행하여지는 사고와 고찰의 능력이다. 그것은 사람에게 언어를 가지게 함과 동시에 언어의 도움을 필요로 하게 하는 것이다. 인간의 이지적 사고에 의해서 이성이 영위된다는 점을 볼 때 그것은 모든 일이나 활동의 발원지가 된다고 하겠다.

이성은 먼저 직관적 인식으로부터 얻어진 표상에게 추상작용을 가하여 사물의 여려가지 성질로부터 어떤 것은 추출하고 어떤 것은 보류하여 그것들을 하나의 관념에 결합시킨다. 이렇게 하여 이성이 관념을 만들며 표상은 직관성을 잃어버리게 된다. 그 대신 관념에 의해서 모든 것을 볼 수 있으며 또 용이하게 그것들을 취급할 수 있게 된다. 쇼펜하우어에 있어서 이러한 이성이란 하나의 추상적 표상 즉 개념적 표상이며, 이 추상적 표상은 개개의 것을 통합하는 직관적 표상으로 추상될 수 있는 점에서 표상의 표상이 된다. 따라서 표상의 표상이라고 부르는 추상적 표상 즉 "개념은 언제나 하나의 보편적인 것이지 직관성은 아닌 것이다." 표상의 성분으로서 추상된 성질은 그것대로의 것으로서 생각할 수 있을 것이다. 그리고 "최고의 개념 즉 가장 보편적 개념은 가장 공허하고 빈약한 것이며 결국에는 존재, 본질, 사물, 변천과 같은 가벼운 껍질일 뿐"이라고 쇼펜하우어는 보고 있다. 그것은 있는지 없는지 구분하기에 희미한 것이다. 또한 "개념이란 직관된 것을 보다 적게 생각한 것이다." 라고 주장하는 것처럼 표상이 분리되어 추상적 개념으로 집약되면, 이젠 모든 직관성을 잃어버리지 않고 유지하기 위해서 말이라는 기호가 요구된다.

이성적인 행동이라고 하는 것은 현재의 일시적인 인상에 의해서 결정되지 않고 하나의 논리적인, 따라서 일반적인 개념에서 출발한 행동과 추상적인 목표로서 이성에 인도된 행동이다. 그와 함께 인간의 행위와 동물의 행위는 똑같이 엄격한 필연성을 가지고 이루어지지만 인간의 행위에서만 동기가 사상으로부터 성립하여 작용하는 양상들이 틀리기 때문에 선택적 결정이 가능하다. 그 때문에 인간의 경우 의도를 따르는 행위, 사려를 동반하는 행위, 계획이나 격언에 따르는 행위, 타인의 협조에 기초를 두는 행위가 나오게 되나 동물에서는 목전의 직접적 충동에 따라서 행위하게 된다. 동물이 언어를 가지고 있지 않은 것도 동물들이 직접적 표상만을 갖고 추상의 능력을 가질 수 없어 개념을 형성하지 못하기 때문이다. 그 때문에 동물들이 말을 한다 하더라도 개념적 내용을 통한 것은 아니다. 그래서 동물이 언어를 구성하고 있다 할지라도 "말은 언제나 보편적 표상인 개념을 표현할 뿐 결코 직접적 사물은 표현하지 못한다."고 쇼펜하우어는 설명한다.

인간은 추상의 능력을 가지며 또한 개념을 형성할 수 있고 이러한 개념을 사용하여 우리 인간의 오성은 진실한 사고를 할 수 있다. 이 추상적 표상을 우리의 의식 속에서 끄집어 낼 수 있기 때문에 우리는 사려라는 말을 쓰게 된다. 이 사려작용에 의해서 인간은 과거와 미래를 달관하거나 눈앞에 없는 것도 볼 수 있으며 자기 속에서, 자기에게 돌아가서 성찰하게 되는 바 그것은 인간의 모든 이론적 내지 실행적 활동의 근원이 된다. 그렇지만 동물에게는 이 사려가 없기 때문에 현재와 목전의 것에만 얽매여 생활한다. 이러한 사고작용은 논리적인 추리를 한다던가 직관적 표상의 영역에까지 진행되는데 직관적 인식이나 추리적 인식 또는 오성과 이성과를 매개하는 것은 절대적으로 필요하며, 이 양자를 매개하는 것이 판단이다. 쇼펜하우어는 이렇게 해서 명석하게 사고되고 표현된 개념간의 관계를 결국 판단이라고 부른다. 이러한 판단의 기초가 되는 근거로 그는 "논리적 진리", "경험적 진리", "선험적 진리", "초논리적 진리" 등 네가지 진리를 제시하고 있다. 그가 주장하는 판단이 진실이 되고 어떤 인식을 표현하는 것이 되려면 하나의 충족된 근거를 가지고 있어야 하는 것으로서 이 원리가 인식을 지배하는 충족근거의 원리하는 것이다.

(5) 순수직관의 표상

객관에 대한 주관의 표상 가운데 하나는 내적 감각의 형식인 시간과 외적 감각의 형식인 공간이 선천적으로 직관되어 있는 순수직관의 표상이다. 시간과 공간을 순수직관의 표상이라 함은 순수한 점과 선은 표시될 수 없고 공간과 시간과의 무한한 연장과 무한한 가분성도 순수직관을 대상으로만 직관될 수 있기 때문이다. 그러나 이러한 시간과 공간에 대한 논리도 칸트의 학설을 그대로 받아들인 것이므로, 여기서는 칸트의 논리를 인용하여 쇼펜하우어가 주장하는 순수직관으로서의 시간과 공간의 의미를 더욱 분명히 하고자 한다. 쇼펜하우어가 주장하는 순수직관으로서의 시간과 공간은 칸트에서처럼 "공간은 경험에서 이끌어낸 경험적 개념이 아니다." 또한 "시간이란 어떤 한 경험에서 이끌어낸 경험적 개념이 아니다." 공간과 시간에 있어서 모든 부분은 다른 부분에 대하여 하나의 대비적 관계를 지니며 하나 하나의 부문은 다른 하나 하나의 부분에 의해서 규정되고 제약된다. 이러한 대비적 관계가 공간에서는 위치라 불리우며 시간에서는 연속이라 불리운다. 이 관계는 순수한 선천적인 직관에 의해서만 알려지게 되는데, 공간과 시간의 부분이 이러한 양자의 대비적 관계를 만들어 서로를 지배하는 경우를 존재를 지배하는 충족근거의 원리하고 한다.

칸트가 말하는 공간이란 "모든 외적 근거에 놓여있는 아프리오리한 필연적 표상" 이다. 공간에 있어서 존재근거는 위치의 상호작용에 의해서 나타난다. 공간에 있어서의 위치관계나 시간에 있어서의 연속관계는 오성능력이나 단순한 개념이 이성에 의해서 획득하는 것이 아니고 선천적인 직관에 의해서만 알려지게 되는 것이다. 또한 "공간이란 추리적 개념이 아니다. 혹은 사람들이 말하는 새로 사물인반의 관계에 대해 일반적 개념이 아니다. 공간이란 하나의 순수직관이다." 라고 칸트는 말한다. 이러한 의미의 공간에 있어서의 제1의 위치는 제2 제3의 위치에 의해서 서로 제약되고 규정되며 제1의 위치를 결정하는 것은 제2 제3의 위치 근거가 되며 제2 제3의 위치는 그 결과가 된다. 역으로 제2의 위치를 결정하면 제1 제3의 위치가 결정되며 이 때에는 제2의 위치가 제1 제3의 위치근거가 되며, 제1 제3의 위치는 그 결과가 되는 것이다. 따라서 최후의 위치와 최초의 위치는 결과와 근거와의 관계가 되며 상・중・하・좌・

우는 단순한 개념에 의해서 판지되는 것이 아니어서 공간은 무한하고, 공간 속에 위치도 칸트가 말하는 무한한 크기로 표상되어 존재한다. 그리하여 각 위치들은 서로 제약되고 규정되므로 모든 방향에 걸쳐 존재의 근거를 다른 것 가운데 가지게 된다. 이와 같이 순수직관에 의해서만 판지되는 공간의 부분에 존재하는 위치의 연계를 기초로 한 것이 기하학이다.

한편 시간에 있어서는 존재의 근거가 계승의 법칙으로서 지배된다. 그것은 전후관계에서 설명될 수 있으므로 공간에서처럼 시간은 모든 직관의 근거에 놓여 있는 필연적인 표상이 된다. 또 시간은 하나 하나의 순간이 그 앞의 순간을 요건으로 하여 전후로 나타나면서도 한쪽으로만 퍼지기 때문에, 그것으로부터 다양한 관계가 나올 수 없는 것이다. 선천적 필연성에 대한 시간의 관계로부터 필연적 원리로 근거되어지거나 또는 시간일반의 공리로 근거되어지는 가능성은 아프리오리한 이 필연성에 근거하고 있는 것이다. 그러므로 후자를 통하여서 만이 전자가 나올 수 있고 후자가 흘러간 후에만 전자가 나올 수 있는 것이다. 그 때문에 연속관계는 오성능력이나 단순한 개념이 이성에 의해서 획득되는 것이 아니고 선천적 직관에 의해서만 가능한 것이다.

이러한 의미에서 칸트도 "시간은 추리적 개념이 아니며 또는 사람들이 말하는 대로 일반적 개념이 아니라 감성적 직관의 한 순수형식"이라고 말한다. 그래서 헤아린다고 하는 일은 시간에 있어서 어떠한 부분의 어떠한 줄거리에 기초를 두고 행하여진다는 의미로서 전자는 후자의 존재근거가 되고 후자는 전자의 존재결과가 된다. 가령 정수 5,6,7,에 있어서 5는 6의 존재근거가 되며 6은 7의 존재근거가 되고 5와 6에 있어서 6은 5의 결과가 되는 것이다. 이러한 사실들을 고려해 볼 때 "시간의 무한성은 일정한 길이의 모든 시간이 오직 그 근거에 놓여있는 오직 하나밖에 없는 시간을 나누어서만 가능하다는 사실을 의미할 뿐"이라고 말할 수 있다. 이렇게 해서 전자의 전제에 의해서만 후자가 존재하고 후자는 전자의 제약을 받아 전자를 그 존재근거로 갖게 되는 것이 시간에 있어서 존재이다.

(6) 자아

모든 인식은 반드시 주관과 객관을 필요로 한다. 따라서 자기의식 또한 인식하는 것과 인식되는 것으로 나누어지게 마련이다. 이 자기의식의 경우에는 인식된 것이 전적으로 의지로 나타난다. 여기에서 말하는 표상이란 주관을 인식하는 것으로 인정하지 않으며 단지 하나의 의욕하는 주체로서 또는 내감의 직접적인 대상으로 인정한다. 인식을 하는 주관에 대해서는 역시 객관으로 인정하는 것이다. 표상을 하는 자아로서의 인식주체는 모든 표상에 있어서 필연적인 상관개념이며 요건이다. 따라서 우리는 인식주체를 어떤 경우에도 표상이나 객관이라고 볼 수 없다. "덧붙여 인식하는 존재의 경우에 개체가 인식하는 주체의 운반자라는 사실이 존재하며, 이러한 인식하는 주체는 세계의 운반자이다."

더욱이 주관이라는 말이 의미를 가지려면 주관이 있는 곳에는 반드시 객관이 있고 객관이라는 말 또한 의미를 가지려면 객관이 있는 곳에는 반드시 주관이 있어야 한다. 그래서 어떤 방식으로 정상을 부여받은 객관이 있으면 거기에는 필연적으로 그것과 같은 방식의 인식을 하는 주관이 있게 된다. 이것은 "객관이 이러이러한 종류로 분류될 수 있다."고 하는 것과 "주관에는 이러이러한 상이한 인식력이 구비되어 있다."고 하는 말이 같다는 뜻이다. "자아는 인식한다."고 할 때 자아는 "자아"라고 하는 것에 표현되어 있는 것 이상은 포함하지 않는다. 그것은 "자기에게 대해서 객관이 있다."고 하는 것과 같다. 또한 그 명제는 "나는 주관이다." 하는 것과 같아서 단순한 "나"이상 아무것도 포함하고 있지 않은 것이다.

우리는 감각적 직관에 있어서의 대외적 자기의식 외에도 대내적 자기의식을 가지고 있으며 인식은 인식하는 것과 인식되는 것을 가지고 있다. 인식의 주체는 결코 인식되는 일이 없고 객관 또한 표상도 될 수 없다. 우리 속에서 인식되는 것은 의욕하는 것 즉 의욕의 주체의지로서 나타나지 않으면 안 된다. 그 때문에 인식되어지는 것은 인식 주체가 아니라 이미 인식의 객체 또는 표상이 되어 있는 것이다. 이러한 의미에서 "이데아의 현상으로서 개체는 언제나 물질"이라는 것이다. 따라서 우리에게 있어서 객관이라고 말할 수 있는 것은 인식의 주체가 아니고 의욕의 주체이며 대내적 자기의식을 의욕하는 것으로 발견된다. 이때 "자아"라고 하는 말은 인식의 본체와 의욕의 본체를 모두 포함하고 있으며 실재에 있어서도 이 두가지 본체는 동일한 것이 된다. 이 두가지의 합일이야말로 쇼펜하우어가 언급하듯이 설명될 수 없는 우주 최대의 비밀이다.

의욕의 주체는 자기의식에 직접 부여되어 있으므로 그 이상으로 설명할 수 없다. 의욕은 우리의 모든 인식 가운데서도 가장 직접적인 인식으로서, 이것에 의하면, 다른 인식은 모두 간접적이다. 이러한 의욕은 결심을 수반한다. 결심이 선후에는 행위가 나오게 된다. 인간이나 동물의 운동은 행위에 대한 하나의 근거 즉 행위근거로서 동기가 나타나게 된다. 동기라는 원인으로부터 인간과 동물의 운동이나 행위에 관한 결과의 내부비밀은 드러난다. 그것으로서 의지에 대한 하나 하나의 행위를 정체로 하고 있으며 단순한 표상으로서 나타나는 동기에 응해서 생긴다는 것을 알게 된다. 이러한 동기작용 방법을 생각해볼 때 인과율이 개체간의 변화를 연결하는 것이라면, 동기작용이란 내칙으로부터의 인과법칙이 된다. 여기서 인과법칙은 전혀 틀린 양상과 방법으로 별종의 인식에 대하여 나타난다. 따라서 근거원리의 특별한 형식으로서 인과법칙이 인정되기 때문에 행위를 지배하는 충족근거의 원리가 된다. 곧 동기작용의 법칙이다.

의지는 한 번 인식된 일이 있는 표상을 재현시키고 어떤 일을 주의하게 하며 또 스스로 바라는 것과 같이 생각하게 하는 영향을 인식에 미치게 한다. 이러한 영향은 인식의 주체와 의욕의 주체의 동일성에 기초를 두고 행하여진다. 이 경우에 의지는 동기작용의 법칙에 준하여 움직이기 때문에 연상작용의 숨은 원인이 되기도 한다. 또한 공상 속에 돌연히 나타나는 표상이나 근거에 선행되지 않고 생기는 판단의 종류도 의지행위에 의한 것이며 이 때의 행위도 동기에 의하여 행하여진다. 이러한 동기는 사소한 것이기 때문에 간과된다. 의지행위 또한 너무 빨리 나타나 동기가 나타난 것과 거의 동시이기 때문에 지각되지 못한다. 인식을 하는 주관은 의지의 지시에 따라서 표상을 불러일으키며 연습성이나 기억성에 의하여 쉽게 불러일으키는 것이다. 표상을 빨리 불러일으키는 기억은 표상능력에 존재하는 활기의 영향과 표상능력의 취급을 받는 표상의 수량에서 오는 두 개의 상반적인 영향을 받게 된다. 이러한 상반된 영향으로 우리가 가장 잘 기억하여 보존하는 것은 동기작용의 법칙과 의지와의 관계로 된 것과 자신의 영향으로 임의로 연결시킨 표상이다. 결국 자기의식에 직접 부여되는 것으로서 의욕의 주체는 우리의 모든 인식 가운데서도 가장 직접적인 인식이며 이 때문에 다른 모든 인식은 간접적인 것이 된다. 이러한 자기인식에서 볼 때 “나는 존재한다, 그리고 나 이외에는 아무것도 존재하지 않는다. 왜냐하면, 이 세계는 나의 표상이기 때문이다"라고 말할 수 있는 것이다.

2) 의지

(1) 의지

"이 세계는 나의 의지이다." 이것은 세계의 내적 본질에 관한 쇼펜하우어의 규명이다. 이는 이 세계가 지니고 있는 양면성 가운데 그 일면성에 대한 고찰이다. 그에 있어서 이 세계는 표상으로서의 세계와 의지로서의 세계로 되어있는 바, 의지로서의 세계는 세계의 현상에 관한 규명이 아니라 세계의 내적 본질에 관한 규명이다. 의지는 시간과 공간과 인과성의 제한을 받지 않는 것으로서 직접적 통찰에 의해서 인식되어지는 실체다. 이러한 의미에서 셀라즈(Sellars, Roy Wood)는 "쇼펜하우어나 분트(Wundt, Max)가 의지를 궁극적 실체로 간주했다는 것이 기억될 것"이라고 말한다. 결국 실체로서의 의지는 쇼펜하우어가 말하는 근거의 원리의 지배를 받지 않을 뿐만 아니라 개체화 원리인 시간과 공간의 영역 밖에 있으므로 다양성이나 다수성도 포함하지 않는다.

의지는 시간의 그림자처럼 시간과 "함께" 영원히 존속한다. 그것은 결코 "속에" 존속하는 것은 아니며, 시간과 공간의 제약을 받는 것도 아니다. 쇼펜하우어에 따르면 "시간과 공간에 있어서 의지의 현상은 무수한 것이지만 의지 그 자체는 복수성으로부터 자유롭다. 의지 그 자체는 하나이다." 또한 "원의지

(Ur - wille)는 실존에 대한 끝없는 맹목적인 충동이고 무의식적인 충동이다. 그리고 원의지는 하나이자 전체인 것이다." 그러나 이러한 의지도 그 표상에 있어서는 부분적이고 개별적이다. 예를 들면, 바윗돌과 조약돌은 같은 의지를 같은 정도로 가지고 있다. 그런데 이 똑같은 의지도 표상화될 때에는 근거의 원리에 따르기 때문에 다르게 표상화되는 것이다.

세계의 본질로서 의지에 대한 고찰은 플라톤(Platon)의 이데아(Idea) 와 칸트의 물자체와도 깊은 연관을 가지고 있다. 쇼펜하우어는 "의지, 객관화의 여러 단계는 플라톤의 이데아에 불과하다. 내가 여기서 미리 이렇게 말하는 것은 이제부터 이데아라는 말을 이런 뜻에서 사용하고 싶지 않기 때문이다."라고 표현한다. 그렇다면 이와는 달리 이데아라든가 물자체라는 말과 같은 의미로 의지를 사용하면서도 물자체라고 하지 않고 의지라는 말을 사용한 이유는 어디 있는가? 그는 다음과 같이 말하고 있다. "만일 본질로서 물자체가 단순히 추리에 의하여 존재한다고 간주되고 따라서 간접적으로만 또 추상적으로만 인식되는 그 무엇이라고 한다면 그것을 어떻게 표현하든 조금도 다름이 없을지도 모른다. 만일 이러한 것이면 두말할 필요도 없이 물자체를 무어라 이름짓든 상관없는 일이다." 이것은 이데아와 물자체 그리고 의지는 같은 의미라는 것을 보여주는 것이다.

쇼펜하우어의 의지는 직접 인식되는 것이다. 그것은 누구에게나 직접적으로 알려진 것으로서 주어져 있으므로 이것을 의지라는 말로서 표현할 수 있다. 쇼펜하우어는 "물자체의 본성은 그 명백성 때문에 조금도 설명되지 아니한다."고 본데 반하여, 칸트에 있어서 물자체는 불가피한 것으로서 그 인식의 출발점이 주관과 객관 모두에서 출발하였다는 데 그 차이가 있다. 더 나아가 휩셔(Hübschser, Arthur)는 "쇼펜하우어는 존재의 가면을 벗기는 것에 만족하지 않았다. 그는 필연에서 필연으로 추진하는 원동력이 되는 의지의 강제력이 어떻게 흘러나오게 되는가에 의문을 제시하였다."고 말한다. 이러한 사실을 종합해 볼 때 쇼펜하우어의 의지와 칸트의 물자체는 본질적인 측면에서는 같은 의미를 가질 수 있으나 인식의 측면에서는 엄격히 구별되는 것이라 할 수 있다.

(2) 의지의 객관화

① 무기물

의지는 그의 객관화에 의해서 현상으로 나타난다. 여러 가지 현상의 내적 본질은 자연력이다. 이 자연력은 쇼펜하우어에 있어서 가장 낮은 단계에서 객관화된 의지이다. 식물 속에서 작용하고 성장해 가는 힘, 결정을 만드는 힘, 자석을 북극으로 향하도록 작용하는 전격의 힘, 물질의 친화력에 있어서 실로 강력하게 작용하며 돌을 지면으로 당기고 지구를 태양으로 당기는 중력, 자연 속에서 보편적인 불변의 여러 가지 법칙에 의하여 작용하고 있는 힘, 모든 물체의 운동을 지배하고 있는 힘, 전혀 기관을 갖기 않고 자극에 대하여 감수성도 없고 동기에 대하여 인식도 갖지 않고 존재하는 힘, 그리고 불가입성(Undurchdringlichkeit), 강성, 류동성, 응집력, 이와 같은 여러 힘이 무기물에 있어서의 의지이다. 이러한 힘이 물질로 표상된다. 그 원인은 "물질의 존재는 물질의 작용이며, 작용 이외의 물질의 존재는 생각할 수 없다는 데 있다." 의지로서의 자연력은 현상으로서만 보면 서로 다르나 내적 본질상으로는 동일하다. 그것이 동일한 것으로 인식되어 명백히 나타날 경우에 의지라고 불러야 한다.

힘의 근거는 규정할 수 없다. 그러나 이것이야말로 모든 무기물에 있어서의 본질적인 여러 가지 숨은 성질이라 할 수 있다. 숨은 성질의 운동방식으로서 그 발현은 외부로부터의 작용에 의해서 일어난다. 인간에 있어서도 이러한 유형의 성질이 있는데 그것을 쇼펜하우어는 물질에 있어서의 성질과 구분하기 위하여 성격이라 불렀다. 이 두 가지는 같은 것으로서 직접적으로 인식된 경우에 의지라 불리우게 된다. 따라서 일반적이고 근원적인 자연력은 모두 그 본질에 있어서는 낮은 단계에서 객관화 된 것에 불과하다. 의지가 자신을 객관화하는데 있어서의 현상법칙에서는 원인이 있게 되는데, 이 원인은 무기물에서는 "원인"이라는 인과성의 모습으로 나타난다.

무기물에 있어서도 유기물, 특히 동물에 있어서와 마찬가지로 의지 속에 있는 인과성에 의하여 현상의 물질을 서로 나의 것으로 하기 위하여 투쟁하기에 이른다. 이러한 투쟁에 의해서

보다 고차원적인 의지객관화의 현상이 생긴다. 무기물에 있어서 의지는 그 투쟁에 있어서 보다 완전한 이데아 속에서 고도의 세력을 가진 유사체를 자기에게 받아들임으로써 새로운 성격을 획득한다. 그 때문에 이러한 투쟁은 끊임없이 계속되며 차원이 낮은 이데아나 더욱 높은 이데아에 항거하며 부단한 투쟁을 계속하게 된다. 이 부단한 투쟁의 영속에 의해서 어떤 이데아가 차원 낮은 여러 이데아를 예속시켜 차원 높은 이데아로 되는 것이 바로 동화작용(überwaltigende Assimilation)이다. 이 동화작용은 중력에 의해 사방에서 중심을 향하여 만물을 밀어붙이는 힘인 견인력과 불가입성에 의한 견인력에 해당하는 반발력과의 투쟁으로 이루어지게 된다. 그러므로 무기물에 있어서 의지의 객관화를 형성하고 있는 것은 견인력과 반발력과의 투쟁이라고 볼 수 있다.

② 식 물

유기물에 있어서 의지의 객관화가 무기물에 있어서의 그것과 다른 것은 유기물에서의 의지는 경험적 성격의 단일성을 가지고 의지가 객관화되는데 반해서 유기물에 있어서는 모두 이어서 행하여지는 계속적인 발생을 통하여 그 이데아를 나타낸다는 점이다. 그 계속적인 발생은 부분 상호간의 다양성에 의하여 제약되고 있는 것으로서 유일하고도 직접적이다. 또 그것은 그 자신과 완전히 합치하는 의지의 객관화라 하겠다. 의지의 객관화라는 입장에서 볼 때 식물이 동물보다 소박한 그 정도로 동물은 인간보다 소박하다. 이러한 소박성의 차이는 식물에서는 인식이 없다는 데 원인이 있다. 그리고 동물에서는 이성을 가진 인간과 달리 직접적 충동에 의한 인식밖에는 없다는 데 그 원인을 찾을 수 있다. 그리고 모든 식물이 그 고향과 고향의 기후 그리고 그것이 발생한 토지의 성질을 나타내는 것을 볼 때, 의지가 객관화했음을 알 수 있다.

인식에 인도되지 않는 식물에서의 의지객관화는 힘이 시간과 공간에 있어서 나타낼 때의 기점을 규정하는 자극(Reiz)이라는 원인에 의해서 규정된다. 이러한 사실을 우리는 동물에게서 나타나는 현상 가운데 식물적 성질을 가진 요소 즉 분비, 성장, 재생 등의 자극에서 알 수 있다. 또한 식물에 있어서 액즙의 상승과 나도황기(Hedysarum)나 함수초(Mimosa pudica)의 운동은 단순한 자극에 의한 것이라고 생각된다. 식물에 있어서 의지의 현상과 연결하는 유대는 적극적이며 여기에서 의지는 완전히 인식을 갖지 않고 동력으로만 작용하여 단계적으로 의지를 객관화하는 것이다. 식물에 있어서 의지는 다른 목표도 목적도 없이 생존만 하려난 단순한 맹목적인 충동으로 나타나게 된다.

③ 동 물

동물에 있어서 의지는 동기에 의해서 표상된다. 그런데 동물에게는 직접적 표상만이 있을 뿐이고 개념도 반성도 없다. 그 때문에 동물은 현재에만 구속되어 있을 뿐 미래를 고려하지 못한다. 동물에 있어서의 의지는 인식은 있으면서도 이성이 없는 인식이어서 단지 경험적 일 뿐이다. 그리고 직각적 충동으로 인한 행위에 의해서 의지의 객관성이 갖는 단계가 점차 높아지게 된다. 쇼펜하우어에 의하면 본질이 한층 높은 단계에 있을수록 본질의 개체성 또한 한층 더 뚜렷해진다. 그 때문에 의지 객관화의 정도가 높아질수록 개성은 더욱 뚜렷이 나타난다. 또한 신체는 표상으로서의 인식과 의지로서의 인식 즉 이중 인식을 지닌다. 이때 신체는 표상으로서의 인식에 알맞은 외적 합목적성과 의지로서의 인식에 적합한 내적 합목적성을 지니게 된다.

인식하는 주체는 이중인식이라는 이 특별한 관계에서 볼 때 하나의 개체이다. 그리하여 신체는 개체로서 나타나며 신체와 동일한 인식주체는 직관에 있어서 표상으로 나타난다. 그것은 동시에 직접적으로 알려진 의지로 주어진다. 신체는 표상의 입장에서는 직접적 개체인데 반해 의지의 입장에서는 의지가 객관화된 것이다. 따라서 신체 없이는 의지를 표상할 수 없다. 또 신체가 없을 때는 의지를 개개의 의지의 작용과 행동은 반성에 있어서는 다르다. 현실의 경우에는 동일하다. 직접적인 의지행위는 직접적으로 외부에 나타나는 신체행위이며 신체에 미치는 작용은 그대로 의지의 작용이다.

신체의 본질자체로서 의지는 무엇보다도 먼저 신체의 수의운동 속에서 나타난다. 결국 개개의 의지행위는 의지가 가시적인 것으로 된 것에 불과하다. 수의운동은 의지행위와 더불어 직접적으로 존재하며 또 동시에 생긴다. 이러한 의지는 표상으로서의 인식 즉 외적 합목적성에 적합한 것이다. 이리하여 "신체자체는 가시적으로 된 나의 의지에 불과하고 의지는 직관적인 객체이며 제일급의 표상인 한에서 신체는 나의 의지가 아니면 안되다."고 쇼펜하우어는 보았다. 따라서 신체자체가 객관화된다고 하는 것은 의지가 있기 때문이라고 하겠다.

(3) 생명의지와 정신에 있어서의 의지

① 생명의지

㉠ 생명의지

쇼펜하우어는 인간뿐만 아니라 그 외의 동물들까지도 모두 의지를 갖고 있다고 말한다. "동물의 본질에 있어서의 생존의지는 동물 본질의 구심점이며 단지 변할 수 없고 제약되지 않는 특성의 핵심인 것이다." 쇼펜하우어에 있어서 중심문제는 생명의지이다. 이 의지가 자기보존을 위해 노력할 때 생존의지라 불리 울 수 있는 것으로서 그것은 모든 동물에게 있어서 내적 본질이 된다. 단지 "동물은 끝없는 시간 속에 있는 어떤 점에서 바로 그와 같은 동물로서 태어날 것이며 똑같은 죽음에 고통 받을 것이다." 바로 생명의지는 자기가 의지하기만 하면 어떤 동물로든 태어날 수 있으며 그것은 의지의 전체성과 동일성에 의해 언제든지 같은 것으로 태어날 수도 있다.

이 생명의지가 표상된 후에는 근거의 원리에 따르기 때문에 현상세계에서 나타나는 행복과 함께 고통도 필연적이다. 이러한 "고통은 더욱 훌륭하고 더욱 고상한 형식들 속에서 브라나마(Branama), 현자(Weiser), 성인(Heiliger)처럼 재생을 보답으로서 약속한다." 이것은 불교의 윤회설, 니이체의 같은 것의 늘 되돌아옴(die ewige Wiederkehr des Geichen), 예수의 부활을 연상케 해준다. 결국 인간의 삶은 생존을 한동안 유지하려는 생명의지의 연장에 불과하다는 것을 보여준다.

쇼펜하우어는 생존의 연장을 위해서는 고통은 필연적이라고 본다. 그래서 묻고 대답한다. "무슨 죄 때문에 그들은 이러한 고통을 받아야만 하는가? 공포에 대한 이러한 배경의 원점은 무엇인가? 유일한 대답은 생명의지가 자기 자신을 객관화하기 때문이다." 이처럼 본능에 사로잡혀 살기 위해 분투하는 생명의지는 이성이나 오성이 없다는 의미에서 맹목적 의지인 것이다. 본능적인 면을 제외한다면 "생명의지는 삶의 경향으로서, 삶에 대한 사랑으로서, 그리고 활기에 넘치는 힘으로서 나타나는 맹목적 의지이다." 쇼펜하우어가 보는 이 세계에서는 사람이 어떤 모습을 하고 어떠한 형태를 취하더라도 그것은 자기보존 즉 생명의지의 유지일 뿐이다. 그에게 있어서 생명의지의 유지는 사랑이며 그러한 생명의지가 특수화되고 한정되고 개체화 된 것이 성욕이다.

사람들은 사랑을 얻기 위해 종종 소란을 피우고, 그처럼 애를 쓰고, 그렇게 고민하며 결국 불행에 빠지기도 하지만, 인류의 입장에서 보면 이 사랑은 계속되는 무수한 세대와 연관지어 볼 때 심사숙고할 가치가 있는 진지한 일이기도 한 것이다. 이 경우 개인의 의지는 가장 큰 능력을 발휘하여 자기 자신을 종족의 의지로 돌아가게 한다. 종족은 개체에 대하여 분명히 우선권을 갖고 있으며 직접 중요한 기능을 보유하고 있다. 개체는 이 같은 사실을 망각하고 자기 자신에 쏠려있게 마련이라서 종족의 유지와 발전을 위해 개체가 희생되어 줄 것을 바라는 종족의지의 의도를 이해하지 못하고 자기 자신만을 유지하려고 한다. 그러나 결국은 종족의지의 의도에 귀착되고 마는 것이다. 쇼펜하우어는 생명의지가 개인에게 표현된 성욕이 충족된 이후, 사람들이 허무감에 빠지게 되는 이유를 생식행위 이후 종족의 도구가 되게 한 환상이 소멸되기 때문이라고 하며 "윤락은 최대의 허풍장이"라고 말한다.

사랑에 관한 쇼펜하우어의 견해는 사실에 있어서는 형이상학적이고 또 초월적이기도 한다. 그가 사랑의 형이상학으로 설명할 수 있는 것의 내용 가운데 하나는 인간의 본성 자체는 파괴될 수 없는 것이고 그것은 다음에 올 종족 속에서 영원히 존재해 나간다는 것이다. 다른 하나는 인간의 본성자체는 개인보다 종족에 더 많이 존재하고 있다는 사실이다. 개체의 이와 같은 목표달성 과정에는 부단한 노력과 괴로움이 있다. 여기에서 해방시켜 주는 것은 생명의지의 부정 이외에는 아무 것도 없다.

생명의지를 부정함으로써 개체의 의지는 종족의 줄기에서 떠나고 종족 속에서 생존하기를 그친다. 따라서 생명의지가 무한한 공간과 시간과 성질을 자유롭게 사용할 수 있으므로 같은 기도가 무한히 되풀이되고 있는 것으로 볼 수 있다. 그러나 자기 자신은 유지될 수 없으며 기껏 자기와 같은 존재를 위한 노력으로 끝나고 만다. 결국 자기와 비슷한 2세로 만족해야 한다. 그러한 경우 사람들이 저마다 다른 것은 시간과 공간으로 제약되어 있기 때문이다. 그것을 쇼펜하우어는 개체화원리(Principium Individuationis)라고 부른다. 이렇듯 개체는 생명의지가 표상화될 때 시간과 공간의 제약에 의해 각기 달라진다. 그렇지만 생명의지는 동일한 자기보존을 위해 끊임없이 노력한다. 그 때문에 생명의지는 동일한 자기보존의 의지라 할 것이다.

ⓛ 도 덕

생명의지는 생존에 따르는 끊임없는 자기 자신의 고통을 덜기 위해 다른 사람에게 고통을 야기 시키려고 한다. 그러나 이를 계속하다보니 그 의지는 점점 본래적인 악과 잔인성까지 갖게 된다. 이때 남이 안되는 것을 고소해하는 마음과 반대되는 것이 동정심이다. 그것은 모든 정의감과 인간애의 근원이다. 사람들은 상대의 고통스러움, 궁핍함, 불안함, 그리고 그의 어려운 점만을 파악하게 되면 언제나 상대와 친근감을 느낄 수 있다. 그를 동정하게 되면 그에 대한 미움과 경멸 대신에 측은한 마음을 느끼게 되는 것이다. 쇼펜하우어에 있어서 기본충동 즉 행위에 나타나는 생명의지의 표상 가운데 하나인 동정심인 것이다.

모든 생물의 내적 근거인 생명의지가 인간에게 표상될 때 세 가지 근거충동이 있게 된다고 쇼펜하우어는 말한다. 그 세 가지 가운데 하나는 이기주의(Egoismus)이다. 이기주의는 자신의 복이 의욕하는 것으로서 한계가 없다. 다른 하나는 원한(Boshelt)이다. 이는 타자의 화가 의욕하는 것인데 외적인 가혹한 행위, 소위 복수라는 행위에까지 이른다. 또 다른 하나는 동정(Mitleid)으로 타자의 복이 의욕하는 것인데 고결한 마음과 아량에까지 이른다. 이와 같은 세 가지의 근거충동에 기인하는 인간행위를 규정함에 있어 간과할 수 없는 사실은 동정이 쇼펜하우어의 도덕적 근본충동이며 그의 도덕생활과 깊은 관계를 지니고 있다는 것이다. 이러한 사실에 대해 보웬(Bowen, Francis)도 긍정적인 평가를 한다. "쇼펜하우어의 윤리학에 있어서 금욕주의, 독신생활, 정적주의, 수도원생활 등은 삶의 유일하고도 고결한 양식이다. 왜냐하면 단지 그것들만이 자신에 대한 단념과 사람들을 위한 동정과 일치하기 때문이다."

한편 이기주의는 다른 동물들에게 있어서처럼 인간에게 있어서도 근본충동으로서 그 내용에서 본질적으로 동일하다. 그러나 "이기주의는 유일한 힘이 아님에도 불구하고 도덕적 충동을 극복하도록 하는 최초의 그리고 중요한 힘이다." 이러한 이기주의에 관해 쇼펜하우어는 "아무도 돕지 마라 오히려 모두를 해쳐라. 그러면 그것은 바로 너에게 도움이 된다."는 준칙을 제시한다. 이기주의는 모든 본성을 비행과 참혹한 행위로 이끌 수 있다. 그러나 그것을 통해 야기되는 피해와 다른 고통은 수단이지 목적은 아니며 다만 우연히 발생하는 것이다.

이기주의의 준칙과 함께 쇼펜하우어는 "네가 할 수 있는 한 오히려 모두를 해쳐라."라고 하는 원한의 준칙도 제시한다. 이때 남의 불행을 기뻐하는 마음이 이론적인 잔혹한 행위인 것처럼 잔혹한 행위는 다만 실천적인 남의 불행을 보고 기뻐하는 마음일 뿐이며, 기회가 오자마자 실천적인 남의 불행을 보고 기뻐하는 마음은 잔혹한 행위로서 일어나게 된다. 질투심과 남의 불행을 기뻐하는 마음은 원한과 잔혹한 행위가 된다는 것이다. 원한과 이기주의는 쇼펜하우어에 있어서는 비도덕적 근본 충동이다.

쇼펜하우어에 있어서 도덕적 충동은 동정이다. 동정작용의 첫 단계는 이기주의나 원한에서 생기는 피해에서 그 자신을 유지하는 것이다. 여기에서 "아무도 해치지 말라"는 정당성의 원칙이 발생한다. 사심 없고 순수한 도덕은 자유로운 원천의 모든 혼합으로부터 만 가질 수 있는 것일 뿐 외부로부터 가질 수 있는 것은 아니다. 그 외의 준칙은 이기주의에 기인해야 하기 때문이다. 그러므로 쇼펜하우어는 아래의 최상의 도덕원칙을 제시한다: "아무도 해치지 말라, 네가 할 수 있는 한 오히려 모두를 도와라." 이것은 원칙이다. 윤리학의 원리나 원칙들이 행위방법을 규정하고 어떠한 정언적 형식도 갖지 않을 때 그것들은 본래적인 도덕적 가치를 인식하는 행위방법에 있어서 가장 간명하면서도 적절한 표현방법이라고 할 수 있다.

동정이라는 도덕적 충동에서 공평과 박애의 덕이 나온다. 공평은 권리의무의 이행에서 나타나며 박애는 도덕의무의 이행에서 나타난다. 반대로 불공평, 또는 부정은 다른 사람의 위반 속에서 언제든지 존재한다. 부정은 적극적인 것으로서 정에 선행한다. 정은 부정을 행하지 않고 실행 할 수 있으며 소극적이다. 공평의 소극성은 "각자에게 자기의 것을 주어라."는 일상적인 정의 안에서 그 자신이 외관에 대립하여 유지된다. 공평의 요구가 단지 소극적일 뿐이므로 적극적이 되도록 공평자신은 자신의 요구를 강요한다. 그때 "아무도 해치지 말라."는 원칙은 모두로부터 동시에 행해질 수 있다. 그리고 단순히 불이행으로 사(邪)인 행위가 존재한다. 그러한 행위를 의무라고 부른다. 이것은 의무의 참된 철학적 정의이다. 동기법칙은 바로 물리적 인과성처럼 단호하며 또한 바로 그와 같이 반항하기 어려운 강제를 이끌어 낸다.

쇼펜하우어에 있어서 인간애는 공평과 함께 기본도덕 가운데 하나이다. 이 인간애의 덕도 동정이라는 도덕적 근거충동에 의해서 나타난다. 인간애의 덕이 나타나는 동정은 타인이 상처입는 것을 저지할 뿐만 아니라 타인을 도울 수 있도록 부추기는 것이다. 이때 동정은 생동적이고 진심으로부터 우러나오기도 하지만, 또 다른 일면에서는 타인의 곤궁을 크고 절박하게 함으로써 타인의 욕구나 필요에 보다 크거나 보다 작은 희생을 바치는 것이다. 인간애의 준칙은 "네가 할 수 있는 만큼 모든 다른 사람들을 도우라."는 것이다. 이 준칙에서 타인의 고뇌에 대한 직접적이고 직감적인 동정은 그 행위가 도덕적인 가치를 갖기만 한다면, 그러한 행위의 유일한 근원인 것이다.

㉢ 생명의지의 긍정과 부정

생명의지는 자기 자신을 객관화한다. 쇼펜하우어에 따르면, 독단적인 가설이나 공허한 설명과는 거리가 먼 생명의지가 세계의 가장 내적 본질의 기술이라는 사실이 확인되고 주장된다. 생명의지는 성욕으로서 나타나는 바 "성욕자체가 이미 두 사람이 탄생시키려는 새로운 개체의 생명의지"인 것이다. 성욕자체가 개체의 생명의지라 하는 사실은 성행위나 성기에 관해서 생각하고 말하는 것을 부끄러워하는 것만 보아도 알 수 있다. 이러한 행위가 의지에 의해서 이루어진다고 볼 때, "의지의 명백한 표현으로서 이 행위는 세계의 핵심이고 요강이며 정수"인 것이다.

더 나아가 "성욕은 생명의지의 핵심이며 모든 의욕의 집중점이다." 행위가 자기 자신을 위한다고 하는 것은 하나의 환상이라 할 것이다. 이것은 결국 종족을 위한 행위인데, 개체화되는 생의 과정 속에서 볼 때 생명의지는 세대라는 현상이 존속하는 동안 세대보존의 충동으로 나타난다. 이것은 종족의지의 긍정이다. 끝없는 노력과 곤궁과 괴로움이 따르는 인간의 생애는 생식행위로 설명되는 것으로서 이러한 생식행위는 생명의지의 결정적인 긍정인 것이다. 생명의지의 긍정은 새로운 생명의 긍정이고 새로운 삶의 세계가 펼쳐지는 것이며 "생식행위는 생명의지가 새로운 생명을 긍정하였다는 뜻에서 세계의 매듭"인 것이다.

생이 하나의 목적을 향하는데 있어서 생명의지의 중심이 생식행위에 있을 때가 생명의지의 긍정이라 할 수 있다. 그것은 반성이나 사유가 없는 동물에게는 필연적인 것이다. 쇼펜하우어는 생명의지의 부정에 대해서 다음과 같이 말하고 있다. : 성신은 생명의지의 결정된 부정이다. 이것을 구체적으로 그 자신에게 나타낸 자가 성자이다. 성자는 생을 긍정하는 의지와 동일하며 긍정과 부정처럼 똑같은 의지의 반대되는 행위에 한에서 성부와 함께 지각된 이 세계의 현상에 의해서 만들어 내는 의지인 것이다. 생명의지가 생식행위를 하려는 의욕을 좌절시키고 그 노력을 중단시킬 때가 생명의지의 부정이라 하겠다. 그렇지만 생명의지의 부정은 결코 어떤 실체를 단멸시키는 것이 아니다. 다만 의욕을 하지 않는 것 뿐이다. 생식행위 속에 세계의 가장 내적 본질이 뚜렷이 나타나 있다.

일반적으로 쇼펜하우어의 철학에 있어서 생명의지의 부정이 죽음인 바 이러한 의지를 부정하기 위하여는 자살을 해야 하는 것으로 그가 권장하고 있다고 생각되어 왔다. 그러나 쇼펜하우어 철학과 자살과의 관계에 대한 견해는 편협한 독자들과 그들에 따르는 감상적인 사람들의 속견에 불과하다. 오히려 그는 주저 「의지와 표상으로서의 세계」 제1권에서 윤리적 근거를 이유로 자살에 대해 반대한다. 그는 자살을 거부한다.

쇼펜하우어에 있어서 자살은 이 비참한 세계에서 참으로 도달하는 것을 방해하는 것이다. 또한 그는 "자살은 의지의 부정이라기보다는 의지의 강한 긍정의 현상이다. 왜냐하면 부정은 슬픈 생활이 아닌 즐거운 생활이 기대된다는 사실에 부정의 본성을 가지고 있기 때문이다." 라고 말한다. 더 좋은 생을, 새로운 생을 기대한다는 의미에서 볼 때 "자살은 생을 뜻하며 억제되지 않은 존재와 긍정을 뜻한다. 그러나 환경의 결합은 이러한 것들을 허용하지 않으며 자살에 대하여 커다란 고통을 일으키게 된다."는 것이다. 자살로 인해서 세계의 내적 본질인 생명의지도 고통도 없어질 수는 없다. 고통은 우리에게 접근하면서도 의지부정의 가능성을 제공하는 것이다. 그러나 고통은 의지의 현상인 실체를 파괴함으로써 자살을 거부한다. 그러면서도 의지는 부서지지 않고 남아 있는 것이다. 그리고 생은 언제나 생명의지에 충실하므로 고통은 의지의 개체와 현상에 독단적인 파괴를 가져올 뿐 의지자체의 본질적인 파괴에는 아무런 영향도 주지 못한다. 고통은 다만 의지에 의존하여 의지가 저해되고 차단됨으로써 이루어진다. 의지의 방해가 고통으로써 느껴지는 것은 인식이 따르는 까닭이다.

㉣ 염세주의

쇼펜아우어의 염세관은 이 세계에는 행복보다 불행이, 즐거움보다 슬픔이 더 많다는 그의 인생관 내지 세계관에 기초한다. 니이체도 그의 저서 「아침 놀(Morgenröte)」에서 "사람들이 쇼펜하우어에 대하여 말하기를, 그는 인류의 괴로움을 마침내 다시금 진지하게 생각했다고 하는 것이 옳다"고 말한다. 인간의 어떤 욕망에 대해서 만족을 얻기도 하지만 만족을 얻지 못하는 경우는 그보다 몇 배나 더 된다. 욕망은 끝이 없고 그 충족은 극히 제한되어 있다. 그것은 환상이기 때문에 붙잡을 수조차 없다. 그리하여 나중에는 환멸의 슬픔만이 남게 된다. 쇼펜하우어가 본 세계 그 자체는 지옥이다. 슬픔과 고통의 세계에서 벗어나기 위해서는 생명의지를 부정해야 한다. 이러한 생명의지의 부정적 입장에서 이해된 쇼펜하우어의 세계와 인생이 그의 염세철학의 바탕이다.

쇼펜하우어에 의하면 이 세상에는 도대체 무엇하나 확실한 것이 없고 허다한 고뇌만이 가득하다. 이는 어디까지나 세계자체가 무거운 죄과에 기인되기 때문이다. 그러므로 "우리들의 존재는 무엇보다도 하나의 죄과, 하나의 사악한 욕념(欲念)의 결과로 보아야 할 것이다."라고 쓰고 있다. 세상은 우연과 미혹의 왕국으로서 양자는 제멋대로이며, 조금도 온정을 베푸는 일 없이 이 세계를 지배하고 통솔한다. 우매와 죄악은 이를 거들어준다. 인간이 욕망을 갖는다는 것은 본래 번뇌로운 것이다. 산다는 것은 욕망을 갖게 됨을 뜻하는 것이며, 모든 생존은 본질적으로 고뇌이다. 참으로 부러워할 만한 사람이란 하나도 없는 반면에 가련한 사람은 헤아릴 수 없을 정도로 많은 것이다. 그러므로 "인생은 하나의 노고로 끝마쳐야 할 부역"이라고 표현되기도 한다.

쇼펜하우어가 범신론의 입장에서 명료하게 취할 수 있었던 진리는 반 유태교적이다. 세계는 결코 전지전능자의 창조물이라고는 볼 수 없고 오히려 악마가 만든 것으로 볼 수밖에 없다. 그 속에 일체의 생물을 두게 한 것은 그들의 고뇌를 바라보면서 자기의 눈을 즐겁게 하려는 악마의 조작이라고 결론을 얻은 것이다. 이 세상에 나타난 사실들은 점차로 이 결론을 증명하는 것으로 생각되었고 이에 대한 확신은 마침내 쇼펜하우어를 사로잡았다. 고통스런 운명은 인간생활의 전반을 낙인찍어 생존 그 자체 속에 깊이 파고든다. 그같은 운명은 소멸되는 일 없이 생존의 지속과 종말에 걸쳐 모든 것을 비극적인 것으로 만든다. 이와 같은 의미에서 보웬은 "염세주의는 범신론의 자연적 부산물이다. 왜냐하면 쇼펜하우어나 하르트만 같은 염세주의자들은 유신론자가 아니기 때문이다."라고 말한다.

쇼펜하우어의 염세주의는 염세주의에서 머물지 않고 허무주의에로 이행한다. 쇼펜하우어의 철학이 갖는 하나의 큰 특징은 세계에 대한 초월적 설명과는 반대되는 완전한 내재적 설명에 있다. 그것은 일체의 신화적 분자, 가정, 또는 내습적 해석을 전혀 포함하지 않는다. 그의 철학적 근거에 의하면 세상은 생명의지의 표상으로서 그 의지의 포기는 생명의지와는 반대 현상으로 나타나 기존의 세계를 단멸시킬 수 있는 것이다.

지식이 확실해지고 의식이 높아짐에 따라 고통도 증가한다. 고통의 최고도는 사람에게 도달한다. 사람이 사물을 알면 알수록 또한 그의 지력이 높아지면 높아질수록 고통은 더욱 심해지는 것이다. 결국 지식의 증가는 고통의 증가를 가져온다. 그와 더불어 인생이 허무하다는 사실은 생의 모든 형식에 나타나 있다. 공간과 시간 속에서 개체는 본질적으로 유한하며 시간과 공간이 무한함에 비해 현실의 삶은 아주 찰나적인 순간에 지나지 않는다. 일체의 사물은 서로 종속되고, 서로 의지하고 있으며, 세상에는 일찍이 상주한 것이 없고 모든 것은 끊임없이 흘러가고 변한다는 점에 쇼펜하우어의 허무주의는 나타나 있다. 또한 욕망이란 만족할 줄 모르고 항상 굶주림에 허덕이고 있다는 사실에, 끝으로 인간의 노력에는 항상 방해물이 생기며 따라서 이것과 피땀흘려 싸우지 않으면 안된다는 사실에 쇼펜하우어의 허무는 명확히 나타나 있다.

쇼펜하우어에 있어서 허무는 권태의 느낌이다. 그에 있어서 인생은 먼저 하나의 일로 나타난다. 곧 자기의 생명을 보존하려는 일이다. 그 일이 성취되어 얻는 것은 무거운 짐이다. 계속해서 두 번째의 일이 나타난다. 그것은 안정을 얻은 다음에 필시 찾아오는 권태를 막기 위한 일이다. 그래서 인간의 첫째 일은 무엇을 얻는 것이고 두 번째 일은 그 얻은 것을 잃는 일이다. 그렇지 않으면 그 무거운 짐을 견딜 수가 없기 때문이다. 인생이 미망의 일종이라는 것은 인간이 욕망의 복합물이며 그 욕망을 채우기가 아주 힘들다는 의미에서이다. 설혹 충족되었다 해도 단지 고통이 없는 상태만을 줄 뿐이다. 그리고 이 상태는 인간에게 권태의 느낌으로 나타나 인생은 마침내 무가치하고 공허하게 된다.

② 정신에 있어서의 의지

㉠ 예술

쇼펜하우어에 있어서 의지의 직접적이고 타당한 객관성은 이데아이다. 이데아의 인식대상은 예술이며 천재의 작품이다. 이러한 예술은 구체적으로 조각이거나, 그림이거나, 시이거나 또는 음악이다. 쇼펜하우어에 있어서 예술의 유일한 원천이란 이데아의 인식에 있으며 유일한 목적은 예술의 인식의 전달이다. 예술의 목적은 모든 예술의 대상 속에서 그 자신을 나타내는 이데아의 표현과 해명에 있다. 이때 이데아는 지각을 통해서만 인식될 수 있다. 인간은 하나의 개별적 모델 속에서 이런 모양 혹은 저런 모양을 알아보기 위해서는 이미 마음 속에 그가 개별적인 사례를 판단할 어떤 표준으로 사용하고 있는 미에 대한 하나의 이상적인 원형을 가지고 있지 않으면 안된다. 이 이상적인 원형이 예술에 있어서의 의지이며, 미적지각의 참된 대상은 플라톤의 이데아라 하겠다. 이렇게 "이해된 이데아는 진실하고도 유일한 모든 참된 예술작품의 원천"이라고 쇼펜하우어는 말한다. 이데아는 세계와 모든 세계 현상에 대해 영원불변하는 형식이다.

쇼펜하우어에 있어서 미적 의지 가운데 하나는 음악에 있어서의 의지이다. 음악은 결코 현상을 표현하는 것이 아니라 모든 현상들의 내적 본질이나 본질자체 또는 의지자체를 표현하기 때문이다. 그리고 이 음악은 시의 단순화, 보조수단이 아니고 분명히 독자적인 예술이다. 이것은 모든 예술 중 가장 강력한 것이며 따라서 그 자체의 방면으로부터 완전히 목적을 달성한다. 음악은 의지자체의 자극을 가장 직접적으로 표현하고자 한다. 하지만 표현된 개념의 수단은 가장 간접적이라 할 수 있다. 음악의 소리와 시간이 형태가 없는 것이라면 그림과 공간은 형태가 있다는 점에서 대응된다. 그래서 쇼펜하우어는 "리듬과 시간의 관계는 대칭과 공간의 관계와 같다. 즉 서로 상응하는 동등한 부분으로서의 분할이며, 먼저 앞의 것에 속하는 더 큰 부분은 더 작은 부분으로 다시 분합될 수 있다."고 말한다.

이와 같이 음악은 통일적 조화 속에서만이 의지를 직접적으로 객관화하며, 음악에 있어서 음의 높낮이에는 의지 객관화의 한 단계로서 나타나고 있는 것이다. 쇼펜하우어는 음악에 있어서 의지객관화의 단계를 구체적으로 다음과 같이 설명한다: "나는 조화의 가장 깊은 음 속에서 그리고 기초저음 속에서 의지객관화의 가장 낮은 단계를, 무기자연을 대량행성을 인식한다.

모든 높은 음들, 경음, 떨리는 음들, 그리고 신속히 소멸되는 음은 깊은 기초저음 (Gr - und - baβ)이 동시에 일어나는 진동으로부터 나타날 수 있다는 것을 잘 알게 되어 있다. 음악은 세계자체인 이데아 표현으로서 모든 의지의 직접적 객관화이고 표상이라 하겠다. 그것은 다른 예술에서 묘사되는 이데아와는 다른 것으로 의지자체의 묘사인 것이다.

이데아의 표현은 시에서도 나타난다. 시는 인간의 이데아를 객관화하며, 고급한 객체의 성질 속에서 그 자체를 표현하는 특성을 가지고 있는 이데아를 객관화한다. 가장 비극적이고 심원한 시에 가장 고급한 이데아가 객관화된다. 이에 반해 사실성의 표현에 그치는 시에는 가장 저금한 이데아가 객관화된다. 그러나 "시는 이데아를 인식하며 모든 관계나 모든 시간의 밖에서 인간의 내적존재를 이해하며 그의 가장 높은 정도에서 물자체의 적당한 객관성을 이해한다."

쇼펜하우어에 있어서 최고의 시적인 업적은 비극에 나타난다. 비극의 목적은 인생의 놀라운 측면의 표현에 있다. 비극 속에 전 인류의 말할 수 없는 고통이나 신음 소리, 악의 승리와 이것을 조소하는 우연의 횡포, 올바른 자, 죄 없는 자가 구원을 받을 수 없는 함정에 빠지는 광경 등이 전개되어 있는 것은 매우 의미심장하며, 주목할 만한 일이다. 이러한 것 속에서야말로 세계가, 그리고 생존이 어떤 모습을 하고 있는가를 뜻있게 암시하고 있기 때문이다. 이것은 의지가 자기자신과 벌이는 투쟁이며 객관화의 최고 단계로서 가장 완전한 형태로 표현화되어 놀라운 모습을 나타낸다. 우리가 비극에서 기쁨을 느끼는 것은 미의 감정에 의한 것이 아니라 숭고한 감정에 의한 것이다. 이는 최고도의 숭고한 감정이라 해도 좋다. 왜냐하면 우리가 자연 속의 숭고함을 바라볼 때 순수하게 보는 자의 입장을 지키기 위해 의지의 관심으로부터 탈각하듯이 비극적인 곤경에 접할 때는 생명의지로부터 떠나기 때문이다.

모든 비극은 현상과는 전혀 다른 생존, 전혀 다른 세계를 요구한다. 이러한 요구에서 생긴 다른 생존, 다른 세계에 대한 인식은 언제나 간접적으로만 주어질 뿐이다. 비극적 곤경에 빠지는 순간 우리는 다른 때보다도 분명히 삶이란 거기서 눈뜨지 않으면 안되는 일장의 꿈임을 확신하게 된다. 그때에만 폭발적인 숭고성이 초래하는 효과와 마찬가지로 비극의 효과는 우리를 의지와 그 관심 이상의 경지로 끌어올린다. 또한 우리의 마음가짐을 변화시킴으로써 우리가 의지와는 완전히 적대하는 것에서 기쁨을 찾아보게 한다. 그것이 어떤 형태를 취하고 등장하더라도 모든 비극적인 것에 독특하게 고양된 활기가 넘쳐있는 것은 이 세상이다. 비극의 효과는 이세상의 삶이 참된 만족을 주지 못하며, 따라서 이러한 것에 구애될 가치가 없다는 인식을 불러일으키게 하는 데 있다. 여기에 비극적인 정신이 있는 바 그것이 삶 속에서 예술의 위치를 확인시켜 준다.

음악이나 시 비극에서 뿐만이 아니라 그림에 있어서도 미적 표상은 계속된다. 미적 즐거움은 실제적이지만 실제적으로 그려진 것처럼 저절로 파악되지는 않는다. 그것은 단지 비실제적인 사물을 이해하는 방법으로서 실제 그림에서 정해지는 일은 결코 없다. 단지 실체 화폭을 통해서 상상의 물체를 형성하는데 기여할 뿐이다. 이것이 미학적 경험의 두드러진 무관심의 원천이다. 쇼펜하우어는 이러한 관점에서도 의지의 부정에 대해 추론한다. 그의 주장 속에는 미적의지가 있다. 모든 아름다운 것은 이 의지의 표상이다. 이것은 실제적인 것을 이해하는 어떤 신비한 방법에서 생기는 것이 아니다. 우리가 가끔 사용하는 미적 대상이 그것을 비실제적인 것으로 단정하는 상상력이 풍부한 의식에 의해 구성되고 이해되는 일이 있는 것이다.

세계를 순수하게 인식하고 그것을 어떤 예술 속에 재현하는 것은 예술가의 본분이다. 예술가를 매료시키는 것은 의지의 객관화라는 연극을 보는 것이다. 예술가는 이 연극의 옆에 멈춰서서 언제까지나 이를 정신없이 바라보고 표현을 통하여 이를 반복시킨다. 그리고 예술가는 자신을 객체화하여 언제나 고뇌 속에 머물러 있는 의지자체가 될 것이다. 예술가는 세계의 본질을 순수하고 진실하게 그리고 깊이 인식하는 것을 목적으로 한다. 그러나 예술가는 결단코 해설하는 일이 없으며 다만 한 순간만 삶 속에서도 때때로 위안을 발견할 수 있기 때문에 가능한 것이다.

쇼펜하우어는 미학적 의식을 인과적 관계들이나 유용성에는 관심없이 하나의 대상자체에 대한 순수한 지각적 관심으로 이해하였다. 우리는 이러한 의식의 형식으로 미적 주관을 가지고 바라보는 자와 그 대상 사이의 일종의 합일을 성취한다고 주장한다. 쇼펜하우어의 철학에 있어서 예술가는 자기의 의지를 자기의 예술작품 속에 구체화하고 그 자신이 보았던 새로운 실재를 유사하게 현시한 예술작품의 감상자들과 교제한다. 쇼펜하우어는 창의적 예술가를, 사물의 참된 본질을 직접 직관하는 지각능력과 그 의지를 다른 사람이 함께 볼 수 있도록 자기의 의지를 구체적인 형식으로 구체화될 수 있는 재능을 부여받은 사람이라고 생각하였다. 이것은 위대한 예술이 경험적인 일상적 사물을 모방하는 한편 그것을 신기한 빛에서 나타내 보여주고, 이성과 과학의 이론적 언어로 설명될 수 없는 새롭고 더 깊은 의미를 부여하는 계기를 설명하는 것이다.

ⓛ 신

쇼펜하우어에 있어서 신관은 세 개의 측면에서 고찰될 수 있다. 하나는 의지객관화의 단계에 있어서 가장 높은 단계로서의 신이다. 다른 하나는 범신론적으로 표상되는 신이다. 또 다른 하나는 기독교적 신의 의미이다. 먼저 의지객관화의 단계에 있어서 신은 의지를 표상이라는 점에서는 범신론을 내포하며, 믿음의 대상이 아닌 현상계를 초월한다는 의미에서 형이상학의미의 신을 뜻한다. 쇼펜하우어의 철학은 주관적 관념론이다. 신도 이러한 주관적 관념론의 입장에서 존재한다. 오직 주관만이 참으로 직접적인 것. 그 자신으로서 직접 인지된 것이다. 이 모든 현상세계를 해석하기 위한 것 그것이 곧 의지인 것이다. 주관적 관념의 입장에서 볼 때, 자연계의 배후에 항존해서 그 법칙을 초월하고 있는 형이상학의 실체가 신이며, 생명의지이기도 한 것이다.

생명으로 우리들 속에 자기표상을 하고 있는 것 그것이 실은 이 의지를 부정하고 생존과 그 괴로움을 해탈할 수 있는 것이 된다. 그런데 인간은 생명의지의 자기표상인 우리들 자신으로부터 세계와 반대된 것을 다른 상태로 격리되어 있는 것으로 생각하며 신으로 부를 수도 있다. 이 경우의 신은 미지수 X와 같은 것을 지칭하는 것이 된다. 우리들은 그것에 대해 단지 우리들이 주장한 생명 의지의 부정, 우리들과 이 세계로부터 전혀 상이한 것, 그러나 본래는 이런 것이 동일한 것이며, 실은 의지 그 자체의 노력에 의해 주장된 그 의지의 부정으로도 될 수 있다는 소극적 인식을 가질 뿐이다. 이때 신이라고 말한 것은 세계를 의지하지 않음을 지칭한 것으로 보통 신이라고 하는 관념에는 신자신이 세계를 의지하는 것이 당연한 것처럼 생각되어 왔다. 쇼펜하우어가 신이라고 하는 말을 좋아하지 않는 이유는 그로 인해 언제나 내부적인 것을 외부에 드러내 놓은 것 같은 느낌을 갖기 때문이다. 그러므로 그에게 있어서 유신론과 무신론의 구별도 필경 공간적인 것이라 해도 좋을 것이다.

쇼펜하우어에 있어서 또 하나의 신관은 범신론적이다. 사람들은 세계를 설명하는 것으로서 신을 받아들여 그 세계에서 출발해야 하는 것인데도 그렇게 하지 않고 도리어 신을 주어진 것으로서, 그 신에게 출발한다. "신이란 세계를 의미하는 것이다"라고 한다면 이 신은 미지의 것을 보다 더 잘 알고 있는 것으로 되돌아가서 이 세계를 설명하고 있는 것이 된다. 그러나 그것도 언어상의 설명에 불과하다. 쇼펜하우어에 있어서 세상에 있는 모든 존재는 신이다. 그런데 "이 신을 데리고 어디로 가면 좋을까" 하는 것을 마침내 알 수 없게 되어 신의 역할을 세계속에서 연구하도록 하기에 이른다. 이것이 범신론의 기원이다" 쇼펜하우어에 있어서 신은 범신론적이다. 범신론은 유신론을 자기보다 앞서는 단계로서 생각하는 의지객관화의 한 단계이다.

쇼펜하우어에 있어서 또 다른 하나의 신관은 기독교적 전통과의 연관에서 이해되어야 할 것으로서, 그는 유태교 기독교적 신을 부인했다. 이 점에서 쇼펜하우어는 니이체의 선구를 이룬다. 우리는 쇼펜하우어의 기독교적 신관을 세분하여 세 개의 측면에서 생각해 볼 수 있다. 하나는 신의 부정이다. 쇼펜하우어는 "나의 철학이 세상에 용납되지 못한 주요한 원인은 내가 아주 싫어하는 상투어(신이라고 하는)의 사용을 하지 않았기 때문이다. 이상투어는 이미 옛날에 그 의의를 잃고 만 것으로 지금은 단지 교수들의 강단에서 성립되는 철학이 국가의 종교에 대해서 상납하는 공물로 되어 있을 뿐이다"라고 말한다. 여기에서 쇼펜하우어는 신의 의미의 상실을 제시했으며, 신의 죽음도 예고한 것으로 보아야 한다. 그리고 그의 염세관과 맥락을 같이하는 창조적 신에 관에서도 부정한다. "만약 하나의 신이 이 세계를 창조했다면 나는 그런 신이 되고 싶지 않을 것이다. 세계의 참상은 나의 가슴을 찢어 버릴테니까!"

이와 함께 기독교적 신의 부정에서 찾아볼 수 있는 또 하나의 의미는 기독교의 부정이다. 쇼펜하우어는 "전 세계를 기독교화 하려는 기독교적인 광신은 용서받을 수 없다."고 말한다. 그 때문에 "유럽도 이제 모든 유태의 신화로부터 해방될 것이라는 희망을 우리는 가져도 좋다." 쇼펜하우어는 기독교에 대해 이와 같은 견해를 가짐으로서 훗날 니이체의 반기독 사상을 예견하고 있다. 쇼펜하우어의 기독교적 신관에 대한 또 다른 하나는 예수에 대한 찬양이다. 쇼펜하우어는 생명의지의 긍정이라는 점에서 예수를 찬양한다. 그것은 생명의지의 실천의 문제이다. "성신은 생명의지의 결정이다. 이것을 구체적으로 그 자신에서 나타낸 자가 성자이다." 생명의지의 부정이 생식행위를 하려는 의욕을 단절시키는 것이라면 쇼펜하우어가 본 예수의 생은 생명의지의 부정이다. 이와같은 생명의지의 부정을 실천한 자가 곧 예수라는 점에서 쇼펜하우어는 그를 찬양한다.

3. 니이체에 있어서 의지

1) 힘에의 의지

(1) 원근법주의

니이체에 있어서 중심문제 가운데 하나인 힘에의 의지를 인식하는 작업은 바로 인식작용속에 있는 힘에의 의지를 발견하는 작업과 함께 시작된다. 우리가 보통 인식이라고 부르는 것 속에는 힘에의 의지가 작용하고 있다. 인식하려고 함은 하나의 힘충동이나 힘의 획득이라는 의미에 그치는 것이 아니라 오히려 인식작용 그것 자체가 벌써 힘에의 의지의 제약 아래 있기 때문이다. 인식이론이라는 말이 의미를 갖는다는 것은 세계는 인식될 수 있다는 것을 의미한다. 그러나 세계는 다르게도 해석될 수 있는 것이어서 그것은 자신의 배후에 어떠한 의미도 갖지 않기도 하지만 또한 무수한 의미를 가질 수도 있다.

이런 의미에서 볼 때 니이체의 철학은 원근법주의이다. 그것은 인식론과 존재론 그리고 가치론까지도 모두 포함하는 하나의 해석학이다. "원근법주의, 세계를 해석하는 것, 그것은 우리들의 요청이다."라고 니이체는 쓰고 있다. 니이체의 철학은 의미와 의의와 가치를 부여하는 해석학이다. 이러한 해석학에 있어서 주관의 역할은 필연적이며 이때 주관의 역할까지도 해석이라 할 수 있다. "모든 것은 주관적이다."라고 했을 때 그것은 주관을 가진 자의 해석학 즉 주관이 가미된 해석학이다. 니이체가 세계의 본질로 규정한 힘에의 의지까지도 세계본질에 대한 니이체의 해석인 것이다. 니이체의 의하면 "해석하는 작용자체가 힘에의 의지의 한 형식으로서 현존재를(그러나 존재로서가 아니라 과정, 생성으로서의)하나의 욕정으로서 갖고 있는 것" 이다. 이 세계는 힘에의 의지의 해석이다. 이 힘에의 의지는 힘의 정도와 차이를 한정하고 규정한다. 단순한 힘의 차이는 아직도 차이로서 스스로를 못 느낄 수도 있다. 이러한 차이는 생장하려고 희구하는 무엇인가를 스스로의 가치에 따라서 해석하는 것이어야만 한다.

원근법주의는 대상의 의미를 부여하고 의의를 생각하고 파악하는 입장이다. 원근법주의가 갖는 의미에 대해서 니이체는 다음과 같이 말하고 있다; "사물자체란 배리이다. 내가 어떤 사물에 대해 모든 관계나 모든 고유성 모든 활동성이 없는 것이라고 생각하면 그 사물은 잔존하지 못하게 된다." 그는 또 "요컨대 사물 본질은 역시 사물에 관한 하나의 사견에 불과하다."고 말한다. 이와같이 니이체의 철학은 극단적 관념론의 성격까지도 포함한다. 곧 우리는 니이체의 철학을 주관적 관념론의 해석학이라고 볼 수 있다. 그의 사유는 사물 자체에만 국한하지 않고 현상이 사물이나 사실에 이르기까지 모두를 포함한다. 그래서 그는 "사물이라는 것은 없는 것이다 (그것은 우리들의 허구이다)"라고 말한다. 그는 또 "'현상에 입각하여 있는 것은 오로지 사실 뿐'이라고 주장하는 실증주의에 반대해서 나는 말하게 되리라. 아니 정녕(사실은 존재하지 않으며)있는 것은 오로지 해석뿐이다."라고 말하고 있는 것이다.

니이체는 해석학적 견해를 사물에만 국한시키는 것이 아니라 사물자체 즉 힘에의 의지까지도 확대시킨다. 그는 그러한 의미를 다음과 같이 쓰고 있다. "'목적과 수단', '주관과 객관', '능동과 수동', '사물자체와 현상', 이것들은 해석이며 사실은 아니다. 그렇다면 어디까지가 필연적인 해석일까? 보존하는 해석으로써 이 모든 것들은 힘에의 의지라는 의미에 있어서 필연적 해석이다." 니이체에 있어서 실체라는 개념도 힘에의 의지의 해석에 불과하다. 힘에의 의지의 단계에서 볼 때 무기물의 세계에 있어서도 힘의 원자가 사유 속에 포함되는 것은 스스로의 곁에 있는 것 뿐이다. 그러므로 파악하지 못하고 해석하지 못하면 아무것도 존재하지 않는다. 세계가 산출될 수 있다는 것, 이것은 파악될 수 있다는 것이요 해석될 수 있다는 것이다.

니이체는 자기의 형이상학적 중심주제의 하나인 신에 관해서도 원근법적 견해를 취한다. 니이체는 "신이라는 개념에 대한 감각을 견지하는 것이 가능하다고 하면 그것은 오로지 신을 충동하는 힘으로서가 아니라. 신을 극대상태로서, 하나의 전기로서 포착하는 것 뿐이리라. 즉 신은 힘에의 의지의 발전에 있어서의 한 점이며 여기에서 그 이전의 발전, 거기까지의 발전과 마찬가지로 그 이후의 발전도 설명될 것"이라고 말한다. 이와같이 신의 형이상학적 의미에 대해서, 신의 존재유무에 관해서도,

더 나아가 신에 대한 니이체의 극단적 표현인 "신은 죽었다"(Gott ist tot)까지도 신에 관한 그의 해석학일 뿐이다.

니이체는 삶의 문제와 가치의 문제에서도 원근법적 견해를 취한다. "세계의 가치는 우리들의 해석 속에 있다는 것 (아마도 단순한 인간적 해석 이외의 해석이 아직도 어딘가에서는 가능할른지 모른다는 것), 지금까지의 해석은 생의 내부에, 표현을 달리하면 힘에의 의지 속에서, 힘의 성장에의 의지 속에서 우리들의 자기보존을 가능케하는 원근법적 평가라는 것, 인간의 모든 현상을 보다 협애한 해석의 초극을 필연적으로 수반한다는 것. 모든 감화나 힘의 확대의 달성은 새로운 원근법을 개척하고 새로운 지평을 믿는 것에 불과하다는 것"이다.

원근법적 인식 또는 원근법적 가치평가는 힘에의 의지가 세계자체의 필연적인 성질을 도출시킨 것의 결과로 볼 수 있다. 모든 인식은 힘에의 의지의 수단에 불과하다. 니이체에 있어서 힘에의 의지는 모든 가치를 전도시키고 여러 가지 가치를 정립하면서 생을 유지하고 생의 고양을 촉진한다. 인식은 힘에의 의지의 인식으로서 진리가 생에 도움을 주는 능력의 정도에 따라 평가된다. 진리는 힘에의 의지의 본질에서 정립된 조건이며 생이나 세계의 성장조건이다. 니이체에 의하면 어떠한 인식도 인식하는 주관을 중심으로 하며 그 주관의 생활의 창조와 발전 때문에 있는 것이며, 이러한 주관을 중심으로 하는 관점을 떠나서는 본질적 진리라는 것은 어디에도 존재치 않는다. 자기를 중심으로 해서 삶의 발전 때문에 산다는 것을 해석해 내는 것이 진리이며, 그것이 바로 삶 때문에 진리가 정해진다는 진리관이다. 바로 이것이 삶에 대한 원근법적 해석이다. 니이체의 모든 철학은 원근법적 해석이다. 니이체의 모든 철학은 원근법적 해석학에서 탐구되어야 할 것이다.

(2) 힘에의 의지의 형이상학

니이체는 수세기에 걸쳐 본질에 대한 사색이 개척해온 제도의 내부에서 사색하지를 않았다. 그는 이 제도 자체를 의심하고 종래의 플라톤적이고 기독교적인 형이상학에 도전했다. 그리하여 본래적 세계와 가상적 세계에로의 이중화를 형이상학의 근본적 오류라고 인정하여 종래의 형이상학을 근저로부터 무너뜨리려고 하였다. 공간과 시간상으로 현상하는 세계 외의 어떠한 세계도 존재하지 않는다고 보는 것이다. 그러나 형이상학을 회전시키려고 했으며, 형이상학을 거꾸로 세워 놓으려고 한데 불과하다.

니이체에 의하며 최고가치를 지니고 있는 사물은 독자적인 기원을 가지고 있다. 이 변하기 쉽고 미혹이 많은 기만과 비소의 세계로부터의 이러한 판단은 모든 시대의 형이상학자의 특징이고 전형적 선입견이라 할 수 있다. 니이체의 형이상학은 명확히 실현된 기본 통찰에 근거한다. 그는 그 자체로 존재하고. 널리 알려진 그리고 실재하는 것만이 형이상학의 가능성을 성취한다고 본다. 니이체에 있어서는 형이상학도 하나의 해석이기 때문이다. 그는 "형이상학적 세계가 존재할지도 모른다는 것은 사실이다. 그 절대적 가능성은 논란의 여지도 없다. 우리는 모든 사물을 인간 두뇌로서 관찰하며 이 머리를 절단할 수는 없는 것이다."고 말하고 있다. 하이데거 (Heidegger, Martin)도 니이체의 철학이 일종의 형이상학임을 지적한다. "힘에의 의지, 허무주의, 같은 것의 늘 되될아옴, 초인(bermensch), 신 등은 그의 형이상학의 기본단어이다." 이것은 니이체의 형이상학이 존재일반에 대한 진실로서의 힘에의 의지를 힘에의 대상에게 갖는 것에 대한 하이데거의 설명이다.

니이체에 있어서 의지는 그것이 실천적인 면에서부터 존재문제에 이르기까지 가치전환 가치정립의 의미로 승화시킬지라도 본질적인 것으로서 모든 존재의 존재근거가 된다. 의지가 표현될 때 각기 다른 이름으로 불리워지긴 해도 그것은 본질적으로 같은 것이다. 우리는 니이체 저서 곳곳에서 의지의 다양한 명칭을 볼 수 있다. "부패에의 의지", "생성의 극복에의 의지", "투쟁에의 의지", "미망에의 의지", "박해하려는 의지", "진리에의 의지" 등이 그것이다. 이러한 다양한 의지도 그 내용에서는 결국 하나의 의지로 환원된다.

니이체의 의지에 대한 논의 중 핵심이 되고 있는 것은 힘에의 의지이다. 그에 있어서 본질의지는 힘에의 의지를 뜻하는 것으로서 이러한 힘에 의지가 표현될 때 그 표상에 따라 다양한 명칭도 갖는다. 본질로서 힘에의 의지는 이데아라든가 물자체와 같이 보편타당하며 불변한 관념으로서의 본질성을 넘어 존재자의 운동성에까지 이른다. 모든 존재자는 힘에의 의지이며 존재하는 사물들은 힘에의 의지의 표현으로서 표상인 한에서만 다종다양한 것이다. 다종다양한 사물이 의지의 표상이라고 하는 것을 우리는 마음 속에서 언제나 경험할 수 있다. 우리의 어떤 것에 대한 의도는 바로 그 어떤 것에 대해 기울이는 노력이다. 힘에의 의지가 힘을 의욕하고 있다는 것은 분명하다. 의지는 명백하게 힘의 표현에의 의지가 힘을 의욕하고 있다는 것은 분명하다. 의지는 명백하게 힘의 표현의 가능에서 힘에의 의지는 결핍의 감정을 표현할 뿐 힘 자체가 아니다.

힘에의 의지는 자신의 발전단계를 가지며 각 단계는 한 단계에서 다른 단계로의 극복이라는 의미에서 목적을 가질 수 있으나 그것은 자기 본질 내의 조건간의 이전일 뿐 자기의 외부에 목적을 갖는 것은 아니다. 생성의 측면에서 보자면 이 힘의 각 단계가 그의 기반으로 갖는 존재이다. 생성이 힘에의 의지의 운동현상이라면, 존재는 힘에의 의지의 본질적 근거의 현상이다. 존재나 생성도 이미 힘에의 의지의 본질규정인 이상 이 양자는 힘에의 의지의 통일성 속에서 결합되지 않으면 안된다. 그것은 힘에의 의지가 의지로서 자기 자신을 전진시켜 현상하는 양식이다. 이 힘에의 의지는 힘을 발현시키고 힘이 자신을 넘어서는 의지의 작용을 자기의 본질적 임무로 수행할 뿐이다. 그 때문에 힘에의 의지는 무생물속에도 존재하지 않으면 안된다. 힘을 증가시키려는 노력은 이 모든 존재에 보편적으로 주어져 있다. 세계 속에 존재하는 모든 것은 힘이라는 중심을 향해서 모아지므로 지탱되고 있는바 생이란 바로 이러한 힘에의 의지의 투쟁이 표현된 것이다.

핑크는 힘에의 의지의 발전단계의 위계에 대해 "위계는 힘의 서열이다. 유일의 참된 위계는 유일의 참된 힘에 근거한 위계이다"라고 말한다. 결국 힘에의 의지가 표현되는 정도에 다라 생명이 없는 돌, 생명이 있는 식물, 동물, 인간 등의 영역들로 구분할 수 있는 것이다. 사물의 표현만을 가지고서는 힘에의 의지를 알아 낼 수 없다. 왔다가 가며 상승했다가 하강하는 존재자의 운동, 이 운동은 니이체가 생이라는 개념으로 추구하는 것이며, 이것을 고려하는데 에서만 비로소 힘에의 의지에 대한 인식으로 인도 될 수 있다. 뿐만 아니라 신체를 구성하는 세포와 기관도 각각 하나의 힘에의 의지를 지닌다. 신체는 각 단계의 각종 힘에의 의지의 집합체인 동시에, 이 모든 힘에의 의지를 종합하여 지배하는 하나의 힘에의 의지이다. 힘에의 의지의 발전단계에서 볼 때 "신" 초인등도 같은 맥락에서 취급될 수 있는 것이다.

니이체의 힘에의 의지는 형이상학적 의미도 갖는다. 그것은 하나의 새로운 가치정립의 근거로서 도입된다. 그것은 또 모든 가치가 (타자)에 의해서 행해지는 무가치화로서 허무주의의 원동력이 되기도 한다. 또 종래의 최고가치들에 대한 비판으로 전통적 가치제계의 능동적 파괴로서 본래적인 가치전도를 감행하기도 한다. 생의 본질이 힘에의 의지로서 파악되고 그와 더불어 생에 대한 새로운 가치평가가 이루어진다. 가치평가에서는 물론 형이상학적 의미에서도 본래적인 힘에의 의지가 표현되는 정도가 각기 다르기 때문에 인간조차도 평등하지 않은 것이다. 힘에의 의지는 니이체에 있어서 여러 가지 의미를 함축한다. "모든 의지는 힘에의 의지"이며 "의지는 본질상 힘에의 의지"라고 니이체는 말하고 있다. 그것은 존재의 가장 내적인 본질이요 그 자체로서 실재하는 것들의 기본성격이기도 하다. 모든 의지는 결국 힘에의 의지이며, 의지의 본질 또한 힘에의 의지이다. 더 나아가 힘에의 의지는 힘의 본질이다.

생성에 존재의 성격을 각인할 것, 이것이 힘에의 최고의지이다. 이것은 존재하는 것, 정체하는 것, 대등한 가치의 것 등의 세계를 보존하기 위해서 감관에서 그리고 정신에서 오는 것이라고 여겨진다. 모든 것이 되돌아온다는 것은 생성의 세계가 존재세계에 극한적으로 접근한다는 것을 의미한다. 인식자체는 생성에 있어서는 불가능하다. 의지는 과거로 소급해서 의욕할 수 있는 것이 아니며, 시간을 잡아 해 놓을 수 있는 것 또한 아니다. 의지는 시간의 영역 밖에 존재하는 것으로서 의지의 표현과 동시에 시간도 존재하는 것이다. 또한 시간은 거슬러 흐르는 일이 없다. 니이체에게 있어서 의지는 힘에의 의지 이외의 아무것도 아니며 힘에의 의지의 본질 이외에는 아무것도 아니다. 힘에의 의지는 의지에의 의지 즉 의욕이며, 그것은 스스로 의욕할 뿐이다.

무기물이 하나의 한정된 개별물처럼 보이는 것은 그것이 단지 힘에의 의지의 어떤 일시적 형성물에 지나지 않기 때문이다. 모든 사물, 형태 모습, 윤곽으로 응고시키는 운동과 한정되고 유한하며 개별화한 존재자를 산출하는 운동은 무기물에 있어서 힘에의 의지에서 비롯된 것이다. 니이체에 의하면 "무기물에서 원격작용, 견인력 그리고 동물에 있어서 충동 등"도 힘에의 의지인 것이다. 힘에의 의지에 있어서 힘이 변화하는 것은 아주 많다. 이 힘에의 의지를 모든 유한한 존재자의 운동성에 있는 본질근거로 이해한다면 최상의 가치나 기독교적 도덕 최상의 존재들 또한 힘에의 의지의 표현이라 할 것이다. 무기물에 있어서 뿐만아니라 "동물에 있어서도 모든 충동이 힘에의 의지에서 도출되는 것은 가능한 일이다. 유기적 생명의 모든 기능을 이 유일한 원천에서 도출하는 것도 마찬가지로 가능한 것이다." 라고 니이체는 쓰고 있다.

생리학자는 자기 보존의 충동을 생물의 근본충동이라고 생각한다. 그러나 생명은 그 자체가 힘에의 의지다. 자기보존은 자주 나타나는 간접적 결과 가운데 하나에 불과하다. 자기보존의 과정에서 힘의 감정과 힘에의 의지 그리고 힘 그 자체를 인간에게 고양시키는 모든 것, 그것은 선으로 나타난다. 이에 반해 약함에서 유래하는 모든 것은 악으로 나타난다. 힘이 증가되고 있을 때의 감정, 저항을 초극하는 감정이 행복으로 나타난다. 만족이 아니라 오히려 보다 많은 힘이, 평화가 아니라 오히려 전쟁이, 덕이 아니라 오히려 유능이 행복으로 나타난다. 니이체는 약자와 불구자는 몰락되어야 한다는 견해를 갖고 있다. 이것이 바로 니이체가 말하는 인간애의 첫 번째 명제이다. 저 능동적인 힘이 여기서는 내면적으로 조촐하고 옹졸하게 그리고 퇴행적으로 스스로 양심의 가책을 창조하고 부정적인 이상을 구축한다.

니이체에 있어서 생이란 힘의 중심에서 솟구쳐 나오는 보다 강하게 되려는 의지이다. 살아있는 자는 힘의 집적을, 성장강화를, 권력증대를 추구한다. 생의 본질은 힘에의 의지이다. 힘 밖에 따로 생의 가치가 있는 것이 아니라 힘 그것이 곧 가치이다. 내부로부터 솟아나오는 힘에의 의지는 생물에 있어서는 그 자신의 활동증대에 의해 여러 가지 특수화된 형태로 나타난다. 그것은 그것 자태로서 자기를 나타내지 않는다. 힘에의 의지는 영양의지로 특수화되어 나타나며, 소유·도구·복종·지배 등을 욕구하는 의지로 나타나기도 한다. 힘에의 의지의 근본적이고 창조적인 활동으로 생식이 나타난다. 생식이란 그것부터가 벌써 새로운 창조에의 욕구다. 그것은 힘에의 의지의 표현이며 종족의 보존을 위한 운동이다.

따라서 다아윈의 진화론은 힘에의 의지의 발전단계에 있어서 가장 낮은 단계에서 가장 높은 단계의 이행이 표현되고 있는 과정이라고 볼 수 있다. 니이체는 힘에의 의지에 의해서 설명될 수 있다. 니이체는 힘에의 의지를 생활하고 활동하는 삶 속에서 찾고자 한다. 니이체는 살아있는 자를 볼 때 거기서 반드시 힘에의 의지를 보았다. 그리고 봉사하는 자의 의지 속에서도 지배자이려는 의지를 보았다. 이러한 의지를 보고 니이체가 제공한 해결책은 무엇인가? 그는 세계가 가지적 성격에 따라 한정되고 결정되며 그에 따라 모든 생은 힘에의 의지이며 그 외의 아무것도 아니라는 가정을 내세운다.

2) 힘에의 의지의 양태

(1) 신(神)

니이체에 있어서 신을 우리는 형이상학적 관점의 신과 기독교적 신 그리고 가치철학의 입장에서 본 가치정신의 원인으로서의 신으로 나누어 생각해 볼 수 있다. 형이상학적 관점의 신이 이론적이고 관념적인 신이라면 기독교적 신은 형이상학적 관점의 신을 수용하면서 자치정립의 실천적 기준이 되기도 하는 신이다. 가치정립의 근거로서의 신은 실천적이고 가치론적인 신이다. 기독교적 신, 가치정립 근거로서의 신 배후에는 형이상학적 의미의 신이 존재하고 있으나, 형이상학적 의미에서의 신 또한 가치평가의 맥락을 벗어날 수는 없다. 여기서는 니이체에 있어서 신의 의미를 해명하고 신과 의지와의 관계를 밝히기 위해 먼저 형이상학적 의미의 신에 관해 논하려 한다.

니이체에 있어서 형이상학적 의미에서의 신은 영구적이고 불변적인 것으로서 일종의 이데아이다. 그것은 형이상학적 의미의 생에 대립한다. 그것은 "생이란 개념의 반대물로써 발명된 신"이기도 한 것이다. 또한 니이체는 "신은 하나의 추측"이라고 말한다. 그것은 바로 사유 속에서만 있는 신이라는 의미이다. 신은 힘에의 의지의 표현이며, 힘에의 의지의 발전단계이기 때문에 선과 악의 이편에서 저편으로 부단한 이동도 있을 수 있으며 동일한 신도 다른 모습으로 나타날 수 있다. 그는 "신들은 있지만 어떠한 유일신이 없다는 것, 그것이 바로 참다운 신성이 아니겠는가?"하고 묻는다. 바로 신은 힘에의 의지의 표현이며 의지의 발전단계의 한 점이라는 관계에서 볼 때 무수한 형태의 신도 가능한 것이다.

니이체는 "어쨌든 오늘날 무신론이 있는가? 아버지로서의 신은 근본적으로 부정되었다. 심판관으로서나 보상자로서도 그 자유의지도 부정 되었다. 신은 인간의 호소를 들어주지도 않고 들어도 도와줄 수 없다. 거기에다 설상가상으로 신은 자기의 의지를 확실히 전해줄 수 없다. 신은 애매한 것인가?"라고 묻고 있다. 니이체는 무신론이 유럽의 유신론적 전통의 몰락의 원인임을 발견했다. 그에 의하면 모든 철학자는 주어와 술어의 비판이라는 견지에서 예전부터의 영혼의 의미를 제거하려 한다. 이것은 기독교 교의의 근본 전제로서의 암살인 것이다. 니이체가 기독교와 싸운다는 형태로서 정열적으로 논의되고 있는 신은 근본적으로 하나의 형이상학, 하나의 해석이다. 기독교가 표현하는 보편적인 것은 그 어떤 형이상학 또는 어떤 평가라기보다는 형이상학의 고유한 평가이다. 이러한 평가를 제시해주는 것 중의 하나가 "신은 죽었다!"라는 선언인 바 그것은 바로 2500年 동안 내려왔던 형이상학의 무너짐에 대한 선언이기도 하다. 신의 비극적인 죽음은 니이체에게서 성취되었다. 그는 최초로 그의 「즐거운 지식(Die frohlich Wissenschaft)」에서 그리고 「자라투스트라는 이렇게 말했다(Also Sprach Zarathustra)」에서 신은 죽었다고 선언하였다.

니이체에 있어서 신은 다른 한편 기독교적 신이다. 그에 의하면 부정에서 돌아오는 긍정은 단순히 한 순간이라도 달성되는 하 필연적으로 모든 것에 대한 긍정이 된다. 그것은 바랄 수 없는 고통으로 가득찬 사물에 대한 긍정이 되기도 한다. 그리고 삶에 대해서 긍정을 표명하는 한 생과 더불어 그 여러 제약도 생전체를 긍정하는 것이 된다. 니이체에 있어서 기독교에 대한 부정이 의미하는 것은 모든 도덕과 진지의 부정이다. 그것은 긍정을 위한 부정이며 모든 가치의 전도를 위한 절차였다. 기독교 부정의 가장 강렬한 표현은 바로 "신은 죽었다"라는 선언에 나타난다. 신의 죽음의 원인은 기독교로서 그 죽음은 "신은 죽었다는 것, 즉 기독교의 신에의 신앙이 믿을 수 없게 되었다는 것"을 뜻한다. 따라서 힘에의 의지에 의하여 기독교에 대한 반대는 모든 가치의 전도, 이천년 이래의 생의 퇴락에 대한 반대운동이란 형태를 취한다. 니이체는 기독교적 가치들을 단지 그 객관주의라는 점에서 부정할 뿐만 아니라 그것들을 내용적으로도 부정한다. 평가하는 생으로 소급함은 그의 경우 어떤 새로운 가치정립의 원리이다.

니이체는 "나는 반기독자다", "나는 기독교에 유죄를 판결한다."고 말한다. 그에게 있어서 예수를 기독교적이라고 한다면 원시교단과 훗날의 교회는 처음부터 아주 반기독교적 이었다. 니이체가 본 예수 이후의 기독교는 생각할 수 있는 모든 부패 중에서도 가장 심하게 부패된 것이었다. 그것은 적어도 가능한 최후의 부패에의 의지를 지니고 있었다. 기독교는 바로 힘에의 의지의 약화를 부채질 하였다. 기독교회는 무엇이나 그 부패에 저촉시키지 않고 그냥 두지는 않았다. 힘에의 의지에서 나오는 긍지, 거리감, 책임감, 자기를 높임. 전투를 즐기는 본능, 분노, 정력 등이 기독교에서는 거부된다. 그리고 기독교의 이상은 힘에의 의지의 표현인 모든 인간적 현실을 오욕하고 단죄하며 영원한 평안과 항구적 축복을 구한다. 기독교는 이제까지의 가치를 무가치화하였고 모든 진리를 허위로 여겼으며 모든 성실을 영원의 비열로 여겼다. 니이체는 기독교를 이제까지의 인류의 가장 큰 불행으로 여겼다. 또한 기독교는 세계를 경멸함으로써 무지를 하나의 미덕 기독교적인 순진으로 만들었다.

그가 보는 기독교도는 예수가 그들에게 명령해 두었던 행위를 한번도 실천한 적이 없다. 니이체에게 있어서 "기독교는 하나의 실천이지 신앙의 가르침은 아니다." 그것이 우리에게 말해 주는 것은 어떻게 행할 것인가 이지 무엇을 신앙할 것인가는 아니다. 니이체가 보는 구세주의 삶이란 이러한 실천 이외의 아무것도 아니었다. 그의 죽음도 역시 그것이었다. 하나님의 아들로서 "이 복음의 사자는 그가 살아온 것처럼 그리고 그가 가르친 것처럼 죽었다. 인간을 구원하기 위한 것이 아니고 오히려 사람이 어떻게 살 것인가를 보이기 위하여 그가 인류에게 남긴 것은 실천이었다. 니이체가 평가했던 예수가 그 실행에 있어서 몸소 증명한 것은 내면의 광명으로서의 내면적 희열이요, 내면적 자기긍정이요, 내면적인 힘의 증명이었다. 그것은 하나의 새로운 실행 복음적 실행 기독교적 실행으로써 그것만이 신에 이르는 길이었다. 그것이 바로 니이체에게 있어서는 신이며, 힘에의 의지의 표현이다.

니이체의 신에 대한 부정과 기독교에 대한 부정은 기독교를 고귀한 인간의 본능을 해친 것으로 평가한 데서 비롯된다. 기독교가 생의 본질의 힘에의 의지를 감퇴시켜 결과적으로 인간의 생을 무기력하게 만든 것으로 평가하기 때문에 그같은 부정이 정당화 된다고 니이체는 보았다. 그는 자기의 이상 속에 그때까지의 신보다 우수한 그 어떤 것을 생각했는지도 모른다. 그러한 존재에 비해 기독교적 신은 너무 미미했고 보잘 것 없었다. 그래서 그는 "만약 신들이 존재한다면 내 어찌 신이 되지 않고 견딜 수 있겠는가! 그러므로 어떠한 신들도 존재하지 않는다."고 선언한다. "신은 죽었다"라는 선언에서의 신은 "낡은 신"이요 이 신은 현실세계에서 유리 도피함으로써 현세를 비방하고 저주하게 된 유일신인 기독교적 신을 말한 것이라고 볼 수 있다. 니이체가 기독교적 신에 대하여 소망할 수 있는 것은 그 신의 죽음이다. 그가 바라는 것은 신의 죽음을 재촉하는 것이다. 만일 신이 죽지 않았다면 신의 관념이라도 죽기를 원했다.

니이체에게 있어서 종교, 도덕 형이상학은 밀접하게 서로 관련되고 있다. 그에게 있어서 또 다른 신은 가치정립의 근거로서, 가치평가의 근거로서 생각될 수 있는 신이다. 단지 그 신은 가치들의 초월, 가치들의 객관성에 지나지 않는다. 이 객관성은 그 궁극의 근거를 실존하는 최고신으로서의 또는 최고 존재자로서의 신 속에 가지는 것이다. 신 또는 신들이라는 형태로 인간은 제 자신의 지상의 가치들을 신성화하여 이들의 가치에다 인격성을 붙여준다.

니이체는 신을 평가한다. 그의 평가는 아득한 옛날부터 그들 자신, 그들의 생활가치의 실재에 대한 신 중심적 해석의 언어에 의해서 생각하는 습관을 가졌던 인간들에게는 심오한 의미의 문화적 사건으로써 신존재에 대한 믿음의 상실을 제촉하였다. 신의 비존재에 대한 가정은 니이체가 강력히 표현한 유대교 도덕과 가치의 비난에 기초를 두었다. 니이체의 신관에 대해 휠라이트 (Wheelwright, philip)는 다음과 같은 견해를 갖고 있다. 즉 니이체는 다른 사람보다 더 용감하게 진실을 추구하기 때문에, 그는 그 시대의 타락한 양심이 되어 가장 철저하게 파괴적이며 도발적인, '신은 죽었다'는 메시지를 전한다. 이러한 니이체 철학의 중심사상은 그 신학적이고 신화적인 연관으로서의 '신'이란 단어를 거부하는 정통적인 무신론보다 더욱 정도가 심하다

가치평가의 입장에서 본 "신은 죽었다"란 명제에 나타난 신은 이제까지 지배하여 온 모든 현실적인 가치의 근거이었으며 목표이었던 최고 가치를 가리키기도 한다. 이 신이 죽고 이 신의 세계가 무너졌으니 니이체는 이제 새로운 가치 수립을 할 수 있는 근거 즉 종래의 신을 대신할 "신"을 찾아내야 한다고 요구하기에 이른다. 물론 이 새로운 신은 유일신이 아니라 무수한 가능성이 있는 동적인 신이다. 더구나 피안적인 것은 무에 불과하였기 때문에 피안적인 것이 아니고 차안적이고 현실적이며 지상적인 신, 부단히 운동하고 생성하며 약동하는 신, 부단히 창조하는 디오니소스적 신이 바로 니이체가 탄생하기를 희구하는 신이라 하겠다. 낡은 신이 죽은 이후 이제가지 모든 현실적인 것의 가치의 근거로서 생과 세계에 의미를 부여하였던 최고 가치가 무로 환원되어 이 세계는 무서운 허무세계가 되어 버렸으니, 바로 거기에 새로운 최고 가치로서의 신 곧 대지가 그 의미를 회복해야 한다는 것이다.

(2) 같은 것의 늘 되돌아옴.(영원회귀)

존재자의 본질이 힘에의 의지라고 한다면, 자기자신을 규정하는 하나의 존재자로서 인간의 존재도 역시 힘에의 의지에 의하여 특징지워지지 않으면 안된다. 이렇게 특정지음은 "늘 되돌아옴"이라는 시간이해 속에서만 가능한 일이다. 되돌아옴이란 것은 모든 형태를 삼켜서 환원시키면서 순환하는 무한한 시간을 의미한다. 또 충일한 생을 의미하기도 한다. 물론 이 생은 언제나 여러 형태로 자기를 유한화 하지만, 그 자신은 무한한 것으로서 여러 형태를 다시 지양한다. 무한히 되풀이되는 생은 같은 것의 늘 되돌아옴에서만 가능하며 바로 그러한 의미에서 같은 것의 늘 되돌아옴이란 힘에의 의지 속에서만 생각될 수 있는 것이다.

니이체의 같은 것의 늘 되돌아옴 사상은 "가장 중압적인 사상", "승리적 사상", "긍정의 최고형식", "하나의 예언", "어떠한 의미도 없이 즉 무조건 무한히 되풀이되는 만물 순환설"이라고 표현된다. 같은 것의 되돌아옴 사상에 대한 의미를 분석해 볼 때, 니이체에 있어서 되돌아옴은 힘에의 의지가 표상화되는 과정의 시간선상의 표시이다. 따라서 힘에의 의지라는 운동원인이 없다면 되돌아옴은 일어날 수도 없고 또 진행될 수도 없다. 같은 것의 늘 되돌아옴은 모든 유한한 것에, 또 그것들 속에 무한한 것이 현존한다는 것을 의미하므로 세계가 행하는 근원적인 지배의 활동이라고 생각될 수 있는 것이다.

그러나 모든 것이 되돌아온다면 분명히 인간의 모든 비약은 헛수고일 것이고, 니이체가 추구의 "목표"로 우리에게 제시한 바 있는, 이상적 인간형인 초인(Übermensch)의 험난한 길은 무의미한 어리석은 행위가 된다. 여기에서 니이체가 말하는 인간은 자기를 극복하여 고양되지 않으면 안된다. 이것이 바로 초인의 인간적 의미이다. 초인은 인간과 신에서 만물의 운동을 거쳐 세계총체로 귀환한다. 이 세계총체를 니이체는 같은 것의 늘 되돌아옴이라는 사상으로 표현한다. 이 사상은 실제로 전개되기보다는 오히려 암시된다.

블랙햄(Blackham, H. J.)은 "니이체에 있어서 같은 것의 늘 되돌아옴은 부정의 과정으로 가는 그 후 실존주의자들의 계시와 정신적으로 크게 다르지 않은 계시요 해방이요 발견이다."라고 말한다. 왜냐하면 니이체는 같은 것의 늘 되돌아옴을 힘에의 의지에 대한 운동의 총체로 생각하고 있기 때문이다. 근본적으로 총체라는 것은 어떤 공간적인 모든 사물의 총체라든지 퇴적이라든지 하는 것으로써 제기되고 있는 것은 아니다. 그는 고정되고 정지한 사물들을 부정한다. 그에게 있어서는 총체란 것이 눈앞에 정지해 있는 사물들 전체와 같은 그런 것일 수는 없다. 사물은 근본적으로 힘에의 의지의 운동성에 의거하여 해석되는 것이므로 총체는 그 어떤 운동의 총체로서 해석되지 않은 수 없는 것이다.

이 세계는 힘에의 의지에 의해서 그 존재와 생성이 가능하고 같은 것의 늘 되돌아옴에 의해서 그 존속이 가능하다. 이 세계는 중단하지 않고 존속을 계속한다. 세계는 결코 속에서 생겨난 것이 아니고 또 아주 소멸해 버릴 것도 아니다. 오히려 세계는 생성하고 소멸한다. 이러한 생성과 소멸에 관하여는 니이체의 디오니소스(Dionysos)신이 말하여 준다. 니이체에 의하면 디오니소스 신은 원래 자연의 신, 초목의 신이었다. 겨울동안 죽어 잠들었던 식물들이 봄이 되면 다시금 소생하듯이 디오니소스 신은 이처럼 늘 소생을 거듭하는 자연의 생성을, 생명을 상징하는 신이다. 생과 사를 일관하여 영원히 살아 움직이는 근원적 힘을 대표하는 신이다. 니이체의 사상 같은 것의 늘 되돌아옴은 존재의 동일한 본질을 말한다. 같은 것의 늘 되돌아옴이라고 부르는 것이 힘에의 의지로부터 인지될 수 있을 때, 힘에의 의지는 같은 것의 늘 되돌아옴을 위한 가정이라고 할 수 있다.

같은 것의 늘 되돌아옴은 그 자체로 비영속적인 체류의 방법이다. 이것은 가장 높은 영속에서 각자의 규정과 함께 끊임없는 힘의 가능성을 확실하게 해준다. 늘 되돌아옴으로 정의된 실재하는 것들의 재기(Wiederkehr), 도착(Ankommen), 그리고 출발(Weggehen)은 힘에의 의지라는 성격을 항상 갖는다. 그래서 니이체는 "아아 인간은 늘 되돌아오노라. 작은 인간은 늘 되돌아오노라"고 말한다. 그가 보는 최대의 인간이나 최소의 인간은 너무도 닮았으며 최대의 인간이라 할지라도 인간적이고 너무도 왜소하다. 그것이 니이체를 분노케 했다. 최소의 인간마저 영원히 되돌아온다는 사실이 일체의 존재에 대한 니이체의 분노였으며, 니이체는 이에 구토를 느낀다.

여기에서 같은 것의 늘 되돌아옴은 세계본질이 영속적인 생성을 하는데 필요한 혼돈으로서 존재한다. 이러한 관념은 일반적으로 실재하는 것 속에 존재한다. 그에 있어서 같은 것의 늘 되돌아옴은 모든 실재하는 것을 규정하는 존재로서 간주된다. 그러한 의미에서 니이체가 늘 되돌아옴을 흡사 존재의 시계글자판에서 직접 추측되었다고 믿었을 때 그는 고대의 우주론을 반복할 의도를 갖고 있었을 뿐만 아니라 이 우주론으로 현대의 인간에 대한 윤리적 요구 즉 인간자아의 극복이라는 요구를 선고해야만 했다. 니이체에 있어서 인간이 늘 되돌아온다는 것은 힘에의 의지를 인지하는 주체로서의 인간에서만 가능한 일이다.

우리는 니이체의 같은 것의 늘 되돌아옴 사상에 관해 몇 가지 비판적 관점을 취할 수 있다. 첫째, 세계는 안정된 조건, 즉 몇몇 고정되고 살아있는 질서의 조건 또는 완전한 최후의 소멸 조건을 향하여 노력하지 않는다는 것을 도외시했다는 점이다. 만일 세계가 어떤 방법 속에서 굳고, 마르고, 죽고 무가 될 수 있다면 그 때 이 상태는 도달되어져야 한다. 그러나 그것은 도달되지 않는다. 세계는 딴 방법으로 이해되어야 한다. 둘째, 그는 세계를 변화의 세계가 아니라 생성의 세계로 가정한다. 단지 명백한 상태에 있는 것이 아닌 생성되는 것에 관한 소멸의 세계가 되는 것으로 가정한다.

보다 큰 복합성은 보다 큰 불안정과 약점을 따르게 한다. 불안정과 약점은 결국 붕괴에 이른다. 그 붕괴는 과다하게 확장된 체계의 붕괴가 아니라 그들 중 특별한 세계질서를 추론하는 관계들에 대한 광범위한 망상조직의 붕괴이다. 그렇지만 "니이체에 있어서 같은 것의 늘 되돌아옴 사상은 불길한 방법으로 「짜라투스트라」이래 모든 창조를 정의하였다. 그리고 같은 것의 늘 되돌아옴은 지금까지 생각하고 썼던 모든 것 뒤에 위치하고 모든 사건에 영원성의 신성함을 부여했고 그의 형이상학의 중심이 되었고 그의 윤리학의 근거가 되었다." 니이체의 모든 사물들에 관한 같은 것의 늘 되돌아옴은 보다 많은 무서운 도전을 나타내고 한 사람의 정신을 테스트하고 존재하는 것처럼 삶을 긍정하는 능력을 나타낸다.

같은 것의 늘 되돌아옴 사상이 강요하는 삶의 최고 긍정은 해방적인, 구체적인 성격을 지니고 있다. "다시금 사는 것을 내가 원하지 않을 수 없게끔 살아라"고 하는 명령에 복종해서 삶을 사랑하는 것이다. 절망적 부정에서 돌아오는 긍정은 단순히 한 순간이라도 달성되는 한 필연적으로 모든 것에 대한 긍정 바라지 않을 수 없는 고통에 가득찬 사물에 대한 긍정이 되기도 한다. 그 까닭은 현존재에 있어서는 모든 것과 관련되기 때문에 내가 단순히 한 순간이라도 경험하고 또 그 때문에 삶에 대해서 긍정을 표명하는 한 삶과 더불어 그 여러 제약도 삶 전체를 긍정하기 때문이다. 니이체가 선택한 길은 일체가 주어진 힘에 의하여 적극적으로 "아니(Nezn)"라고 말할 수 있는 허무주의의 입장이었다. 허무를 운명적으로 받아 들여 그것을 자기가 택한 것으로 하여 허무를 극복하고, 이 허무를 자기 자유의 죽음으로가 아닌 자유장해가 없는 가능성을 산출하는 도약으로 삼는 초인의 사상이야말로 운명애를 긍정하는 것이다.

"이것이 인생이드냐, 좋다! 그렇다면 다시 한번 더!"라고 함축성있게 표현된 니이체의 운명애에 대한 긍정사상을 우리는 두가지 측면에서 생각해 볼 수 있다. 하나는 운명을 자유의지에 대항하는 무한한 힘으로 봄으로써 "신은 죽었다"를 받아들이는 것이다. 우리는 그의 운명론이 또한 기독교적 섭리와 신앙에 대한 부정적인 기도임을 충분히 짐작할 수 있으며, 그것은 기독교적 섭리사상에서 그 스스로를 단절시키려고 노력하는 모습으로도 볼 수 있다. 다른 하나는 같은 것의 늘 되돌아옴의 사상은 각자 현재의 삶을 중요하게 여기고 그 삶에 충실하여 그것이 그대로의 형체로 영원히 반복하는 것을 원하지 않고는 못견디도록 한다. 또 그러한 것을 만들어 가려는 결단을 우리들에게 요청하지 않고는 못 참는 것이다. 니이체는 이러한 결단의 삶을 살아가는 것을 운명애라고 이름 붙였다. 니이체의 운명애 사상은 운명을 견디면서 운명을 걸머질 뿐만 아니라 나아가서 스스로 운명을 사랑하는 긍정적인 것이 거기 있다고 본다. 따라서 니이체의 운명애 사상은 형이상학이라는 의미를 갖는 힘에의 의지와 모든 가치의 가치전환 즉 기독교적인 것과 도덕적인 것에 대한 가치전환과 직결된 자기긍정 사상이라 할 것이다.

3) 가치평가

(1) 도덕

예로부터 이 세계를 지배해온 세련되기도 하고 거칠기도 한 여러 가지 도덕체계를 편력하면서 니이체는 어떤 특질이 규칙적으로 반복되고 또 그러한 특질이 서로 관련을 갖고 있음을 발견했다. 결국 "그 속에는 두가지의 근본적인 유형이 나타나고 있음을 보게 되었고 가치의 차별이 있음을 알게 되었다. 도덕적인 가치의 차별에는 두가지의 발생점이 있다. 그 하나는 피지배자와 자기와의 차이점을 쾌감을 가지고 의식하는 지배자 무리이며, 그 두 번째는 노예 또는 모든 정도의 종속자들인 피지배자다" 이러한 관점의 차이에 따라 니이체는 도덕을 군주도덕과 노예도덕으로 구분한다. 그는 단지 생을 강화시키는 평가와 약화시키는 평가의 구별에만 머물지 않는다. 도덕가치의 실체를 힘에의 의지에 표현되어 있는 힘에서 구하는 니이체에게는 힘에의 의지의 위계질서에 따라서 도덕적 가치의 서열을 바르게 하는 도덕이 중시되는 것이다. 이러한 구별 속에서도 "도덕적 현상이라는 것은 존재하지 않는다. 존재하는 것은 다만 현상의 도덕적 해석뿐이다"고 말함으로써 도덕까지도 원근법주의에 입각해서 해석한다.

군주도덕에서 인간은 다만 자기와 동등한 자에 대해서만 의무를 갖고 하층의 인간이나 낯모르는 자에 대해서는 '마음내키는 대로' 즉 '선악과 피안'에서 행동해도 좋다는 원칙을 세우고 있다. 선과 악의 구별 뿐만 아니라 선을 행하는 자와 악을 행하는 자의 구별도 필연적인 것으로 보인다. 군주도덕에 의하면 공포를 불러 일으키고 또 불러 일으키려는 자는 다름 아닌 선인으로서 그렇지 못한 악인은 경멸해야 될 것이다. 가치들을 향한 니이체의 가치론적 반성과 함께 비로소 본래적인 의미에서의 지배, 군주, 군주도덕이 가능하게 된다. 군주의 지배는 힘에의 의지 및 같은 것의 늘 되돌아옴에 대한 앎에 근거한다. 여기에서 활동하는 자는 초인이므로 군주도덕은 초인가 행하는 평가라고 보아야 할 것이다. 그것은 인간의 본래적인 의미에서 노예도덕보다 근본적인 것으로 규정되므로 단지 빈곤하고 빈혈적이며 전혀 활력이 없는 상태가 아니라 신에의 굴종일 뿐이다. 그래서 새로운 군주도덕은 신의 죽음을 견디며 살아가는 도덕이다.

노예도덕은 학대를 받고 있는 자, 피곤한 자들의 도덕이다. 노예는 회의와 불신을 품고 있으며 여기서 받아들어지는 일체의 선에 대해서 불신의 교지를 갖고 있다. 니이체는 약자의 행복은 진정한 행복이 아니라고 자신에게 설득하려고 한다. 그리하여 괴로워하는 자에게 그 생존의 어려움을 경감해 주는데 도움이 되고자하는 특성이 나타나기 시작한다. 여기서 찬양을 받는 것은 동정이며, 상냥하게 도와주는 손길이며 온정, 인내심, 겸손, 친절이다. 이런 것은 생존의 압박을 견디기 위해서 가장 큰 도움이 되는 성질의 것들이며 혹은 그 유일한 수단이다. 그래서 니이체는 "노예도덕은 본질적으로는 공리도덕이다"라고 말한다. 노예는 강자의 힘과 위험성을 흉악이라고 감지한다. 그는 어떤 무서움을 무시할 수 없는 교묘한 기술과 억센 힘을 인정한다. 노예도덕이 귀착하는 곳에는 도덕을 지닌 선인의 머리 위에도 한오라기의 경멸이 걸려있다는 점에 있다. 선인은 노예적인 사고방식에서 볼 때에도 위험하지 않은 인간이어야 될 것이며 착하고 속기 쉽고 때로는 좀 미련해야 할 것이라고 니이체는 생각한다.

니이체의 노예도덕에 대한 관점에서 보면, 인간이 노예라는 생각을 할 수 있는 것은 신이란 관념 속에서이다. 노예도덕은 선과 악과의 대립에 바탕하여 기능한다. 군주적인 생 자기의 힘과 강력함을 자각하고 있는 생은 노예들에게는 바로 위험한 것이고 악이다. 악은 열등한 것이어서 경멸스럽게 되는 것이 아니라 위험한 것이어서 공포스럽고 증오스럽게 된다. 강자의 희생 위에 약자의 생존을 촉진하는 현재의 도덕율과 같은 모든 것은 열성적인 것으로 지양되어야 한다. 그러한 의미에서 볼 때 기독교 도덕율은 지배적인 전통의 도덕율이 희생의 가치가 없는 자들을 위해 강자들의 자기 희생위에서 동정과 인간성 복종을 약화시키는데 기여한다. 이러한 기독교 도덕이 노예도덕이다. 이러한 점에서 보았을 때 바로 도덕적 의지는 힘에의 의지이다.

쇼펜하우어가 제시했던 동정 도덕은 니이체에게 부정된다. 니이체에 의하면 고통이 이미 삶에 가져다준 힘의 상실은 동정에 의해 한층 더 증대되고 다양해진다. 고통 자체는 동정 때문에 더 번지게 된다. 고통은 근원을 제거하고 그리하여 힘을 증대시키기 위해 동정의 반응을 간과하면 동정은 선택의 법칙인 발전법과 마찬가지로 동정은 그것이 실제로 괴로움을 만들어 내는 한 하나의 약함이다. 또한 동정은 이 세상의 괴로움을 증대시킨다고 보는 것이다. 그리하여 니이체는 동정은 감정의 낭비, 도덕적 감정에 해로운 기식자이며 세계의 화해를 증대하는 것이 의무일 수 없다. 단순한 동정에서 선행을 한다고 해도 원래 그것은 자기 자신에게 선행을 하는 것이지 타인에게 하는 것이 아니다.

동정은 준칙에 기인하는 것이 아니라 욕정에 기인하는 것으로서 병리학적이다. 타인의 고민은 우리에게 전염된다. 동정이란 하나의 전염이다는 것이다. 무릇 유해한 감동에 흘리는 것과 마찬가지로 동정은 그것이 실제로 괴로움을 만들어 내는 한 하나의 약함이다. 또한 동정은 이 세상의 괴로움을 증대시킨다고 보는 것이다. 그리하여 니이체는 동정은 감정의 낭비, 도덕적 감정에 해로운 기식자이며 세계의 화해를 증대하는 것이 의

무일 수 없다. 단순한 동정에서 선행을 한다고 해도 원래 그것은 자기 자신에게 선행을 하는 것이지 타인에게 하는 것은 아니다. 동정은 준칙에 기인하는 것이 아니라 욕정에 기인하는 것으로서 병리학적이다.

타인의 고민은 우리에게 전염된다. "동정이란 하나의 전염이다."라고 쓰고 있다. 그가 우려하는 것은 동정의 일반화다. 동정은 삶의 상속권을 박탈당한 자, 삶의 죄인으로 정해진 자를 위해서 싸운다. 악의가 타인의 고통자체를 목표로 하지 않는 것과 마찬가지로 동정심도 타인의 쾌감을 목표로 하지 않는다. 니이체에 있어서 대중의 도덕 대중의 행복 그리고 대중의 본능에 관한 말은 쇼펜아우어의 모범없이는 생각되어지지 않는다. 쇼펜하우어의 영향을 받고 가치를 재평가 하고자 하는 니이체에 있어서 가치란 인간이 자기를 보존시키기 위해 우선 최초로 사물 속에 넣어둔 것이다. 인간이 있고 비로소 그가 사물에 인간적 의미를 부여한 것이다.

평가한다는 것은 창조한다는 것이다. 모든 가치의 변화, 이것이야말로 창조자들의 소임이다. 니이체가 요구하는 창조자가 되어야 할 자는 항상 파괴하는 자이다. 여기서 창조자란 가치를 전환하는 자이다. 이렇게 볼 때 새로운 가치정립은 힘에의 의지의 형이상학이다. 삶에는 힘의 등급 이외에는 가치있는 것이 아무 것도 없다. 만약 삶 그 자체가 힘에의 의지일 경우 도덕은 삐뚤어진 자들이 허무주의에 빠지지 않도록 보호한다. 그러나 그것은 도덕이 각자에게 무한한 가치를, 즉 형이상학적인 가치를 부여하여 이 세상의 힘과 계급서열을 결정짓지 아니하는 어떤 질서안으로 정돈하는 것에 의해서 이다. 과거의 도덕은 헌신, 겸손 등을 가르쳤다. 이 도덕에 대한 믿음이 철저히 몰락하게 되면 삐뚤어진 자들도 더 이상 그들의 위안을 가질 수 없게 된다. 그들은 철저히 몰락하게 된다. 그래서 니이체는 말한다. "인간이란 극복되어야 할 그 무엇이다. 그렇다면 그대는 그대의 도덕을 사랑하라. 그대는 그대의 도덕에 의하여 몰락될 것이기에"라고.

니이체는 도덕을 재평가 하고자 했다. 그는 도덕의 성격과 아울러 도덕적 가치의 기원에 관한 문제에도 관심을 가졌다. 그것이 인간의 미래를 결정하는 가장 중대한 문제였던 것이다. 도덕적 가치는 생리학적 가치와 비교하면 겉치레의 가치에 불과하다. 종래의 도덕적 가치는 가장 큰 판단의 우둔성을 수반해 왔다. 인간자체의 가치가 과소평가되고 간과되었으며 부인되었다. 이것은 유치한 목적으로 향하는 과정에서 나타낸 잔재였다. 인간의 가치는 인간을 고려함으로써 평가되어야 한다.

샤프트 (Schacht, Richt)는 「니이체 (Nietzsch)」에서 "니이체의 견해에 있어서 도덕철학은 새로운 방향전환을 취한다. 그리고 도덕적 설명의 일방적 양식에 대한 도덕철학의 공헌이 끝날 때 새로운 과제를 가지고 제공된다."라고 말한다. 왜냐하면 니이체에 있어서 도덕철학도 힘에의 의지의 해석학이기 때문이다. 니이체가 동정자를 비난하는 것은 그들이 수치나 경솔에 대한 섬세함을 쉽사리 잊어버리기 때문이다. 동정은 바로 천인의 악취를 내고 그것은 또 무례한 짓에 가까운 것이다. 동정의 손길은 때에 따라서는 파괴적인 움직임을 가지고 하나의 커다란 운명 속에 치명적인 고통 속에, 무거운 죄에 대한 특권 속에 파고 들어갈 수 있다. 그래서 니이체는 동정의 극복을 고귀한 덕 속에 넣는다.

"날 대부터 지배자인 사람, 만약 그런 사람이 동정을 갖는다면 그 동정에는 가치가 있다. 그러나 고민하는 자의 동정이 무슨 소용이 있느냐? 또 동정을 설교하는 자의 동정이 무엇하는 거냐!" 동정을 부정하는 니이체로서는 능력없는 자들의 동정을 동정으로 보지 않는다. 실천할 수 없는, 실천이 없는 동정을 동정으로 보지 않는다. 그래서 그는 동정을 강력하게 부정한다. 그래서 니이체는 "만약 성자가 동정을 갖는다면 그것은 인간적인 너무나도 인간적인 것의 불결에 대한 동정인 것이다. 그리고 그런 정도로 높은 그에게는 오직 불결로써 느껴지는 그 동정 자체가 있는 것이다."라고 말한다. 니이체는 기독교도 동정의 종교라는 의미에서 부정한다. 그에게 있어서 동정이란 삶의 감정의 에너지를 고양시키는 감정적인 격정에 억압적으로 작용을 한다. 니이체에 의하면 인간은 동등할 때 힘을 상실하는 바, 힘을 상실한다는 것은 이미 삶에다 괴로움을 초래하는 것이다. 괴로움은 동정에 의해서 더욱더 증대되고 복잡하게 된다. 따라서 삶을 고양시키기 위해서는 동정은 억제되어야 한다는 것이다.

(2) 예술

니이체는 예술을 통하여 미를 표상하는 힘에의 의지를 그의 삶 속에서 찾으려고 했다. 그는 힘에의 의지의 전체화에서 인간의 삶을 미적으로 보았던 것이다. 니이체가 주장하는 예술의 본질은 생의 본질적 조건인 힘에의 의지가 자기자신을 표상하려는 미적 의지의 가능성들을 창조한다는 데 있다. 예술은 힘에의 의지의 한 형태이며 존재 그 자체의 형태이기도 하다. 그것은 "힘에의 의지의 가장 투명하고 잘 알려진 형상" 이다. 니이체에 있어서 예술과 미에 관한 문제도 바로 이 세계의 본질을 해명해 보기 위한 가장 중요한 관건이 된다고도 말할 수 있다. 또한 그 예술은 그에게 있어서 모든 것의 가장 깊고, 가장 본래적인 통로이었으며 가장 근원적인 이해이고 해석이라고 볼 수 있다.

니이체에 있어서 인간이 한번 진리를 직시한 이상, 그리하여 그것을 의식하고 있는 한, 도처에서 눈에 띄는 것은 존재의 공포나 부조리 뿐이다. 의지가 극도로 위험에 빠졌을 때 의지를 구제하고 치료하는 마술사로서 접근하여 오는 것이 예술이라 할 것이다. 니이체는 "예술은 모든 추악한 것들을 감추거나 재해석해야 한다."고 말한다. 그가 본 "예술은 격정이라든가 영혼이 받는 고통이나 불안에 관련하여 작용해야 하며 불가피하거나 극복할 수 없는 악한 것들 속으로 유의성을 희미하게나마

비춰주어야 한다."는 것이다. 이러한 말은 예술이 삶을 유지하고 상승시키는 하나의 작용이며 생에 있어서 힘에의 의지의 한 해석방법이라는 의미가 될 것이다.

미적 관점 속에서 니이체는 형태없는 생에 있어서의 충일의 한계와 무한자와의 대항관계를 발견한다. 점멸하여 무한한 근거로 복귀하는 유한한 존재자와 부단히 자기 속에서 여러 형태를 내어 던지는 근거자체와의 이 대항 관계를 니이체는 아폴로(Apollo)적인 것과 디오니소스(Dionysos)적인 것과의 대립이라고 부르고 있다. 디오니소스적 요소와 아폴로적 요소간의 주관적인 형식구성과 객관적인 형식구성, 음악예술과 조형예술간의 대립이 나타난다.

이러한 대립은 양자에 대한 사색이 진행됨에 따라 한 쪽으로 극단화되어 아폴로적인 것 자체가 디오니소스적인 것 속에 흡수되어 간다. 이러한 모든 것은 쇼펜하우어의 철학을 근거로 한 해석이다. 니이체는 현상을 단지 인간의 지성에 의한 형성물로서 파악하지 않는다. 디오니소스적 세계근거에 의하여 정립되고 산출된, 물론 가상이기는 하나 그렇다고 해서 허무주의는 아닌 아폴로적 형상으로서 파악한다. 이러한 사실은 니이체 후년의 자기비판의 시도에서 쇼펜하우어·칸트적 공식을 인정하고 있는 것만 보아도 알 수 있다. 아폴로와 디오니소스는 칸트의 현상과 물자체에 대응하고 쇼펜하우어의 표상과 의지에 대응한다는 것이다.

아폴로적 직각은 미에 대한 일종의 관조, 고대 희랍의 예술 충동 양상이다. 그것은 아름다운 환상의 세계이며 조형예술의 정신을 상징한다. 아폴로는 명석함, 빛, 절도, 형태 아름다움 조화의 신이요, 개별화의 원리이다. 그것은 투명한 생의 정숙에서 찾아질 수 있다. 그래서 니이체는 "아폴로적 예술은 위대하고 숭고한 형식을 맛보고자 하는 미 의식을 개체들에 의해서 만족시킨다."고 한다. 이러한 아폴로적 예술의 영역은 일종의 꿈의 세계이며 올림퍼스 신과 같은 중간 세계이다. 그것은 모든 세계도 아니며, 의지의 기초가 되는 세계도 아니다.

디오니소스는 무형의 것이면서 모든 것을 형성하고 또 건설하면서 절멸시키는 신이다. 이 신의 용모는 가면이고 이 신의 나타남은 그의 숨김이다. 그리고 이신의 나타남은 하나인 동시에 여럿이다. 디오니소스는 음악예술의 정신을 상징하며, 도취의 세계를 표상하는 보편화의 원리이다. 디오니소스는 개별화의 원리가 타파될 적에 인간 또는 자연의 가장 깊은 내면과 근거로부터 우러나오는 환희에 가득한 황홀을 의미한다. 디오니소스적 요소는 아폴로적인 것과 비교하여 볼 때 음악과 신화 속에 나타나며 일반적으로 현상의 세계 전체를 소생케하는 영원하고도 근원적인 예술의 힘이라고 할 수 있다. 디오니소스적 예술이야말로 개체화 원리 배후에 있는 저 전능의 의지를 표현하는 예술이라 할 수 있다. 그것은 모든 현상의 저편에 있어 어떠한 파괴에도 굴하지 않는 영원한 생명을 표현하는 예술인 것이다.

디오니소스적 예술은 지금까지 느껴보지도 못했던 것이 표현되려고 육박해 오는 것이다. 그것은 마야 (Maja)의 면사포의 파기이며 종족 아니 자연의 영혼으로서 만물이 융합된 모습인 것이다. 이제야 자연의 본질이 상징적으로 표현된다. 드디어 하나의 새로운 상징의 세계가 필요하게 되는 것이다. 니이체는 디오니소스적 예술의 경험을 통해서 우리가 실제로 그 예술을 받아들이는 짧은 순간은 최초의 존재자체라고 말한다. 그는 디오니소스적 예술을 아폴로 예술과 구별하여 다음과 같이 설명한다: "아폴로적 예술 속에 미의 원리가 구체화되어 있는데 반하여 디오니소스적인 것은 스스로 어떠한 아름다운 형태도 창조하지 않는다. 디오니소스적인 것이란 오히려 야생적인, 억누를 수 없는 충동에서 자기 자신에다 하나의 표현을 부여하는 것을 목표로 하는 충동이다. 이것이 창조적 과정의 동력인 것이다."

니이체에 있어서 예술이란 인간의 본래적인 형이상학적 활동일 뿐만 아니라 존재 그 자체의 표현이라고 볼 수 있기 때문에 그는 비극을 통해서 세계의 내적 본질을 통찰하려고 하였다. 그 자신도 그 비극의 탄생을 예술의 형이상학, 혹은 예술가의 형이상학이라고까지 말하면서 비극을 하나의 미학적 범주로서 공식화하고 있다. 니이체에 있어서 본질적인 것은 힘에의 의지이며 이 힘에의 의지에 근거하여 그의 모든 철학은 해석되고 있다. 그 때문에 "비극에 대한 니이체의 관련이 비극의 탄생에 제한되어 있다고 가정하는 것은 상식적인 오류이다." 비극은 세계 본질의 표상화라는 점에서 음악이자 형상이며, 꿈이자 도취, 형태이자 혼돈, 빛이자 밤인 것이다.

음악정신에서 비극의 탄생이란 예술상의 사건 속에 인간적으로 질서잡힌 다양한 형태들로서 혼돈되어 있는 세계에서 비극이 탄생한다는 것이다. 이는 곧 근원적 근거에서 탄생한다는 의미에서 근원적 사건이 거기에 반영됨을 말하는 것이다. 이러한 예술의 음악적 요소는 서정시에까지도 그 근원적 요소를 지니고 있으므로서, 이는 서사시의 형상성에 대항하는 디오니소스적 요소이다. 서정시 속에서 니이체는 모든 현상의 배후에 있는 세계의 비극적인 것을 우주적 원리로서 받아들여진다. 비극적 예술이라는 입장에서 볼 때 예술은 바로 모든 전경과 미관의 돌파이고, 세계의 심장에로의 깊은 통찰인 동시에 형상의 변명이기도 한 것이다.

비극적 예술은 인간이 최고로 강력할 때 발생하는 것이고 미의 빛남 속에서 역시 놀랄만한 것을 제시하는 것이다. 이리하여 비극적 예술은 니이체에게는 종교, 도덕, 형이상학의 하강운동에 대한 반대 운동인 것이다. 그때 비극적인 생의 감정이란 오히려 생에 대하여 "오냐!"라고 시인함이요, 두려워해야 할 것 즉 죽음이나 몰락에 대해서조차도 관심을 올려 찬성을 표명하게 되는 것이다. 니이체는 예술이 근본적으로 인간 삶의 보호, 번영, 고양을 위한 의미보다 더 큰 문제에 관하여 이해되고 평가하며 해석해야 할 것을 제안하고 있다.

4) 허무주의

쇼페하우어의 영향을 많이 받은 니이체를 생각해 본다면 니이체의 허무주의를 논하기 전에 먼저 니이체의 염세주의에 대해 고찰해 보는 것이 순서이다. 니이체가 생각한 염세주의의 하나는 실재하고 있는 세계를 부정한다. 그의 부정은 두 가지 뜻으로 해석할 수 있다. 하나는 단순히 몰락과 무를 기대할 수 있다. 또 다른 하나의 부정은 생성되어져 있는 것을 거절할 수 있고 그러므로써 새로운 세계의 조성을 위한 길을 자유롭게도 할 수 있다. 니이체의 다른 하나의 염세주의는 세계가 우리들이 믿고 있는 것이 아닌 데에 있다. 그래서 그는 "삶은 살 가치가 없다. 체념, 무엇 때문에 흘린 눈물인가?" 하고 묻는다. 그가 보는 보다 건강한 종류의 모든 인간에게 있어서 삶의 가치는 결코 이러한 사소한 일의 척도로서의 측량되지 않는다. 고통의 우세가 불가능한 일이라 하지만 강력한 의지와 생에 대한 긍정적인 대답은 이 우세를 필요로 한다는 것이다.

모간 (Mogan, G. A.)은 "니이체에 있어서 염세주의의 뿌리는 우리가 보통 이상의 현실을 원조하는데 대한 우리의 공통적인 무능력에 있다. 사실상 염세주의는 그의 타고난 성질이고 생에 대한 혐오는 그의 가장 큰 위험이라고 니이체는 확언한다. 평온과 유쾌는 그의 승리"들이라고 말한다. 니이체에 의하면 인위적으로 세워진 진실의 가치로 가득찬 세계에 직면한 극악의 세계만이 남게되고 최고의 환멸도 세계의 극악이라고 할 수 있는 내용에 가산된다. 결국 "니이체는 고통이 인간을 심화시킬 수 있으나 인간을 더 좋게 하지는 못한다는 견해를 가지고 있다. 그리하여 허무주의가 나타난다." 여기에서 니이체는 굴복하지 않고 좌절을 극복하는 허무주의에 이른다. 따라서 "허무주의의 선행형식으로서 염세주의"가 존재할 뿐이라고 말한다. 그의 염세주의는 허무주의의 예비형식이다.

니이체에 있어서 허무주의의 원인은 세가지 측면에서 고찰할 수 있다. 하나는 형이상학의 가치상실이다. 니이체에 의하면 "이성의 범주에 대한 믿음이 허무주의의 원인" 이다. 지금까지 최고가지로 여겨졌던 이성에 대한 믿음이, 형이상학이 그 가치를 상실했다는 것이다. 그러한 의미에서 니이체는 허무주의의 원인이 되는 것으로 두가지를 제시한다. 허무주의의 원인은 "고급종(種)이, 바꿔 말하면 지칠줄 모르는 풍요함과 힘이 인간에 대한 믿음을 견지해주는 자가 없다. 그리고 하급종이 겸양을 잊고서 그들의 요구를 우주론적인 가치와 형이상학적인 가치에까지 부풀게 하고 있다. 이것으로 인하여 전체 생존이 통속화된다."는 것이다.

우리는 인간이란 것에 지쳐버리고 최고 가치에 대한 꿈의 상실과 가치의 상실을 맞게 되는 바 이것이 허무주의의 원인이 되는 것이라고 말할 수 있다. 이 허무주의는 최고가치의 무가치화로서 종래의 세계근거를 근원적으로 무화하는 운동이다. 니이체의 사유 속에서는 종래의 형이상학은 가치설정적인 힘에의 의지의 본질 수행으로 보는 입장으로부터의 가치의 형이상학이다. 형이상학이 존재자를 성찰하고 존재자가 개별화되고 한계되어진 사물로서 이해된다면, 존재자의 존재속에는 벌써 허무가 깃들어 있다.

세계의 생성에다 의미를 부여하고 역사에 목표를 설정하여 생성을 파악하려고 하는 모든 형이상학적 해석도 역시 허무주의에 통할 수 있다. 니이체는 현상 뒤에 물자체, 참된 존재를 인정치 않으며 그것에 대한 인식을 허구라고 한다. 그가 자기 내면 속에서 끝까지 존재한다고 믿는 허무주의의 하나는 플라톤적인 형이상학이 말하는 참 세계에 대한 불신을 의미하는 것도 포함한다. 이 모든 초월적 원리의 부정에 의하여 지금까지 현실세계와 인간존재에 부여되어 왔던 의미와 가치가 부정되는 것이다.

니이체가 허무주의에 빠지게 된 또 하나의 원인은 기독교적 도덕에 대한 가치관의 변화이다. 니이체에 있어서 신의 죽음이 우리에게 남겨준 것은 허무뿐인 것이다. 그것은 현실 세계에 초월적으로 실재한다는 것에 대한 믿음을 버리게 하며 형이상학적 사유를 용납치 않는다. 그래서 니이체는 허무를 느끼고 기독교와 싸운다는 형태로 기독교적 도덕과 신에 대한 평가를 하는 것이다. 니이체에 의하면 신은 인간의 호소를 들어주지도 않고 들어도 도와줄 수가 없다. 아버지로서의 신은 근본적으로 부정되었으며 심판관으로서나 보상자로서도 또 그 자유의지로서도 부정되었다. 기독교는 이제까지의 가치를 무가치로 하였고 모든 진리를 허위로 여겼으며 모든 성실은 영원의 비열로 여겼다. 니이체가 본 기독교는 하나의 실천인데 기독교인들은 예수가 그들에게 명해 두었던 바를 한 번도 실천한 적이 없으며, 본래적인 기독교적인 것이 없었기에 니이체는 허무를 느끼고 가치전환을 하게 된 것이다.

인간에 대한 공포와 더불어 우리는 인간에 대한 사랑, 인간에 대한 외경, 인간에 대한 희망, 아니 인간에 대한 의지마저도 상실하고 말았다. 인간의 광경은 이제 보는 자의 마음을 싫증나게 한다. 이것이 허무주의가 아니라면 오늘날의 허무주의란 무엇인가? 그것은 "가장 상위의 모든 가치가 그의 가치를 박탈당하는 것"이다. 니이체에 있어서 허무주의는 지금가지의 가장 높은 가치의 몰가치화 과정이다. 만약 이것이 가장 높고 모든 존재하는 것들의 가치에서 부여된 가치들을 무가치하게 한다면 그러한 경우 가치에 근거된 존재는 가치가 없다. 무가치화의 감정이 생겨나고 모든 것의 무가치는 발생한다.

허무주의는 우주가치의 몰락이며 동시에 모든 것에 대한 무가치화의 감정의 표현이다. 여기서 우리는 허무주의의 상태에 관해 관심을 갖지 않을 수 없다. 니이체는 허무주의의 상태를 "목표가 결핍되어 있다. 무엇 때문에? 에 대한 대답이 결여되어 있다. 철저한 허무주의는 승인된 최고의 여러 가치가 문제일 때에 생존을 유지하는 것이 절대로 안된다고 믿는 확신"이라고 지적한다. 이러한 종래 가치의 상실과 새로운 가치의 정립을 니이체는 가치의 전도라 부른다. 그리고 니이체가 가치의 전도라고 하는 것은 초월주의에 의하여 부정되었던 생의 복권을 의미하는 것이며, 이것이 다름아닌 허무주의의 자기 극복의 길인 것이다.

가치 때문에 생이 있는 것이 아니고, 가치는 생의 성장에 봉사하는 도구에 지나지 않는다고 하는 생명주의의 입장에 서게 된다. 이대 가치의 절대성은 부정된다. 그 상대적인 유효성만이 문제로 남으며 가치의 궁극성은 부인되어지기 때문에 가치부정이라는 의미에서의 허무주의는 생의 정상적인 상태라고 말할 수 있다. 이 생이 힘있고 고귀한 창조력에 충만한 생인가 그렇지 않으면 약하고 피곤하고 빈곤한 생인가에 차이가 있을 뿐이다. 이것에 의하여 두가지 허무주의를 말할 수 있다. "하나는 정신이 상승한 힘의 징후로써 능동적 허무주의이고 다른 하나는 정신의 힘이 쇠퇴하고 후퇴한 피동적 허무주의이다."

피동적 허무주의는 증대하여 가는 약함의 징후이다. 하강하는 생을 약세에서 유래하는 새로운 가치질서에서 확보한다. 그것은 의미를 창조하여야 할 창조적인 힘으로부터 이완되어 환멸이 지배적 상태가 된다. 이 피동적 허무주의는 약자들에게서 발견될 수 있는 것으로서 정신력이 저하하여 그 약함이 표시로 나타나는 것이다. 정신의 힘이 연약해지고 고갈되어서 종래의 목적과 가치는 부적당하게 되고 신앙의 대상으로서 삼을 수 없게 되는 약세의 징후이다. 약함의 징후로써 피동적인 허무주의는 그것에 의하여 쇠퇴한 삶을 보지하여 힘을 회복하기 위한 보양책으로서 생을 증대시키고 상승시키는 한에 있어서 그 의의가 있다.

인간이 높은 위치의 생을 위하여 봉사한다는 본래의 취지를 망각하고 자기를 최고의 가치로 착각하면서 고귀한 생을 적대시 하든가 혹은 구속하든가 할 때 피동적 허무주의는 생의 쇠퇴에 이르는 병적인 허무주의로 빠진다. 한편 능동적 허무주의는 강세의 징후이다. 그것은 정신의 능력이 아주 증대하여 종래의 가치들(예를 들어 신념, 목표 등)이 정확성을 잃게 되어 이것을 폭력으로 파괴하려 한다. 더불어 생의 의의를 적극적으로 긍정함으로써 그 내적필연성에 의하여 새로운 가치를 창조하려고 한다. 정상적인 현상으로써 허무주의는 증대하여 가는 강함의 징후이다. 상승하는 생을 강세에서 유래하는 새로운 가치의 계급질서 속에서 확보하려 한다. 능동적 허무주의는 창조하는 힘과 의욕을 갖게 하는 힘이 총체적 해석과 의미부여를 필요치 않을 정도로 증대하는 것이다.

여기에서도 허무주의는 힘에의 의지의 표상에 의한다. 능동적 허무주의와는 완전히 별개의 것은 아니다. 협소하고 제한된, 단순한 세계 인간이 생을 유지하려는 한 필연성인 것이다. 단지 이러한 필연성을 시인하면서도 그로 인하여 소멸하지 않는 것이 능동적 허무주의이다. 이러한 능동적 허무주의는 모든 가치를 초월하여 그 가치를 새롭게 정립하여 간다. 이러한 과정에서는 피동적 허무주의에 따른 종래의 모든 가치의 피안에 몸을 내 맡겨 가치에 의하여 의미가 부여되기 이전의 모든 근원적 생의 파괴적 창조력에 자기자신을 결합시키지 않으면 안된다. 바로 능동적 허무주의는 인간적 주체성의 권위를 확립하기 위하여 주체적 현실을 바라지 않고는 못 견디는 니이체의 허무주의가 자유 탐구의 정신을 계속해 가면서 허무주의의 밑바탕에 영원에로의 험로를 열려고 하는 것이다. 그것은 한계상황 속에서 자기의 주체적 실존 즉 절대적 진리와 자유롭게 살려는 실존주의 철학을 구체화시킨다.

힘에의 의지가 표상하는 내용에 따라 우리는 허무주의를 무신론적 허무주의, 존재론상의 허무주의, 인식론상의 허무주의, 윤리적 허무주의, 도덕적 허무주의 등으로 나누어 볼 수 있다. 종교적 의미의 허무주의는 신과 신성성의 가치를 인정하지 않는다. 그것은 어떤 절대자에 대한 신앙도 부정하는, 무신론적인 것이다. 무신론적 허무주의는 절망적 허무주의로서 여러 유형의 생활태도를 초래케 할 수 있다.

윤리적 허무주의는 인간 행위의 기준으로서 도덕적 규범이나 의무, 가치체계가 합리주의적인 논쟁으로서는 정당화 될 수 없다. 윤리적 허무주의는 그 객관적인 보편타당성을 거부하며 따라서 그 구속력을 부정한다. 존재론상의 허무주의는 실체적 존재의 실재성을 부정하며, 궁극적으로 보아 아무것도 존재하지 않는데 바탕을 두고 있다. 인식론상의 허무주의는 객관적인 진리의 인식 가능성을 부정하는 것이다. 순수인식의 관점에서 볼 때에 허무주의는 모든 철학의 종합적인 질문에 대한 최종 해답이지만, 니이체의 철학은 결과적으로 허무주의적이라기보다는 허무주의의 극복을 위한 시도라고 보아야 할 것이다.

니이체에 있어서 극복된 인간자체를 통한 허무주의의 극복은 같은 것의 늘 되돌아옴의 예언을 위한 전제이다. 니이체의 철학은 근본에 있어서 이런 것을 벗어나지 않는다. 초인에의 의지와 같은 것의 늘 되돌아옴의 의지는 니이체의 궁극의지이며 궁극의 세계로서, 그 사상 안에 그의 실험의 총체가 체계적으로 요약되어 있다고 샤흐트(Schacht, Richt)는 말한다. 이것은 곧 허무주의가 벌써 하나의 통찰이지만, 여전히 옛날의 가치평가의 지배하에 있다는 것을 의미한다. 일찍이 모든 가치를 자기한테 끌어 모으고 있던 배후 세계는 이미 존재하지 않기 때문에 나머지의 것은 모두 가치없는 것으로 해석된다. 신들이 죽은 뒤의 이 세상을, 단지 신들을 빼앗기고 신의 버림을 받은 세계로 생각되는 것으로 그치지 않고 이 신없는 세계가 어떤 새로운 존재 경험의 빛 속에서 빛나기 시작하는 것으로 생각될 때 비로소 허무주의는 극복된다. 그리고 인간은 인간의 한 가치를 평가한다.

가치를 평가한다는 것은 인간이 인간으로서 실존한다는 것이다. 허무주의자란 있는 그대로의 세계에 대해서 그것은 있어서는 안된다는 것이라고 판단하고 또한 있어야 할 세계에 대해서는 그것이 현존치 않는다고 판단하는 인간을 말한다. 행위라고 의욕하고 고민하고 감각하는 것은 아무런 의미도 갖지 않는다. 그래서 니이체는 그 자신이 지금까지 철저히 허무주의자였다는 것을 인정하였고 허무주의를 인식했고 경험했는데. 그것은 그 스스로가 허무적으로 생각했기 때문이다. 니이체의 허무주의의 개념은 그 자체가 허무적인 개념이다. 그는 허무주의의 비밀의 본질을 통찰했음에도 불구하고 인식하지 못했다. 왜냐하면 그는 그것을 처음부터 세계사유의 입장에서 가장 높은 가치의 몰가치화 과정이라고 이해했기 때문이다.

허무주의에서 도출되는 현상중의 하나가 데카당스 (Decadans)이다. 니이체에 있어서 데카당스의 개념인 쇠퇴, 퇴폐, 몰락, 폐물들은 생에서 그리고 생의 증대에서 오는 필연적인 귀결이며 생의 증대만큼 필연적인 것이다. 그것을 제거한다는 것은 뜻대로 되지 않는다. 그렇다고 해서 이러한 것들이 그 자체로서 죄책될만한 것은 아니다. 그 무엇으로도 그 필연성을 억제할 수 없다. 이성은 그것을 제거함에 있어 그의 정당성을 인정하려 한다. 이것은 삶을 단죄하는 것이다. 이때 회의와 정신의 방종, 풍습의 부패들은 데카당스의 하나의 결과이다. 그러한 결과에 도달함에 있어 선한 자와 악한 자는 데카당스의 두 개의 유형이다. 그들은 모든 근본현상에 있어서 서로서로 붙들고 있다. 그러한 의미에서 "허무주의는 데카당스의 원인이 아니라 그의 논리에 불과하다."고 니이체는 말한다. 허무주의가 반드시 데카당스에 이르는 길은 아닌 것이다.

니이체에 있어서 데카당스는 허무주의로 귀환하는 비상통로를 마련해 놓고 있다. 그리고 존재하는 것은 무엇이나 없어서는 안된다. 허무주의자에 의해서 부정된 삶의 면은 데카당스의 축복된 본능에 속하며, 선이라고 부를 수 있는 것보다 훨씬 드높은 것에 속하고 있다. 이것을 이해하려면 용기가 필요하다. 용기의 조건으로서 힘의 충일이 필요하다. 약자에게는 약한 영감 아래 비겁한 것과 현실 도피가 필연적인 것처럼 강자에게는 인식과 현실긍정이 필요하다. 데카당스 자신은 배격되어야 할 것도 아니다. 그것은 절대적으로 필연적이며 어느 시대에 있어서나 어느 민족에 있어서나 고유한 것이다. 니이체는 허무주의에서, 데카당스에서 어떤 길도 어떤 결과도 예측하지 않는다. 우리들은 허무 속에다 세워둠으로써 우리들에게 드넓은 천지를 주려고 한다. 오히려 우리들이 도래해온 진정한 근거를 파악하는 가능성을 주려고 하며, 우리들로 하여금 우리들 자신에 되돌아 가게 하기까지의 도상에 있도록 한다. 데카당스는 허무주의를 극복하는 도상에 있는 하나의 과정이다.

4. 의지의 영향과 평가

1) 의 지

의지를 중심으로 한 니이체에 대한 쇼펜하우어의 영향과 쇼펜하우어에 대한 니이체의 비판은 전체적인 의지철학의 가장 중요한 부분이요 중심문제이다. 특히 본 논문에서 다루고자 하는 논리 전개의 편의를 위해 쇼펜하우어의 철학과 니이체 철학의 각론은 필연적 이었으며, 그러한 각론의 전제하에서 쇼펜하우어가 니이체에게 준 의지의 영향과 니이체의 쇼펜하우어에 대한 비판은 깊이 고찰될 것이다. 니이체는 쇼펜하우어에게서 많은 영향을 받았으므로 그에 못지않게 쇼펜하우어 철학에 대해 긍정적 견해와 부정적 견해를 함께 취한다. 그중 가장 중심이 된 관점은 원근법주의적 가치해석의 입장이다. 가치해석의 입장에서 니이체는 쇼펜하우어의 철학이 편견이라고 생각한다. 사물 전체의 내적 본질에 대한 궁극적이고도 참다운 해명을 위해서 인간행위의 윤리적 중요성에 대한 해명이 결코 필연적일 수 없다는 것이다.

니이체는 쇼펜하우어의 형이상학 그리고 그 형이상학의 문제로서의 의지에 대해 많은 영향도 받고 있지만 그 대신 깊이 있는 비판도 한다. "여러 학문이 쇼페하우어에게 영향을 주었지만, 그의 학설을 지배하고 있는 것은 학문이 아니라 오래 전의 그 유명한 '형이상학적 본능'이다. 일시적이긴 하지만 그가 우리의 감각을, 세계와 인간에 대한 그 힘찬 고찰로 되돌려 놓은 것은 우리가 그에게서 얻을 수 있는 최대의 그리고 아주 귀중한 이득 중 한가지다." 이는 쇼펜하우어의 형이상학적 고찰에 대한 니이체의 긍정적 평가다. 이것은 형이상학에 대한 니이체의 자기긍정이기도 하다. 그러나 니이체는 쇼펜하우어의 형이상학에 대한 자기 긍정으로 만족할 수 없었다. 그는 니이체의 형이상학의 폐단이 더 크다고 생각했다. 그래서 그는 "쇼펜하우어. 인간적인 너무나도 인간적인 것에 대한 그의 크나큰 정통함과 그의 본질적 사실감각은 그의 형이상학이라는 알룩달룩한 표범가죽 때문에 적지 않은 피해를 입었다"고 비판한다. 니이체는 형이상학에 의해 가려진 참다운 진리, "참다운 도덕적 천재"를 발견하기 위해 쇼펜하우어로부터 그 위장된 껍질을 벗겨야 한다는 것이다. 그런데 니이체가 보는 "쇼펜하우어 자신은 바로 이 점에 있어서 타고난 재질이 빈약하고 둔감했으며 비독일적이었다"는 것이다. 쇼펜하우어는 감성의 실천성은 지니고 있었으나 역사가 없고 발전이 없는 것이다.

형이상학과 아울러 니이체가 보는 형이상학자들은 이상 안에서, 이상과 비교해보면 가상에 불과한 사물자신을 찾고 있다. 그러나 그들의 독단은 현상세계가 이상의 표현이 아니므로 진실이 아니라는 것이다. 니이체는 쇼펜하우어의 철학이 형이상학이면서도 형이상학의 모습을 확실히 드러내지 않았다고 본다. 형이상학의 관점에서 볼 때, "무제한적인 것은, 그것이 저 최고의 완전성을 갖추고 있을 때에는, 모든 제한적인 것을 위한 근거는 될 수 없다. 이렇게 되기를 원하지 아니하였던 쇼펜하우어는 저 형이상학적인 근거를 이상의 반대물로, 또 약하고 맹목적인 의지로 생각할 필요가 있었다. 그리하여 이 근거는 현상의 세계 안에 나타나는 현상하는 것이 될 수 있었다. 그러나 그렇다고 해서 그는 이상이라고 일컫는 저 절대물을 포기하지는 아니했다. 그는 그것을 살짝 지나쳐 갔다고 니이체는 말한다. 이것은 쇼펜하우어의 철학이 형이상학이라는 것을 긍정하는 것이다. 이는 니이체가 형이상학을 받아들임에 있어 쇼펜하우어의 관점과 같은 맥락임을 암시해준다.

니이체가 쇼펜하우어를 어떻게 평가하든 그는 쇼펜하우어의 영향을 받았으며 의지라는 말의 사용에 있어서 쇼펜하우어의 중요한 경쟁자였다. 샤흐트도 니이체가 쇼펜하우어에 있어서의 의지로부터 영향을 받았다는 의미에서 다음과 같이 말한다.: "니이체는 처음에 유일하며 궁극적이고도 형이상학적인 실체와 물자체로서 의지의 관념을 든 쇼펜하우어에 의해서 설득되었으나, 이후 계속하여 이 관념을 공격하고 거부하였다. 그리고 의지일반에 관한 쇼펜하우어의 추론으로부터 그 자신을 분리하였다" 이는 니이체가 쇼펜하우어의 의지를 받아들였으며 그와 함께 형이상학의 성격에 관해서도 영향을 입었다는 것을 뜻한다. 쇼펜하우어의 의지는 형이상학적 의지이며, 니이체에 있어서도 형이상학적 의지이다. 그 때문에 니이체에 있어서의 의지는 쇼펜하우어의 내적 본질의 의미를 포함한다. 의지를 형이상학적인 문제로만 남기지 않고 인간의 삶 속에서 그리고 인간생활의 실천으로 발전시키고 가치의 문제가지도 상정하여 생성의 문제와 존재의 문제까지도 각인한 것이 니이체라 하겠다.

쇼펜하우어는 주관론자요 그의 철학은 주관적 관념론이다. 할켄베르그(Falchenberg. Richard)도 같은 견해를 취한다. 즉 그는 "쇼펜하우어는 주관적 관념론의 입장에서 자신을 무조건적인 칸트학파의 한사람으로 인식했다고 쓴 바 있다. 그에게 있어서는 인식하는 주관의 입장에서 볼 때 이 세계는 표상이요 의지이다. 이러한 의미에서 표상으로서의 세계는 주관이 창조하는 세계이다. 이에 대해 니이체의 철학은 원근법주의적이다. 그것은 인식론과 존재론 그리고 가치론까지도 모두 포함하여 의미와 의의와 가치를 부여하는 일종의 해석학이다. 이러한 의미에서 니이체 철학은 극단적 관념론의 성격까지도 포함하는 것으로서 주관적 관념론의 성격을 띤다. 주관의 관점에 따라 진리가 판명된다는 것이 그 두사람의 공통점이다.

쇼펜하우어와 니이체에 있어서 의지는 비록 명칭들은 서로 다를지라도 그 의미는 같다고 볼 수 있으며 모두 본질적이라 할 수 있다. 브리톤(Brinton Crane)도 "니이체는 쇼펜하우어에게서 의지가 세계의 첫 번째 원리라는 것을, 최소한 세계에 있어서 쇼펜하우어가 의지의 봉사자라는 것을 배웠다"고 말하였다. 니이체가 쇼펜하우어의 영향을 받았음을 설명하는 것이다.

그러나 쇼펜하우어의 영향을 받은 니이체는 "쇼펜하우어가 범한 의지의 근본적인 오해는 (마치 욕망, 본능, 충동, 의지가 갖는 본질적인 것처럼) 전형적이다. 즉 의지가 가치를 감소시켜 잘못 보게 된 것"라고 비판한다. 쇼펜하우어에 대한 니이체의 비판은 여기에서 멈추지 않는다.

니이체는 "쇼펜하우어가 욕정과 의지로부터 이탈에서만이 '참된 것'에의, 그리고 인식에의 유일한 통로가 있다고 가르쳤을 때, 그의 오류는 절정에 달했다. 의지로부터 해방된 지성은 사물의 본질 참의 본질 그리고 본재의 본질을 간과한다는 것 이외는 전적으로 불가능 하다"고 본다. 쇼펜하우어나 니이체에 있어서 자연력, 힘 등은 공히 무기물에 있어서의 의지라 할 것이다. 이 의지는 쇼펜하우어에 있어서 하나이자 전체이다. 쇼펜하우어가 말하는 자연력의 객관화 과정에 있어서의 투쟁은 의지 속에 있는 인과성에 의하여 현전의 물질을 서로 나의 것으로 하려고 한다. 이 부단한 투쟁의 영속에 의해서 차원 낮은 여러 이데아를 예속시켜 차원 높은 이데아로 향하게 하는 것이 동화 작용이다.

이와 관련해서 니이체의 힘에의 의지의 발전단계에 있어서 의지는 저항에 대립하여 그 자신을 나타낸다. 이 저항은 그 자신에 대립하여 분리되고 있는 이 힘에 의해서만이 제공 될 수 있다. 이 경우 약자는 몰래 강자에게 숨어들어 가능한 한 그와 일체가 되려고 애쓰는데, 강자는 스스로를 지켜가면서 약자를 흡수한다. 이것이 바로 일체화이다. 그러므로, 쇼펜하우어의 의지객관화나 니이체의 힘에의 의지의 발전단계, 자연력에 있어서 투쟁의 의미, 동화작용과 일제화는 같은 사유의 맥락으로 볼 수 있다. 니이체는 의지를 받아들이면서 또 쇼펜하우어의 의지를 부정한다. 니이체는 다음과 같은 긴 글로 비판하고 있다: '쇼펜하우어의 의지'라는 말은 벌써 전적인 일반화라는 철학자다운 열광에 의해 그 말의 창조자의 손아귀에서 학문이 파멸로 변화되고 말았다. 왜냐하면 자연 속의 만상이 의지를 갖고 있다고 주장될 경우 이 의지라는 말은 시적 비유가 되고 말기 때문이다.

그리하여 마침내 이것은 온갖 신비적 횡포에 이용될 목적으로 잘못 고용되어 남용되기에 이르렀다. 또한 모든 유행철학자들은 이것을 퍼뜨려, 만물은 단 하나의 의지를 지닐 뿐만 아니라 하나의 의지라는 것을 전적으로 알고 있는 체 한다. (사람들이 이 만물은 하나의 의지라는 것으로써 묘사하는 바에 따르면, 그것은 마치 '어리석은 악마'를 신으로 취하려는 듯한 태도인 것이다. 니이체에 의하면 자연 속에 의지가 있는 것이 아니라 다만 우리가 자연 속에 의지가 있다고 해석한다는 것이다. 그러나 바로 이것, 현상에 자기의 주관을 가미한 것이 쇼펜하우어의 표상이다. 니이체가 쇼펜하우어에 있어서 의지를 비판함에도 불구하고 그의 힘에의 의지는 쇼펜하우어의 의지의 영향을 받은 것이어서 생물에 있어서 두 철학자의 의지의 관계는 고찰할 여지가 있다.

쇼펜하우어의 생명의지와 니이체의 힘에의 의지를 비교해 볼 때, 몇가지 같은 관점을 찾아 볼 수 있다: 1) 생명의지나 힘에의 의지는 세계의 내적본질이라는 것이다. 그러므로 이 세계는 의지 이외의 다른 아무것도 아니다; 2) 생명의지나 힘에의 의지는 그것 자체가 삶이라는 것이다; 3) 생명의지나 힘에의 의지는 자기보존의 의미를 지니고 있다; 4) 쇼펜하우어의 생명의지나 니이체의 힘에의 의지는 끊임없이 태어나는 삶의 의지요 새로 태어나는 생명에의 의지이다. 이와 같이 쇼펜하우어의 의지와 니이체의 힘에의 의지를 생각해 볼 때 자연의 서열은 니이체가 후에 요구하게 되었고 쇼펜하우어의 사고는 생명의지가 힘에의 의지로 변한 것처럼 모든 가정의 새로운 해석과 모든 결말의 전복과 함께 반대로 변하게 되었다. 곧 니이체의 힘에의 의지는 쇼펜하우어의 생명에의 의지를 개칭한 것으로 볼 수 있다.

2) 의지의 양태

(1) 신(神)

쇼펜하우어와 니이체에 있어서 신과 기독교에 관한 논의는 아주 깊은 연관을 가지고 있으며 같은 의미도 지닌다. 이 두 철학자의 신관과 기독교관에 대한 비교는 신의 의미에서부터 찾아 볼 수 있다. 쇼펜하우어나 니이체에 있어서 신의 의미는 같은 형이상학적 의미라는 점에서 깊은 관련이 있다. 쇼펜하우어에 있어서 신이 의지객관화의 한 단계라면 니이체에 있어서는 힘에의 의지의 발전단계의 한 점이다. 쇼펜하우어에 있어서 의지 객관화와 니이체에 있어서 힘에의 의지의 발전단계는 같은 의미를 지니므로 신의 의미도 같은 관점에서 볼 수 있다.

그러나 니이체는 종교에 관한 형이상학적 요구는 쇼펜하우어가 생각하는 것처럼, 종교의 기원이 아니고, 오히려 그루터기에서 난 싹(Nachschossling)에 불과하다고 본다. 형이상학적 의미의 신은 종교에서 의미하는 신과 구별된다. 사람들은 종교적 사상의 지배 아래서 어떤 "다른 세계"가 나타나거니와, 그러나 이제 그것은 단순한 형이상학적 세계이며, 벌써 종교적인 세계는 아닌 것이다. 그것도 태고에 있어서 대체로 "별개의 세계"라는 것을 가정하게끔 한 것은, 충동이나 욕망이 아니고, 특정한 자연현상의 해석에 있어서의 오류, 지성의 낭패였다. 결국, 니이체에 있어서 신관도 형이상학적이다.

신에 관한 의미의 다른 하나는 쇼펜하우어의 신이 기독교적 신의 의미를 가진 다면, 니이체에 있어서도 기독교적 신의 의미를 가진다는 것이다. 니이체의 "신은 죽었다."는 말은 형이상학적 의미보다는 기독교적 신의 죽음에 더욱 강한 의미를 지닌다. 니이체는, "쇼펜하우어의 도움없이 기독교나 그 아시아적 동류에 공정성을 부여하는 일을 쉽게 성취할 수 있는 사람은 현재 아무도 없다는 것을 나는 믿는다. 더군다나 아직 현존하는 기독교의 입장에서는 불가능한 일이다." 라고 말한다.

또 다른 신의 의미에서 쇼펜하우어와 니이체는 차이를 나타낸다. 쇼펜하우어의 신관이 범신론적 의미를 지니고 있다면, 니이체의 신관은 모든 현실적인 가치근거로 제시된다. 이에 대해 니이체는 "확실히 쇼펜하우어의 종교적 도덕적 인간해석과 세계해석에서는 기독교 및 여타종교의 이해를 위해 많은 것을 얻을 수 있지만 그가 '인식을 위한 종교의 가치'에 대하여 잘못 생각한 것도 또한 사실"이라고 말한다. 이러한 관점은 쇼펜하우어와 니이체 철학을 구별하는 커다란 분기점이 될 수 있다. 쇼펜하우어의 철학이 존재와 인식의 문제라면 니이체의 철학은 인식과 그 해석의 문제이기 때문이다. 니이체가 요구하는 것은 가치에 입각한 원근법주의이다.

신의 부정에 있어서 니이체는 더욱 강력한 부정적 견해를 보이나 쇼펜하우어에 있어서 신의 부정은 니이체의 선구를 이루며 니이체에게 영향을 주었다. 쇼펜하우어는 신을 부정한다. 쇼펜하우어에게서 보여준 신의 부정에 대한 관념은 신의 의미상실이며 약한 신의 부정이다. 그러므로 신의 존재 가능성은 배제되지 않은 채였다. 그런데 그러한 신은 니이체에 의해 강력히 부정되고 있다. 니이체는 여기에 머무르지 않고 즐거운 신들의 죽음은 이루어졌다고 한다. 쇼펜하우어와 니이체에 있어서 신은 부정과 신의 의미 상실에 대한 표현은 서로간에 차이가 있기는 해도 같은 관점에서 볼 수 있으며 니이체의 신 부정은 신이 되지 않을 수 없다는 강한 긍정을 요청하고 있다. 니이체의 대부분의 기독교에 대한 공격이 (그의 나중 노력이 도덕적이었던 것 보다는 덜 반기독교적인 말로) 시작되는 쇼펜하우어에 대한 명상록에 관한 글은 연구해 볼 만한 가치가 있다.

쇼펜하우어와 니이체, 이 두 철학자가 신을 부정한다는 의미에서 동일할 뿐만 아니라 또 한가지 공통점을 이루는 것이 있다면 그것은 예수에 대한 견해다. 쇼펜하우어는 예수의 실천이라는 의미를 생명의지의 부정의 실천이라는 측면에서 예수의 삶을 긍정한다. 생명의지를 부정함으로써 삶에서 해탈한 자가 예수라고 보는 것이다. 그리고 니이체에 있어서도 구세주로서 또 신의 아들로써 느낄 수 있는 복음서적인 삶의 실천에서 긍정적으로 받아들여졌다. 이러한 관점에서 볼 때 신에 대한, 예수에 대한 쇼펜하우어와 니이체가 예수의 복음서적인 삶의 실천을 보았기 때문에 기독교에 대한 관심과 그에 대한 부정은 더욱 강하게 나타나는 것이다. 쇼펜하우어가 복음서적인 삶의 실천에 관한 입장에서 부정적 태도를 취했다면 니이체는 여기에 멈추지 않고 부정적 태도를 실천에 옮겼다고 볼 수 있다.

(2) 생명의지의 긍정과 같은 것의 늘 되돌아옴.

같은것의 늘 되돌아옴 사상은 니이체사상의 독특한 표현 중의 하나이다. 니이체의 늘 되돌아옴 사상은 쇼펜하우어의 생명의지 긍정사상과 깊은 관계를 가지고 있다. 니이체의 늘 되돌아옴 사상이 쇼펜하우어에 그 출발점을 갖고 있다고 아르투어

휩셔(Hübscher. Arthur)도 주장한다. “늘 되돌아옴의 사상은 난산된 개념이다. 실바플라나 체험 이후의 최초의 구상은 쇼펜하우어에게 그 근거를 찾고자 한다”는 것이 그의 주장이다. 쇼펜하우어의 사상에 있어서 생명의지는 자기보존을 위해 노력한다. 그 방법으로 자기와 똑같은 자의 생성을 위해 생명의지를 긍정하며 생식행위를 통해 무한히 되풀이 된다. 곧 그것은 동일한 자기의 영원한 존재를 위한 시도이며 바로 그와같은 동물로서 태어남은 니이체의 같은 것의 늘 되돌아옴과 같은 것이다. 니이체의 사상, 같은 것의 늘 되돌아옴이 힘에의 의지의 바탕 위에서 살려고 원하고 영원한 자기동일을 원하는 것은 바로 쇼펜하우어의 생명의지가 추구하는 영원한 자기동일과 같다고 하겠다.

바로 여기서 쇼펜하우어의 생명의지 긍정사상과 니이체의 늘 되돌아옴 사상의 연계에 관한 직접적인 설명을 볼 수 있다. 쇼펜하우어의 생명의지 긍정사상이란 생명의지가 동일한 자기 존재의 영원한 존속을 위해 생식행위를 하는 그것이다. 그러나 무수한 고생과 노력 끝에 얻어진 결과는 종족의지에 그치고 만다. 그러나 사상은 하나의 환영(Maja)일 뿐이다. 그럼에도 불구하고 인간은 동일한 자기생존을 바라게 되는 것인데 이는 마치 밑바진 독에 끝없이 물을 길어 붓는 어리석음과 같이 허망한 노릇이다 또한 쳇바퀴를 도는 다람쥐와 같이 항상 제자리걸음인 채이다. 우리들은 본시 시간속에서 영원 속으로, 경험적인 의식에서 초월적 의식으로 탈출해서, 단 한 번의 비약으로 얻을 수 있는 것을 헛된 노력을 바쳐 얻고자 하는 것처럼, 망상하고 안정된 중심점을 구하지 않고 막연히 원의 주위를 맴돌고만 있는 것이다. 쇼펜하우어의 생명의지의 긍정사상은 니이체의 늘 되돌아옴의 선구를 이룬 것이다. 니이체의 늘 되돌아옴의 사상을 연상해 볼 대 그것은 힘에의 의지의 긍정사상이며, 힘에의 의지의 순환과정이다. 이것은 바로 쇼펜하우어의 생명의지의 긍정사상과 동일한 의미로 볼 수 있는 이유이기도 한 것이다.

따라서 니이체의 학설에 있어서 늘 되돌아옴의 동일한 것은 아직도 대부분이 형이상학적인 의미를 지니고 있다. 그래서 그들의 의의는 인간이 갖는 터무니없이 큰 책임에 대한 표현으로서, 그들의 행위는 그의 영원한 되찾기(Wiederholung)를 통해서 영원하게 만들어진다. 그들에게는 니이체의 도덕적인 기본의 도가 나타나 있다. 비도덕자로서의 그의 모든 사유보다 더 윤리적이면서 무한하다. 쇼펜하우어도 물론 도덕을 삶의 고유한 가치와 모든 감각의 의미로서 무한하게 특정지웠다. 그러나 니이체의 도덕은 말하자면, 아래로 부터의 도덕이다.

3) 가치평가

(1) 도덕

도덕이론에서 볼 때 쇼펜아우어는 원리론자이다. 이에 비해 니이체는 실행과 실천에 중요성을 부여하는 도덕가치의 평가자이다. 니이체는 쇼펜하우어의 "가능한한 아무도 해치지 말고 만인을 도우라"는 명제를 근거 지우는 것은 어려운 문제이어서 쇼펜하우어는 그 점에서 성공하지 못했다고 말한다. 니이체가 보는 이세계는 힘에의 의지이다. 그는 힘에의 의지가 의욕하는 바대로 실천하고 실행에 옮기도록 가치평가 하는데서 원리의 근거를 세우는 것은 쇼펜하우어가 말하는 오성은 아니라고 반박한다. 쇼펜하우어는 높은 지성을 의지에서의 이탈이라고 해석했다.

그가 인정하려 하지 않았던 것은 위대한 정신이 속박을 벗어날 때는 도덕적 선입관으로부터도 자유롭게 된다는 것, 천재의 전형적인 비도덕성 이었다. 그는 그만이 외경한데 지나지 않는 것을, "무아"의 도덕적 가치를 "가장 정신적인 활동의 객관적"인 시선의 조건이기도 하다고 인위적으로 결정해버린 것이다. 모든 도덕적인 것들 속에서 니이체가 인정하는 것은 하나의 근본적으로 다른 가치평가이다. 그에게 있어서 인간을 평가하는 것은 힘의 양과 그 의지의 충실도를 따라서이지 의지의 강화나 소멸에 따른 것은 아니다. 그가 의지의 힘을 평가하는 것은 의지가 얼마만큼 많은 저항과 고통과 고민을 견디어 그것을 이익으로 일변시킬 수 있는 가, 즉 가치전도 할 수 있는 가의 여부이다.

이와같은 쇼펜하우어와 니이체의 관계를 볼 때 "니이체의 대중도덕, 대중행복 그리고 대중의 본능에 관한 말은 쇼펜하우어의 모범없이는 생각되어지지 않는다." 그것은 삶과 도덕에 관한 그들의 기본 입장과도 깊은 연관을 갖고 있다. 의지가 표상되는 인생에 있어서 투쟁을 요구한다는 점에서 이 두 철학자는 동일하다. 이와함께 쇼펜하우어에 있어서 도덕적 충동, 환언하여 도덕의지는 동정인데, 이러한 동정을 니이체는 거부한다. 그것은 동정이 약자의 동정이어서 의미가 없으며 전염성을 지니기 때문이다. 쇼펜하우어에 있어서 도덕은 생명의지를 부정하여 최종목표를 추구하는 원리이지만 니이체에 있어서는 삶을 긍정하고 앙양하기 위한 방법이다.

(2) 염세주의와 허무주의

쇼펜하우어와 니이체에 있어서, 염세주의에서 허무주의로 이어지는 사상체계를 볼 때 염세주의는 이미 위에서 지적했듯이 허무주의의 선행 형식이요 예비 형식이다. 이 염세주의와 허무주의의 발생 원인 중 하나는 형이상학이다. 쇼펜하우어가 보는 이 세계는 고뇌만이 가득차 있으며, 이러한 고뇌에서 해탈하기 위해서는 생명의지를 부정해야 한다는 것이다. 또한 니이체에 있어서도 이성의 범주는 형이상학적 진리를 의미하며, 그것은 지금까지 최고 가치 중의 하나로 여겼던 이성에 대한 믿음, 그리고 형이상학에 대한 믿음이 그 가치를 상실했다는 것이다. 쇼펜하우어에 있어서 염세주의와 니이체에 있어서 허무주의의 발생원인이 형이상학에 있다는 것은 단토(Danto. C, Arthur)에게서도 드러난다. 쇼펜하우어의 철학에서 분명하게 나타난 동양의 염세주의는 일련의 형이상학적 견해에 기초를 두고 있으며, 나중에 보게 될 것이지만, 이 견해는 니이체가 그 자신의 것으로 증진시킨 견해들과 아주 비슷하다

쇼펜하우어의 염세주의와 니이체의 허무주의는 기독교적 가치판단에서 출발한다. 쇼펜하우어는 자기가 이 세상에서 명료하게 들을 수 있었던 진리에 의하면 우리에게 선입관념이 되어버린 유태교를 타파해야 하고 또한 이 세계는 결코 전지전능자의 창조물이라고 인정할 수 없다는 것이다. 오히려, 그것은 악마가 만든 것으로서 그 속에 일체의 생물을 두게한 것 그러한 생물들의 고뇌를 바라보면서 자기의 눈을 즐겁게 하려는 악마의 조작이라는 것이다. 이와같은 쇼펜하우어의 염세관은 기독교의 가치평가에서 나타난다. 니이체가 얻은 결론들 중의 하나는 모든 사물은 그 성장이라고 하는 원근법적인 시야로 바라보는 힘의 문제로서의 도덕적, 기독교적 가치판단 (고대세계의 귀족주의적 가치와 비교해서)등, 이러한 것들에서 자기의 염세주의는 출발했다는 것이다. 이와같은 세계관이 또한 니이체의 허무주의의 원인인 것이다.

쇼펜하우어의 염세주의나 니이체의 허무주의는 다같이 삶을 부정한다. 쇼펜하우어에 있어서 욕망을 갖는다는 것은 본래 번뇌로운 것인데 산다는 것은 욕망을 갖게 됨을 뜻하는 것이니

모든 생존은 본질적으로 고뇌다. 니이체에 있어서 허무주의가 나오게 된 원인 중의 하나는 삶의 가장 강력한 본래에 대한 가득찬 충동이 이제까지 비방을 받아왔기에 삶이 자신을 저주하게 된다는 것이다. 그래서 "삶은 살 가치가 없다"고 한다. 니이체는 쇼펜하우어를 진정한 염세주의자가 될 수 없다고 말한다. 모르간도 "니이체는 그가 어떤 유럽 염세주의자보다도 절망의 깊이를 더욱더 철저히 통찰했다고 믿고 있고 그래서 쇼펜하우어(쇼펜하우어는 염세주의자 임에도 식사후 플루트를 연주했다.)의, 그리고 갖가지 도덕적·미적 상아탑 안에서 그늘의 어둠(gloom)을 기만했던 다른 동시대인들의 그럴듯한 염세주의를 조종하는 것으로 보인다"고 말한다.

쇼펜하우어의 염세주의와 니이체의 허무주의를 비교함에 있어서 연관지어 생각해 볼 수 있는 것은 쇼펜하우어의 권태와 니이체의 데카당스이다. 쇼펜하우어에 있어서 삶은 고통이며 이러한 고통 후에 어렵게 얻는 것은 행복이다. 그러나 이러한 행복을 얻자마자 인간이 도달한 행복과 만족은 환영 (Maja)으로 사라져 버리고 남는 것은 권태뿐이다. 그러므로 인간의 행복은 순간에 끝나고 권태만이 남게 된다는 것이다. 한편 니이체에 있어서 데카당스는 허무주의에서 도출되는 하나의 현상이다. 데카당스의 개념인 퇴폐, 몰락, 방종, 이들은 삶에서 그리고 삶의 증대에서 오는 필연적인 귀결이다. 그러므로 쇼펜하우어의 염세주의에서 도출되는 현상은 데카당스이다. 이때, 쇼펜하우어에 있어서 고통을 극복한 후 행복과 만족은 환영으로 사라져 버리고 권태만 남게 되는 염세주의에 머무르는 반면 니이체는 이러한 현상에 머무르지 않고, 모든 것을 운명으로 받아들여 극복하려 한다.

(3) 예술

쇼펜하우어나 니이체에 있어서 예술은 의지의 표현이라 하겠다. 예술은 니이체가 쇼펜하우어의 영향을 가장 많이 받은 분야 중의 하나이다. 그래서 그만큼 많은 비판도 가한다. 니이체는 자기의 책 「비극의 탄생」에서 자기가 쇼펜하우어의 열렬한 제자였던 것으로 폭넓게 설명하고 있다. 쇼펜하우어에 있어서 예술은 정신에 있어 의지가 객관화된 하나의 표상에 불과하며, 니이체에 있어서 예술은 힘에의 의지의 표출이어서 둘 다 의지의 표현이라는 점에서 같다고 볼 수 있다. 니이체의 디오니소스적 예술과 아폴로적 예술도 힘에의 의지의 표출 방식이다. 볼프(Wolf)도 "디오니소스의 학설은 쇼펜하우어의 학설에 근거를 두고 있다. 그래서 쇼펜하우어의 학설이 타당성을 갖듯이 폭넓은 타당성을 가질 수 있다."고 말한다. 니이체는 예술에 관하여 쇼펜하우어와 칸트를 비교하여 쇼펜하우어가 칸트보다 우위임을 설명한다: 쇼펜하우어에게 되돌아 가보면 그는 칸트보다 훨씬 예술을 잘 이해하고 있었지만 그래도 역시 칸트의 정의의 속박에서 벗어나지 못했었다.

쇼펜하우어에 있어서 삶, 그것은 의지이며 생존은 끊임없는 고뇌이며, 모든 욕망은 결핍, 부족, 그리고 고뇌에서 일어난다. 이러한 고뇌에서 모든 미와 예술이 주는 위안을 받아들이는 것, 그리고 삶의 괴로움을 망각시켜주는 열정, 이러한 것은 일반사람에게 주어지지 않은 특성이다. 니이체에 있어서 예술은 미를 표상하는 힘에의 의지를 그의 삶 속에서 찾으려 하는데 그 의의를 두고 있다. 그러한 니이체이므로 예술을 의지의 해탈로 보는 쇼펜하우어를 부인한다.

쇼펜하우어는 미에 관해서 우울한 열정으로 말한다. 결국 왜 그런가? 그 이유는 그가 미 속에 더욱 앞으로 나아갈 수 있는 혹은 앞으로 나아가려는 갈망을 일으키는 다리를 보기 때문이다. 미는 영원한 구원에게로 우리를 유혹한다. 특히, 그는 미를 "의지의 초점"으로부터의, 성욕으로부터의 해방자로서 찬양한다. 그는 미 속에서는 생식충동이 부정되어 있다고 보고 있다. 이 얼마나 기묘한 성도인가! 니이체는 쇼펜하우어의 미 속에서 생식충동을 부정하여 해탈해야 된다는 주장을 부인한다. 니이체가 보는 예술은 삶을 미화시키는 것이다. 그 때문에 인간은 예술을 통해 의지로부터 해탈할 수 없다는 것이며 그러한 관점이 염세주의의 입장이라는 것이다.

"의지로부터 해탈하는 것"을 쇼펜하우어는 예술의 총체적인 의도로서 가르쳤으며, '체념의 마음을 일으키는 것'을 그는 비극의 커다란 용어로서 찬양했던 것이다. 그러나 "이것은(내가 이미 암시했던 일이지만)염세주의자의 광학이며 '나쁜 눈매' 다. 사람은 예술가 자신에게 호소해야 한다."고 니이체는 쓰고 있다. 니이체는 쇼펜하우어가 '의지'로부터의 이러한 탈출이야말로 미적 상태의 커다란 장점이며 효능이라고 찬미하는데 여념이 없었다고 본다. 쇼펜하우어에 있어서 예술은 위로의 역할, 더 나아가 의지의 해탈에 이르는 것인 바 이것은 니이체에 있어서 삶을 미화시키는 것과 대비된다.

쇼펜하우어에 의하면 예술 가운데서 음악은 기초가 되는 의지자체의 본질을 반영하는, 본질적으로 다른 기능을 가지고 있다. 니이체에 의하면 음악은 가장 고도의 열광적 비극적 주제를 비극 속에 담고 있으며 음악 속에 포함된 힘들을 중요시한다. 쇼펜하우어가 해석하는 바로는 음악이란 다른 모든 예술과는 본질적으로 다른 것이어서 그 자체로서 독립적 예술이며, 다른 예술처럼 현상계의 묘사를 제공하는 것이 아니고 의지 그 자체의 말을 직접 심연에서 그것의 가장 독자적이고, 가장 근원적이며, 가장 원본적 계시로서 말하는 예술인 것이다. 쇼펜하우어의 철학에 기인된다고 생각되는 음악이 각별한 가치고양과 더불어, 음악가 그 자체의 가치도 갑자기 더할 나위없이 뛰어올랐다. 이제 음악가는 하나의 신탁자, 하나의 성직자이며, 아니 성직자 이상의 것이 되어 물자체의 일종의 통화구가 되고 피안으로부터의 전화선이 되기에 이르렀다.

비극에 있어서 쇼펜하우어는 의지의 모든 특별한 주장을 위해, 냉혹하게 준비되어 있는 운명을 나타내기 위해, 그리고 끝없는 투쟁과 파괴의, 본질적으로 비합리적인 세계에서 가장 큰 곤경의 무회장을 나타내기 위해 또 다른 종류의 기능을 했다. 니이체에 있어서 비극예술은 음악정신에서 탄생하고, 음악정신의 소멸에서 멸망한다고 본다. 그리고 비극은 넘치는 생명, 고뇌, 쾌락의 한가운데서 숭고한 황홀의 경지에 도달할 수 있다는 것이다. 샤흐트는 "쇼펜하우어에 있어서 조형예술은 외관의 영역 속에 있는 의지의 표현들이 순응하는 관념의 표상과 관계하며, 음악이 이 의지자체의 기초가 되는 본질적 자연을 반사하고 있다고 말한다." 니이체는 쇼펜하우어가 여기서 중요한 차이를 제공했다고 믿었다. 니이체는 더 나아가 이 예술형식들에 대한 구별이 세계의지 자체와 현상세계 사이의 구별에 단순히 쇼펜하우어의 견해를 결코 받아들이지 않고 그들을 재진술하는 과정에서 아폴로적 예술과 디오니소스적 예술의 차이를 소개하고 있는 것이다.

니이체는 아폴로와 개체화된 원리에 관한 쇼펜하우어의 입장을 견지한다. 쇼펜하우어가 마야의 베일에 제약된 인간에 관해서 말하고 있는 그것은 아폴로에 관해서도 타당성을 인정받을 수 있을 것이다. 「의지와 표상으로서의 세계」 제1권에서 말하기를, 끝없고 아득한 태산같은 파도가 노도광란하는 바다 위에서, 일엽편주 위에 홀로 앉아 있는 것처럼, 개개의 인간은 고뇌의 세계 한 복판에 개체화의 원리에 의하여 그것에 몸을 맡기고 있다. 우리는 여기서 의문을 제기할 수 있다. 아폴로와 개체화 원리는 같은 것인가? 이러한 의문을 풀기 위해서 니이체가 말하는 쇼펜하우어의 개체화 원리에 대한 설명을 볼 필요가 있다.

쇼펜하우어는 어마어마한 공포에 관해서 말하고 있다. 그것은 근거의 원리 (이유율)가 어떤 경우에 어쩔 수 없이 예외적인 것을 허용하는 것처럼 보일 때, 갑자기 인간이 현상의 인식형식에 신뢰를 상실하여, 그 마음 속에 휩쓰는 공포인 것이다. 예외적으로 "개체화의 원리가 무너지면, 인간이 아니. 자연의 가장 깊은 근저로부터, 즐거움에 넘친 황홀감이 용솟음친다." 우리는 앞서 말한 공포에 이 황홀감을 부가하여 생각한다면 디오니스적인 것의 본질을 엿볼 수가 있을 것이다. 여기서 우리는 니이체 철학의 한가지 중요한 문제에 봉착하게 된다.

우리는 흔히 니이체의 철학을 일원론이라고 한다. 그러면 눈앞에 전개된 현장세계는 어떻게 설명할 것인가? 아폴로가 개체화 원리와 같은 것이라면 이것은 이원론을 전제로 한 설명이 된다. 이에 대한 카우후만(Kaufmann, Walter)은 다음과 같은 관점을 가지고 있다. : 니이체는 변증법적인 일원론자였다. 니이체에 있어서 근본적인 힘에의 의지는 쇼펜하우어의 비합리적 의지와 유사한 디오니소스적이고 열정적인 투쟁만은 아니며, 아폴로적이며, 그 자신에 형식을 주는 고유의 능력을 소유한다. 디오니소스의 승리는 완전하지 못하며, 힘에의 의지는 니이체

초기의 두가지 이원론적 원리들의 종합이다. 이것은 쇼펜하우어로부터 니이체에로 향하는 중요한 출발점이라 할 수 있다.

쇼펜하우어에 있어서 예술은 자기의 지속을 위하여 구속되고 얽매어 있는 것을 벗어나기 위해 미적 경험 속에서 의지세계로부터 구제와 해방을 추구한다. 이른바 의지에서의 해탈이다. 니이체에 있어서 예술이란 근거자체에 있는 하나의 기관이다. 그에게 있어서 예술은 삶을 유지하고 삶을 상승시키며 삶을 영위하게끔 하는 큰 자극제이다. 그에게 있어서 예술은 엄청난 일과 인간 존재의 모순에 대한 더러운 생각에서 벗어나게 하는 것이다. 니이체에 있어서는 역시 아폴로적 예술이 아름다운 형식들 속에서 기쁨을 포함하는 한편 그것은 그로부터 일종의 구제가 된다고 느끼는 것을 통해 우리들의 인간적 조건과 연관된 고통을 극복하도록 한다. 이에 비해 디오니소스는 일면에서 볼 때 예술적이라기보다는 세계의미를 지닌 본질적인 의미가 강하다. 니이체는 쇼펜하우어로부터 두가지 점에서 크게 감명을 받았다고 볼 수 있다. 첫째, 그는 쇼펜하우어가 세계와 삶과 예술에 관해 말했던 것의 대부분이 정당성을 지니고 있었다는 사실을 받아들인다. 둘째, 그는 쇼펜하우어의 존재의 가치와 삶의 가치에 관한 냉철한 가치판단에 감명을 받았다. 니이체는 쇼펜하우어가 "우선적 의무"를 허용할 필요가 있다고 느꼈으며 인식의 문제보다 가치평가의 문제에 더 큰 중요성을 부여했다.

5. 결 론

본연구는 쇼펜하우어의 철학과 니이체 철학 그 가운데에서 특히 그들에 있어서 의지를 중심으로 그 의지의 내용을 분석하고 비교함으로써 그들 철학의 의미를 더욱 분명히 밝히자는 것이었다. 두 철학자의 독특한 삶과 철학이 우리에게 말해주는 의미는 참으로 큰 것으로서 그러한 의미를 밝히는 것에 이 논문의 의의가 있다고 하겠다. 비합리주의적 의지의 철학에 있어서 의지의 변화는 세단계로 나누어 설명될 수 있다. 그 첫째 단계는 쇼펜하우어에 이르기까지의 의지설이 그에 이르러 의지철학의 체계를 확립했다는 것이다.

두 번째 단계는 쇼펜하우어에 이르러 확립된 의지 철학의 출발점이 쇼펜하우어의 의지와 표상이란 구별 속에 있다는 것을 간파함은 지극히 중요하다. 의지변화의 세 번째 단계는 쇼펜하우어의 인식론에서 니이체의 가치론으로의 변화이며 쇼펜하우어의 주관적 관념론에서 니이체의 원근법주의적 가치해석으로의 변화이다. 니이체의 인식론은 근본적으로 원근법주의로서 그것은 그에 있어 세계해석의 열쇠로서 의지를 갖는다. 이때 해석하는 인간은 평가자인 바 평가한다는 것은 곧 창조한다는 것을 뜻한다. 모든 가치의 변화는 창조자들의 평가기준의 변화이다. 이때 창조자는 가치를 전환하는 자이어서 가치전환이란 가치에 관한 해석의 전환이라는 의미라 할 것이다.

쇼펜하우어의 철학을 전체적으로 보면 의지와 표상의 철학으로 나눌 수 있으며 니이체의 철학은 의지와 가치평가로 나누어 볼 수 있다. 이에 쇼펜하우어에 있어서의 의지와 니이체에 있어서의 의지는 같은 것이라고 볼 수 있으나 쇼펜하우어에 있어서 표상과 니이체에 있어서 가치평가는 서로 대비시킬 수 없는 것들일 뿐만 아니라 같을 수도 없는 것들이다. 이것이 쇼펜하우어 철학과 니이체 철학과의 커다란 차이점이다. 그러므로 본 논문에서는 예의 같은 점과 다른 점이 집중적으로 논의되었다.

쇼펜하우어와 니이체에 있어서 의지는 본질의지이며 형이상학의 의지이다. 쇼펜하우어에 있어서 의지가 의지객관화의 단계를 가진다면 니이체에 있어서 의지는 힘에의 의지의 발전단계도 같은 맥락에 놓고 볼 수 있을 것이다. 그러한 단계는 무기물, 식물, 동물, 인간, 정신의 단계로 구성된다. 의지객관화의 가장 낮은 단계로서 작용에 의해 나타나는 힘, 자연력 등이 무기물에 있어서 의지라면, 자극에 의해 나타나는 액즙의 상승, 재생 등은 식물에 있어서의 의지이며, 동물에 있어서의 의지는 생명의지이다.

쇼펜하우어에 있어서 생명의지는 자기자신의 생존을 유지하려는 의지이다. 이 생명의지가 특수화되고 한정되고 개체화된 것이 성욕이다. 이러한 성욕으로 표상된 생명의지는 결국 종족의지로 귀착되고 만다. 이에 연관하여 니이체에 있어서 힘에의 의지는 형이상학의 의지이며 그의 철학은 힘에의 의지의 해석학 즉 힘에의 의지의 원근법주의이다. 니이체에 있어서 의지는 힘에의 의지이다. 이 힘에의 의지는 이데아라든지 물자체와 같은 불변의 보편적 본질을 넘어 존재자의 운동성에까지 이른다. 이러한 생명의지와 힘에의 의지는 다음의 몇 가지 점에서 같다고 볼 수 있다: ① 생명의지와 힘에의 의지는 세계의 내적 본질이다; ② 그것들은 그것 자체가 삶이다; ③ 그것들은 끊임없이 새로 태어나는 삶의 의지요 생명에의 의지이다. 이러한 의지들을 합목적성에 비추어 볼 때 생명의지가 삶을 유지하려는 본능적인 목적을 지니고 있으나 그것들은 지성이 없다는 의미에서 맹목적의지라 할 수 있다. 힘에의 의지도 의지자체의 끊임없는 발전목적은 가지고 있으나 외적 목적은 지니고 있지 않다는 점에 있어 쇼펜하우어에 있어서 맹목적 의지와 비교될 만하다.

쇼펜하우어와 니이체에 있어서 신은 세가지 측면에서 고찰될 수 있었다. 첫째는 형이상학적 의미에서 볼 때 쇼펜하우어에 있어서 의지객관화의 한 단계로서의 신과 니이체에 있어서 힘에의 의지의 발전단계로서의 신의 의미는 같다고 볼 수 있다. 둘째는 기독교적 신에 대한 의미이다. 쇼펜하우어와 니이체는 기독교적 신을 부정하며 기독교에 대해 실천성이 없다는 이유로 부정적 비판을 가한다. 그러나 예수의 삶에 대해서는 견해차는 있어도 긍정적 평가를 한다. 쇼펜하우어는 예수가 생식행위를 하지 않은 것을 의지에서 해탈하는 생명의지의 부정으로 보고 생명의지 부정의 실천자로서 높이 평가한다. 니이체는 예수가 복음의 실천자이며 사랑을 행한 자라는 의미에서 긍정적 평가를 한다. 셋째 그들 신관의 차이점을 볼 수 있다. 쇼펜하우어가 범신론의 신관이라면 니이체의 신관은 주관적 가치해석의 입장에서 본 가치전도의 근거로서의 신관이다. 특히 니이체의 "신은 죽었다"는 선언은 바로 예의 세가지 니이체 신관의 의미 상실로 이해되어야 할 것이다.

쇼펜하우어의 생명의지 긍정은 새로운 생명에 대한 긍정이요 새로운 삶에 대한 긍정이다. 이 생명의지의 긍정은 동일한 자기보존을 위해 생식행위를 하는 것에 나타난다. 그러나 무수한 고생과 노력 끝에 얻어진 결과는 종족의지에 그치고 만다. 그것은 곧 생명의지의 반복과정이다. 니이체에 있어서 되돌아옴 〔회귀〕은 모든 형태를 삼켜 환원시키면서 순화하는 무한한 시간을 의미한다. 그에 있어서 같은 것의 늘 되돌아옴 〔영원회귀〕은 힘에의 의지의 반복과정이요 힘에의 의지의 순환의 역사이며 힘에의 의지가 표상화되는 과정의 시간선상의 표시이다. 따라서 힘에의 의지라는 운동원인이 없다면 회전운동은 일어 날 수도 없고 또 진행될 수도 없다. 늘 되돌아옴은 힘에의 의지가 영원히 변함없이 되돌아온다는 것이다. 이것은 모든 현실적인 사물들이 되돌아온다는 의미는 아니다. 이 같은 것의 늘 되돌아옴은 같은 것의 자기보존이며 힘에의 의지의 긍정사상이며 그 의지의 순환과정이다. 결국 같은 생의 자기보존이라는 입장에서, 되풀이라는 의미에서, 생명의지의 긍정과 힘에의 의지의 긍정이라는 의미에서, 생명의지의 긍정과 힘에의 의지의 긍정이라는 측면에서 볼 때 생명의지의 긍정과 같은 것의 늘 되돌아옴은 같은 의미를 가질 수 있는 것이다.

쇼펜하우어에 있어서 생은 생명의지의 가장 직접적인 표상이요 니이체에 있어서는 생이 곧 힘에의 의지이다. 생명의지나 힘에의 의지는 그것 자체가 삶이라는 점에서 그리고 그들 모두 인생에 있어서 투쟁을 요구한다는 점에서 같다고 볼 수 있다. 도덕에 있어서 쇼펜하우어는 행위의 근본충동 중 도덕적 근본충동으로 동정을 제시한다. 동정은 측은해하는 마음이요 복음서에서 말하는 사랑이다. 쇼펜하우어에 있어서 이 동정은 윤리론의 원칙이며 최상의 원칙으로서 "아무도 해치지 말라. 네가 할 수 있는 한 오히려 모두를 도와야 한다"는 행위방법을 규정한다. 이에 대해 니이체는 도덕적 현상은 존재하지 않으며 존재하는 것은 다만 도덕적 해석이 있을 뿐이라고 말한다. 그에 의하면 도덕은 존재자의 삶의 모든 조건과 접촉하는 가치평가의 체계이다. 니이체는 도덕가치의 실체를 힘에의 의지의 자기실현에서 구하며 가치의 고하를 힘에의 의지에 표현되어 있는 힘에서 구한다. 이 때문에 니이체는 쇼펜하우어에 있어서 동정을 몇가지 의미에서 부인한다 : 1) 동정은 살아 있는 종교이며 완화된 기독교의 잔재이다; 2) 동정은 발전법칙을 일반적으로 방해한다; 3) 동정은 타인의 고민을 우리에게 전염시킨다; 4) 동정은 감정의 낭비요, 도덕적 감정에 해로운 기식자이다; 5)

실천할 수 없는 동정, 실천이 없는 동정은 동정이 아니다. 동정에 대한 니이체의 이러한 비판이 실천성에다 그 중심을 둔 것이고 보면 오히려 쇼펜하우어의 원리론에 대한 비판일 수도 있다. 이러한 의미에서 동정은 허무주의의 실행이라고 표현된다.

쇼펜하우어의 염세주의는 이 세계가 고뇌로 가득차 있어서 즐거운 일보다는 슬픈 일이, 희극보다는 비극이 더 많다는 것을 내용으로 하고 있다. 그에 있어서 이 세계가 불만족스러운 것은 생존이란 것이 다만 가상의 세계이며 의지가 비추어 낸 그림일 뿐인 점에서이다. 그것은 단순한 현상의 껍데기에 불과한 것이 어서 생존이란 고역으로 갚아야 할 의무나 과업이라고 느껴진다. 이러한 염세주의에 대하여 니이체의 허무주의는 가장 상위의 모든 가치가 그의 가치를 박탈당함으로써 생겨나는 것이다. 니이체의 허무주의의 원인은 다음의 세가지로 고찰될 수 있다: 1) 이성의 범주에 대한 믿음, 즉 형이상학에 대한 믿음의 상실; 2) 기독교적 유일신의 죽음, 즉 신의 무력화; 3) 니이체 시대까지의 삶, 도덕, 예술 등에서 모든 가치의 상실 즉 삶의 가장 강력한 미래에 대한 가득 찬 충동이 이제까지 비방을 받아 왔으므로 삶이 자신을 저주하였다는 데에 허무주의의 원인이 있다는 것이다. 그 원인의 내용에서 쇼펜하우어의 염세주의와 니이체의 염세주의는 같은 것이며 쇼펜하우어의 염세주의는 니이체의 허무주의의 선구를 이룬다. 그러나 쇼펜하우어는 염세관에 머물러 있는 반면 니이체는 "이것이 인생이드냐,

좋다! 다시 한번 더"하고 자기의 운명으로 받아 들여 그것을 극복하려 한 점에 그 차이가 있다 하겠다.

쇼펜하우어에 있어서 예술은 의지가 객관화된 하나의 표상 즉 미적 의지의 표상이다. 그에게 있어서 예술가는 세계를 순수하게 인식하고 그것을 어떤 예술 속에 재현하는 사람이다. 예술가는 결코 해탈하는 일이 없으며 한 순간만 삶에서 해방될 뿐이다. 니이체에 있어서 예술은 무엇보다 생활을 미화시켜야 한다. 예술은 힘에의 의지의 한 형태이며 존재 그 자체의 형태이기도 하다. 그에게 있어서 "예술은 힘에의 의지의 가장 투명하고 잘 알려진 형상"이다. 쇼펜하우어에 있어서 예술이 생명의지의 부정 즉 의지에서의 해탈을 목적으로 한다면 니이체에 있어서는 생활을 미화시키는 것을 그 목적으로 한다.

쇼펜하우어와 니이체에 있어서 의지의 표상과 그 원근법적 가치평가에 관한 연구는 즉 그들의 비합리주의 철학과 의지의 형이상학의 연구는 쇼펜하우어 철학과 니이체 철학의 연관과 영향 그리고 그 비판에 관한 연구이다. 이들 두 철학자에 있어서 본질적 의지는 같다고 볼 수 있다. 그러나 쇼펜하우어에 있어서 현상세계에 관한 존재와 인식의 문제는 니이체에 있어서 가치평가의 문제로 전환되었다. 니이체의 원근법주의는 종래의 가치, 형이상학, 그리고 신에 대한 해석의 전환으로 시도된 것이다. 이러한 문제와 연관지어 볼 때 니이체에 있어서 존재하는 것은 "가치 자체"가 아니라 오직 그 평가 뿐이다.

참고문헌

Ⅰ

1. Schopenhauer, Arthur : Schopenhauer Sämtliche Werke(Ⅰ - Ⅳ), F.A. Brokhaus, Leibzig, 1923.
2. Schopenhauer, Arthur : Die Welt als Wille und Vorstellung(Ⅰ. Ⅱ), F.A. Brokhnus, Wiesbaden, 1972.
3. Nietzsche, Friedrich : Friedrich Nietzsche Werke(Ⅰ - Ⅲ), C.Hanser, München, 1962.
4. Nietzsche, Friedrich : Der Wille zur Macht, A. Körner, Stuttgart, 1964.

Ⅱ

1. Abendroth, Walter : Arthur Schopenhauer, Rowohlt, Kusenberg, 1982.
2. Brinton, Crane : Nietzsche, Harper Torchbooks, N.Y., 1965.
3. Danto, Arthur C : Nietzsche as philosoper, Macmillan, N.Y, 1965.
4. Fink, Eugen : Nietzsche philosophy, Urban Bücher, Stuttgart, 1968.
5. Gewinner, Wihlelm : Arthur Schopenhauer, Waldermar Kramer, Frankfurt, 1963.
6. Haffman, Gerd : Über Arthur Schopenhauer, Diogenes, Zurich, 1977.

7. Hamlyn, D. W : Schopenhauer, Routledge and Kegan, London, 1985.
8. Heidegger, Martin : Nietzsche, Neske, Stuttgart, 1961.
9. Hübscher, Arthur : Denker gegen den Strom, Bonn, Bouvier, 1982.
10. Jspers, Karl : Nietzsche, W. D. Gruyter, Berlin, 1950.
11. Kaufmann, Walter : Nietzsche, Merdian Books, N.Y., 1956.
12. Löwith, Karl : Nietzsches Philosophie der Ewigen Wiederkehr des Gleichen, W. Kohlhammer, Stuttgart, 1956.
13. Pisa, Karl. : Schopenhauer, Paul Neff, Wien, 1977.
14. Putz, Perter : Friedrich Nietzsche, Metzler, Stuttgart, 1967.
15. Schacht, Richt : Nietzsche, Routledge and Kegan Paul, London, 1941.
16. Simmel, Georg : Schopenhauer und Nietzsche, Dunker, München, 1920.
17. Solomon, Robert. C : Nietzsche, Anchor Books, N.Y., 1973.
18. Wolff, Hans. M. : Friedrich Nietzsche, Franche, Bern, 1956.
19. Frenzel, IVO : Friedrich Nietzsche 박준택 역 : (「니체의 생애와 思想」, 박영사, 서울, 1977.)
20. 박준택 : 「니체에 있어서 神과 초인의 관계」, 고려대, 서울, 1960.
21. 박준택 : <니체에 있어서 Dionysos적인 것>, 중앙대 논문집 제15집, 서울, 1970.
22. 박준택 : <F. Nietzsche의 운명애(Amorfati)>, 중앙대 논문집, 제16집, 서울, 1971.

23. 박준택 : <Nietzsche와 Hegel>, 중앙대 논문집, 제25집, 서울 1981.

24. 박준택 : <니체 철학사상에 있어서 美와 藝術에 관한 小考>

25. Bertrand Russell : A History of western philosophy

26. Hans Joachim stoerig : Kleine Weltgeschichte Der philosophie

27. Sterling P. Lamprecht : Our philosophical Traditions

28. 玉井茂 : 西洋哲學史

29. 정동호 : 「니이체 연구」, 탐구당, 서울, 1983.

30. 정동호 외 5명 : 「니이체 철학의 현대적 조명」, 청람문화사, 서울, 1958.

31. 차하순 · 정동호 : 「부르크하르트와 니이체」, 서강대학교 출판부, 서울, 1986.

IV. 미국 실용주의와 한국 실학사상

1. 서 론

미국의 실용주의와 한국실학사상의 비교연구는 난해하면서도 무리한 연구일 수도 있다. 또한 그 결과는 공허한 메아리일 수도 있다. 그러나 세계의 현실이 사상과 이념의 대립과 갈등보다는 자국과 자국민의 실용적이고 실학적인 방향으로 치우치고 있음을 감안한다면 한번쯤 논의되어야 할 연구가 아닌가 생각된다. 미국과 한국은 그동안 혈맹으로서 관계를 맺어왔고 한국은 미국으로부터 여러 분야에 걸쳐 많은 도움을 받아온 것은 사실이다. 특히 미국의 실용주의적 사상의 도입은 한국인의 삶의 패턴에 커다란 영향을 주었으며 지금도 계속되고 있다, 임진왜란과 병자호란을 계기로 태동하기 시작하여 정조대왕의 서거로 서서히 쇠퇴기를 맞이한 한국의 실학사상이 미국의 실용주의 유입으로 색깔을 달리했다.

미국의 실용주의와 한국의 실학사상은 그 어원에 있어서 거의 같은 의미를 지니면서도 그 사상들이 펼쳐지는 국가의 환경이 다르고 시대가 다르고 국민들에게 주어지는 여건에 따라 흥망성쇄에 변화를 주었다. 미국에서는 계속 발전하여 세계의 철학사상으로 발전하였는가하면 한국의 실학사상은 서양 과학문명의 도입과 함께 개화운동으로 그리고 8·15해방과 더불어 미국 실용주의의 옷을 입게 되었다. 우리 모두 미국의 실용주의와 한국의 실학사상을 제대로 분석평가하고 이해함으로써 삶에 도움을 주고, 삶의 질을 향상시키는 데 보탬이 되었으면 한다. 그러나 두 사상체계를 혼자 연구하다보니 미흡한 점이 많으리라고 생각되면서도 결과보다는 그 연구의 시도에 무게를 실어주었으면 하는 마음 간절하다

2. 미국의 실용주의 철학

1) 실용주의의 뜻

미국의 실용주의라는 말은 pragmatism이란 영어를 우리말로 옮겨논 것이다. 프레그머티즘의 어원은 실행, 실험, 사무 등을 의미하는 그리스어 pragmata에 ism을 붙인 것이다. 프레그머티즘은 영국에서 시작된 근대적 경험론의 전통을 계승한 것으로 볼 수 있는데, 그것은 미국 실용주의의 융성기라고 볼 수 있는

듀이의 실용주의 철학에서 경험이 깊이있게 다루어진 것만 보아도 알 수 있다. 미국의 실용주의 철학은 퍼어스(Peirce, Charles Sanders. 1839~1914)에게서 시작되며, 퍼어스의 뒤를 이어 프래그머티즘을 체계화한 사람은 제임즈(W. James 1842~1910)이다. 제임즈의 영향을 많이 받은 듀이(Dewey, John 1859~1952)는 프래그머티즘을 전면적으로 체계화하였으며, 퍼어스와 제임즈의 입장을 종합하고 때로는 절충시킴으로써, 철학분야뿐 아니라, 윤리, 교육, 예술, 정치분야에까지 지대한 영향을 주면서 그의 실용주의를 관철시켰다.

퍼스에 있어서 실용주의는 광범위한 미완성의 그리고 1906년 퍼스가 썼던 아직 출판되지 않은 원고의 이름이다. 실용주의는 실용주의의 의미에 대한 그의 단일한 가장 포괄적인 개관을 제공한다. "실용주의라는 것"은 실용주의의 전제에 관하여 실험의 규칙들과 동일시한다. 반면에 실용주의적 형이상학은 만일 그것이 그 논리학과 일치하여 창조되었다면, 우주가 유사하게 보일 것이라고 명확히 말함으로써 주어진 논리학의 결과를 고찰한다. 실용주의적 증명들은 철학적 주장의 명백한 감각적 독서속에 있는 몇 가지 문제들을 그림으로 나타내고 증명하는 방법에 관하여 철학자들의 가정을 테스트한다. 실용주의적 증명은 그러한 가정들을 테스트할 수 있는 개연적 삼단논법(abduction)으로 변형시킨다. 실용주의는 언어, 행위 그리고 경험들과의 관계를 나타내는 방법이다.

제임스의 저서 프래그머티즘(Pragmatism : 1907)에서 나오는 프래그머티즘의 용어는 퍼어스 사상에서 도출된 것으로 보인다. 제임스의 프래그머티즘은 주관적이라고 말하기도 하며 심리학적 프래그머티즘이라고 말하기도 한다. 그리고 그는 그 자신을 프래그머티스트라고 자칭한다. 제임스가 주장하는 프래그머틱한 태도는 원리·범주·필연성보다도 결과·성과·사실 등에 치중하는 태도이다. 따라서 진리도 선험적 보편타당성을 띤 것이 아니라 증명이 되는 것이어야 하며, 이론의 실천이나 실험을 통해서 검증되는 것이어야만 된다. "사실들은 진리가 아니다. 단순히 그저 있는 것이다. 진리란 그 사실속에서 출발하고 그 사실 속에 귀착하는 함수이다" 제임스가 주장하는 프래그머티즘은 결과, 성과, 사 등에 치중하는 태도이며 진리도 증명이 되는 것이어야 한다.

프래그머티즘은 눈앞의 현실에만 집착한다고 비난을 받고 있지만 그것에 그치는 것이 아니고 세계의 머나먼 앞날도 바라보고 있는 것이다. "사물에 관한 인식은 정적이다." 인식론적 자아, 신, 인과율, 디자인, 자유의지 같은 원리들을 그 자체로서 사실을 넘어서 있는 존귀하고 높은 것이라 생각해서 뒤돌아보는 일은 집어치우고, 프래그머티즘은 방향을 바꾸어 앞을, 사실 자체를 바라보는 데 힘을 기울인다. 프래그머티즘은 어떤 특정한 결과를 대표하는 것도 아니다. 그것은 하나의 방법에 지나지 않다. 프래그머티스트는, 개념이란 그걸 가지고 경험 속에

뛰어들 수 있는 것, 무슨 차이점이 생기게 하지나 않을까 하고 검토해보게 할 수 있는 그런 것이다.

듀이의 실용주의 철학은 인간의 인식을 환경에 적응시키는 과정으로서 파악하는 입장이다. 개념, 판단, 추론을 그 과정의 도구 또는 기구로 보는 실험주의적 논리를 기반으로 한 창조적 지성을 커뮤니케이션을 통하여 조직화, 사회화 하려고 하였다. 듀이의 실용주의는 사회와 경험, 교육 그리고 예술 등 다방면에서 고찰되어야 한다.

2) 타학문과의 관계

퍼스의 실용주의는 자신이 미국 실용주의를 개척함과 동시에 유럽의 기존철학, 공리주의, 실증주의와를 융합하면서 그의 사상을 전개했다. 퍼스는 많은 다른 것 중 근거없는 수학 즉 논리주의의 배제, 수학적 사상의 자동적 인식, 논리학의 수학적 부분에 관해서도 선구자였다. 과학은 단순히 개념적 믿음들을 가지는 것을 포함하는 통일을 능가하는 경험의 통일을 목적으로 한다. 이 부차적인 통일은 비록 우리가 그것이 성취될 수 있다는 어떠한 보장도 가지고 있지 않지만 추구하는데 있어서 합리적인 어떤 것으로서 기술된다. 과학자는 가정을 만들어 낸다. 그런 다음 경험을 대신해 그들을 테스트한다. 과학적 진행은 테스트를 위한 가정들의 믿을 수 있는 원천들을 가지는 것도, 그들을 테스트하는 효과적인 의미들을 가지는 것도 필요로 한다. 그래서 "물리적 법칙은 절대적이다."라고 주장할 수 있는 것이다.

기호 논리학은 수학의 한 분과로서 수학 기초론으로 연구되는 동시에 논리 실증주의를 포함시켜 논리적 분석을 중요시하는 철학자들에 의해서 논리분석의 수단 또는 도구로 인정되어 활발히 연구되기 시작하였다. 기호논리학의 체계는 그 체계 속에서 사용되는 기호의 도입으로부터 시작된다. "퍼스에게 있어서 논리학은 법과 도덕이 유사하다." 평행선을 긋는다. 논리학은 사회적 원리에 근거지워진다. 여기에 퍼스의 실용주의가 근거지워진다.

퍼스는 과학, 수학, 논리학에 그의 실용주의를 심었고, 확대시키고, 완성했다. 퍼스에게 있어서 추론은 통제된 신중함으로써 입장을 확신시키기 위해 존재할 수 있는 추리의 종류들로서 특성화되며 그리고 잘 실행된다. 논리적 추론의 세 가지 주요한 종류들은 연역법, 귀납법, 가설들이다. 이것들은 정신에 대한 행위의 세가지 주요한 양태들에 일치한다. 연역에 있어서 정신은 습관의 지배하에 있거나 일반적 관념이 각기의 경우에 일치하는 반응을 암시하는 것에 의한 연상하에 있다.

듀이의 철학 사상은 과거의 개념적인 철학적 용어를 씻어내고 사람들의 경험으로부터 풍부한 철학의 내용을 채우려는데 있었다. 철학은 과거의 철학의 테두리에서 벗어나 과학과 협조해야 했다. 또 과학은 과학만으로 만족하지 말고 구체적인 인간문제에 과학의 성과를 응용하고 과학의 방법을 실질적으로 사용해야 한다는 것이다.

"나는 이것을 믿는다. 즉 아동의 사회생활은 그의 모든 훈련 또는 성장을 집중시키고 관련짓는 기초이다. 사회생활은 아동에게 무의식적 단일체가 되며 그의 모든 노력과 그의 모든 성취에 배경을 이룬다." 듀이는 과학을 기술과 연결시킴으로써 사회와 인생 속에 산 지식을 불어 넣으려는 합리주의적 입장의 재건을 추구한다. 자연과학에서 성과를 올린 실험적인 지식을 사회과학에 적용시킴으로써 사회를 개조하기 위해 실용적 지식을 강조한다. 그는 사회의 개조를 커뮤니케이션 즉 토론과 대담을 통하여 달성하려고 한다. 그의 철학은 교육학을 통하여 형성되었다.

3) 경험

듀이에 있어서 「경험」이라는 말은 그의 실용주의에 있어서 핵심적 용어이다. 그는 지식의 대상이요 목적인 진리를 선(善), 미(美)와 동일한 목적 가치로 보지 않고 선과 미를 실현하기 위한 수단 가치로 보는 실천철학을 성립하였다. 경험은 양식과 구성을 가지고 있다. 왜냐하면 그것은 양자택일 속에서 바로 행해지거나 시련을 겪는 것이 아니라 관계 속에서 그들을 구성하기 때문이다.

'삶'이라는 말은, 개인적인 것이건 인간 전체의 것이건 간에,

넓은 범위의 경험 전체를 가리키기도 한다. "'삶'은 풍속, 제도, 신념, 승리와 패배, 오락과 일 등을 모두 포괄한다." 교육은 삶의 이러한 사회적 연속성을 유지하는 수단이다. 개개인은 각각 자기 집단의 생활경험을 짊어지고 가는 단위이다. 듀이에 있어서 경험이라는 것은 언제나 개인과 그 당시에 그의 환경을 구성하는 것과의 사이에 일어나는 거래로 말미암아 성립되는 것이다. 듀이는 모든 경험은 다음 경험이 일어나는 객관적 조건에 어느 정도의 영향을 준다고 주장한다. 어린이는 경험을 통해서 말하기를 배우는 새로운 재능과 새로운 욕망을 가지게 된다.

듀이가 "자연은 경험과는 거리가 멀다."고 말하지만 직접적인 경험은 자연에서 나오는 것이며 서로서로 영향을 주는 인간에게서 나온다. 이러한 상호작용 속에서 인간의 에너지는 보이며, 방출되며, 파멸시키며, 좌절되며, 의기양양하기도 하다. 경험은 그것이 경험인 한에서 승화된 활력이다.

듀이에 있어서 경험이라는 것은 언제나 개인과 그 당시에 그의 환경을 구성하는 것과의 사이에 일어나는 거래로 말미암아 성립되는 것이다. 여기서 말하는 환경은 그가 어떤 화제라든가 사건에 대하여 더불어 이야기하고 있는 사람으로 구성되고 있는 것이고, 이 경우에 있어 화제도 역시 그 장면의 일부분이 된다. 모든 경험은 다음 경험이 일어나는 객관적 조건에 어느 정도의 영향을 준다. 어린이는 경험을 통해서 말하기를 배우는 새로운 재능과 새로운 욕망을 가지게 된다. 동시에 그는 그 마음에 올 학습의 외적 조건을 확대한 셈이다. 어린이가 읽기를 배울 때에도 마찬가지 이유로 새로운 환경을 전개한다.

"모든 경험은 동적세력이다." 그 가치는 오직 그것이 향하여 움직여 가는 방향과 목표를 기준으로 해서만 판단할 수 있다. 또한 "모든 진정한 경험은 적극적인 면을 가지고 있어 이것이 어느 정도 경험이 이루어지는 객관적 조건에 변화를 일으킨다" 예를 들면 문명과 야만과의 차이는 선행하는 경험과 후속하는 경험이 발생하는 객관적 조건을 변경할 그 정도에 있는 것이다.

능동적 측면에서 볼 때, 경험은 '해 보는 것'을 말한다. 이것은 경험이라는 말과 연결된 '실험'이라는 말의 의미에서 당장 드러난다. 수동적 측면에서 볼 때, 경험은 '당하는 것'을 말한다. 경험은 일차적으로 능동-수동 관계이다. 경험의 '가치를 재는 척도'는 경험에 들어있는 관계성 또는 경험에 연결되는 계속성의 지각 여부에 있다. 경험에 지적인 요소가 포함되는 것은 경험이 누적적인 것일 때, 경험이 무엇인가에 다다를 때, 또는 경험이 의미를 가질 때이며, 또 그 정도에 비례한다.

"모든 경험은 욕망이나 의사와는 전연 관계없이, 장래하는 경험에 계속 살아가는 것이다." 경험의 성질에는 두 가지 면이 있다. 거기에는 쾌·불쾌의 직시적인 면이 있는 동시에 장래할 경험이 미치는 영향이 있다. 직시적인 면은 명백하여 판단하기도 쉽다. 그러나 경험의 판단은 표면에 나타나지 않는다. 듀이는 경험의 가치를 측정하는 기준으로서 상호성의 원리와 계속성의 원리를 들고 있다. 계속성의 원리는 생물학적으로 해석할 경우 습관의 사실을 기초로 한다. 습관의 기본적 특징은, 행해지고 또한 받아들여지는 모든 경험은 그를 행하고 또한 받아들이는 본인을 개변(改變)하며, 동시에 이 개변은 본인의 희망여부를 막론하고 뒤에 오는 경험의 성질에 영향을 준다는 것이다. 뒤에 오는 경험으로 들어가는 사람은 전보다 얼마간 다른 사람이기 때문이다.

경험의 계속성의 원리는 사람을 저급한 발달상태에 머물러 있게 하고 그의 후일의 생장을 위한 능력을 제한하는 방향으로 작용하고 있는 것도 사실이다. "우리들 중 최고의 경험주의자는 반성하는 경험주의자들 일 뿐이다." 경험은 상호작용에 의하여 발전된다. 듀이는 경험은 그것이 충분히 수행될 때 참여와 전달이 상호작용하는 변화인 유기체와 환경의 상호작용 하는 보답이며 결과이며 표시이다. 그러한 경험은 전체이며 그것 자신이 개별화된 특성과 자기 충족으로 그것을 감동시킨다. 그것은 경험이다.

한 사람이 소산에 의해서라고 말할지도 모르는 경험은 소산이다. 지속적이며 세계와 함께 유기적 자신의 축적하는 상호작용이다. 경험에 있어서 세계에 속하는 사물들과 사건들, 물질적이고 사회적인 것들은 그들이 시작하는 인간적 생활을 통해서 변형된다. 한편 생물체는 본래는 그것의 외부에 있는 것들과의 교류를 통해서 변화되고 발전된다. 경험은 그러한 엄밀한 제한을 허용하기에는 너무나 풍부하고 복합적이다. 일상적 경험은 종종 무관심, 권태 그리고 고정관념에 영향을 미친다. 모든 직접적 경험은 질적이며 성질들은 스스로 직접적인 가치가 있는 삶을 경험하도록 만드는 것이다. 결론을 포함하는 탐구와 반성의 오랜 과정들에 기인하는 모든 경험은 주어진 순간에 존재한다.

4) 교육

듀이는 "나는 교육을 생활상 경험으로 보는 까닭에, 교육적 계획이나 사실은 도리에 통하는 이론 또는 철학을 꾸미고 채택하여야 한다"고 말하였다. 듀이 이전 교육은 내부로부터의 발전이라는 사상과 외부로부터의 형성이라는 대립으로 나타났다. "교육은 상호침투이다"라고 듀이는 말하였다. 교육은 천부적 성향을 이기고 그 자리에 외부적 압력에 의하여 얻어진 습관을 대치하자는 이론이 대립적으로 나타났다. 이 대립은 전통적 교육과 진보주의 교육과의 상대라는 형식으로 기울어지고 있다.

전통 교육의 방법에 대하여 듀이는 전통적 교육 방법은 그 본질에 있어 위로부터의, 또는 밖으로부터의 부과를 뜻하는 것이다 라고 주장한다. 위로부터의 부과에 대립하여 개성의 발현과 육성이 있고, 밖으로부터의 훈련에 대립하여 자유활동이 있으며 교육서와 교사로부터의 학습에 대립하여 경험을 통한 학습이 있다. 연습에 의한 고립된 기능과 기술의 습득에 대립하여 아동들에게 직접적인, 산 매력을 가진 목적을 달성하기 위한 수단으로서의 기능과 기술의 습득이 있다. 다소간에 먼 장래를 위한 준비에 대립하여 현재 생활에 제공하는 기회를 최대한도로 활용한다는 생각이 있고, 고정된 목적과 교재에 대립하여 변전무상(變轉無常)한 세계와의 따뜻한 교섭이 있다.

진보주의 교육자가 당면하는 문제는 전통적 학교의 교사가 당면하는 문제보다 한층 더 곤란하다. 전통적 학교 교사도 사실은 앞을 내다 보아야 하기는 했다. 그러나 그의 인격과 노력이 전통적 학교를 둘러싸고 있는 울타리의 경계를 뛰어 넘지 않는 한 그는 기껏해야 다음 시험기 혹은 다음 학년에로의 진급을 생각하는 것으로 만족하였다. 그는 인습적인 학교 제도가 요구하는 범위안에 있는 요소를 기초로 장래를 내다볼 수 있는 것이다. 생각한다는 일은 즉시적 행동을 연기한다는 것을 의미한다. 동시에 사고는 관찰과 기억의 결합에 의하여 충동을 내부적으로 통제하게 한다. 이 결합이야말로 사색의 중심이다. 우리가 귀 아프게 듣는 「절제」라는 말이 이를 잘 대변해 준다. 교육의 이상적 목적은 자제력의 육성에 있다. 그러나 단지 외부적 통제를 제거한다는 것은 반드시 자제를 가져온다는 보증이 되지 못한다.

교육자의 임무는 학생을 위하여 싫증을 일으키지 않고 그의 행동에 열중할 수 있는 동시에, 즉각적인 쾌감을 초월하여 유리한 장래 경험을 촉진시키는 그러한 종류의 경험을 학생들이 가질 수 있도록 하는 일이다. 또한 학습동기를 유발시킬 뿐만 아니라 학습에 대한 만족도를 극대화시키는 일이다. 교육자는 다음 두 가지에 똑같이 관심을 가질 책임을 가지고 있다. 첫째, 문제는 현재 경험에 내포한 사정으로부터 생겨나는 것이오, 그리고 이것은 학생의 능력권 내에 있다는 것, 둘째, 이렇게 생기는 문제는 학습자에게 새 지식, 새 관념을 탐구하려는 마음을 일으키게 한다는 것이다. 이와 같이 하여 얻은 새 사실과 새 생각은 순차로 문제가 일어나는 다음 경험의 기초가 된다. 이 과정은 계속적인 나선형을 이룬다. 교육의 대상인 개인은 사회적 개인이며, 사회는 개인의 유기적 합동체라고 듀이는 믿는다. 만일 우리가 아동으로부터 사회적 요소를 제거한다면 남는 것은 오직 한 개의 추상체 뿐이다. 그 반면에 만일 우리가 사회로부터 개인적 요소를 제거한다면, 남는 것은 오직 활기 없는, 생명 없는 집단 뿐이다. 그러므로, 교육은 반드시 아동의 능력, 흥미 및 습관을 들여다보는 심리적 통찰로부터 시작하여야 한다. 교육은 모든 점에 있어 이러한 것들을 염두에 두고 제어되어야 한다.

"나는 이렇게 믿는다 : 학교는 원래 하나의 사회적 제도다. 교육은 사회적 과정이므로, 학교라는 것은, 아동으로 하여금 인류의 유산 받은 자원을 다 같이 향유하게 하고, 또는 사회적 목적을 위하여 자기 자신의 능력을 사용할 수 있도록 아동을 육성하는 데 가장 효과적인 모든 기능이 집중되어 있는 사회

생활의 형태에 지나지 않는다. 그러므로, 교육은 생활의 과정이오, 장래 생활을 위한 준비가 아니다." 교육의 주되는 기초는, 문명을 만들어낸 것과 같은 일반적인 건설적 노선에 따라 활동하고 있는 아동의 능력에 있는 것이다. 아동으로 하여금 그의 사회적 유산에 대한 의식을 가지게 하는 유일한 길은 오늘날 우리가 가지고 있는 문명을 가능케 한 근본적 활동을 아동 자신도 할 수 있도록 하는 일이다. 무생기(無生氣)와 무활력(無活力)과 형식주의와 기계적 절차를 제외하고 오늘날 교육을 위협하고 있는 것으로서, 감상주의 이상 더 큰 해독은 다시 없다. 이 감상주의야말로 감정을 행동으로부터 절단할 때에 따르는 필연적 결과다.

듀이가 주장하는 유일한 참된 교육은, 아동이 자기 자신을 발견하는 사회적 환경의 요구에 의하여, 그의 능력이 자극될 때 비로소 이루어지는 것이다. 이러한 요구를 통하여, 아동은 단체의 일원으로서 행동하고, 그의 본래부터의 좁은 행동과 감정으로부터 이탈하며, 그리고 자기가 속하고 있는 단체의 복지에 입각하여 자기 자신을 생각하도록 그는 자극되는 것이다. 과학적 방법이 가진 어떤 특징은 경험에 입각한 교육과 밀접한 관계를 기지고 있는 까닭에 이에 관한 약간의 논의는 없을 수 없다. 첫째로, 과학의 실험적 방법은 다른 어떤 방법보다도 관념으로서의 관념에 많은 중점을 둔다. 과학적 의미에 있어서 실험 쳐놓고, 어떤 주도적 관념에 의하여 지도되지 않는 실험은 없다. 사용되는 관념이 최후적 진리가 아니라, 가설이라고 하는 사실은 어찌하여 관념이 다른 어떤 곳에서보다도 한층 더 엄중히 수호되고 검토되어야 한다는 이유가 된다.

둘째로, 관념 혹은 가설은, 그것이 실행될 때에 일어나는 결과에 의하여 검시된다. 이 사실은, 행동의 결과가 신중하게 또는 변별적(辨別的)으로 관찰되어야 한다. 어떤 행동의 결과로서 나타나는 바가 관찰에 의하여 검토되지 않을 때, 그 행동이 일시적으로는 즐거운 것이 될는지 모른다. 그러나 지적으로 이것은 아무런 소득도 없는 행동이 되고 만다. 이러한 것은 행동이 일어나는 사태에 관한 지식을 가져오지 못하는 동시에, 관념을 명료하게도 못하고, 확대하게도 못한다. 셋째로, 실험적 방법에 나타나는 지성의 방법은 관념과 행동과 관찰된 결과의 행적이 보존되어야 할 것을 요구한다. 행적을 보존한다는 것은 내성적 음미(內省的吟味)와 총괄을 의미하며 발전되는 경험의 주요한 모양을 변별하고 기록한다는 것을 뜻한다. 내성한다는 것은 지나간 경험으로부터 순의의(純意義)를 추출하기 위하여 과거를 회고하는 일이다. 이 순의의야말로 뒤에 따라오는 경험을 이성적으로 취급하는데 소용되는 자본인 것이다. 이것이야말로 지성적 조직과 훈련되 마음의 정수(精髓)다.

듀이에 있어서 교육의 올바른 원리는 학생들로 하여금 사회에서 생겨난, 또 사회에 유용한 활동에 능동적으로 참여하도록 하여 그것과 관련된 자료와 법칙에 대하여 과학적인 통찰을 가지도록 하며, 학생이 가진 것보다 더 넓은 경험을 가진 다른 사람들이 전달해 주는 아이디어와 사실을 배워서 자신의 직접적이고 일상적인 경험속에 그것을 동화하도록 도와주는 것이다. 작업활동은 그 자체의 목적을 위하여 수행하는 동안에 자료, 도구, 에너지 법칙등에 관련된 기술과 정보가 습득된다. 그 작업활동에 사회적 활동을 전형적으로 나타내어 준다는 사실은, 거기서 획득되는 기술과 지식이 학교와 사태에 전이될 수 있도록 하는데에 도움이 된다.

5) 예술

삶 속에서 듀이가 바라보는 미, 예술 그리고 개별예술에 대한 조명은 우리에게 큰 관심을 불러일으킨다. 듀이의 말대로 예술은 행하는 것 또는 만드는 것의 과정을 나타낸다. 그러한 예술은 우리에게 이익을 주고 또 도움을 주어야 한다. 그리고 실제의 생활 속에서 우리의 삶과 함께 하는 것이어야 한다. 나는 여기에서 그의 실용주의 철학에 있어서 예술론을 연구할 뿐만 아니라 더욱더 가까이 우리의 삶 속으로 끌어당기려고 할 것이다.

예술에 관한 많은 이론들이 이미 존재해 왔다. 예술은 삶이며, 인간이 의식적으로 회복할 수 있는 그리고 그와 같은 의미의 정도에서 감각의 결합, 필요, 충동 그리고 살아있는 창조물들의 특별한 행위에 대한 구체적 증거이다. 예술의 존재는 추상적으로 언급되었던 것에 대한 구체적 증거이다. 예술은 인간의 노력, 인내 그리고 성취에 있어서 모든 다른 형식의 재료 그리고 목표와 결합된 것을 고립된 하나 하나의 영역으로 되돌린다. 예술은 특별한 열성을 가지고 과거는 현재를 보강하고 미래는 지금 존재하는 것을 소생시키는 순간을 찬양한다. 예술은 그와 같이 삶의 과정에서조차도 예상된다.

"언어는 말할 때와 마찬가지로 들을 때만 존재한다. 듣는 사람은 독립할 수 없는 상태다." 예술작품은 그것을 창조하는 사람에게서보다는 다른 사람의 경험 속에서 작품화됨으로써만이 완전하다. "철학은 경탄에서 시작하고 이해에서 끝맺는다고 말해진다. 예술은 경탄 속에서 이해되고 끝맺는다고 하는 것과는 거리가 멀다. 이러한 결과로 예술에서 인간의 공헌은 또한 인간 본성의 활기찬 작품이다." "표현은 진심의 하나이며 의도는 획득되는 호의의 하나이다." 예술적 표현은 혼탁한 감정의 정화이다. 우리들의 욕구는 그들이 예술의 거울 속에 반영될 때 그리고 그들이 그들 스스로를 아는 것처럼 미화될 때 그들 스스로를 안다. 모든 감각들은 똑같다.

"예술가는 자기의 문제를 가지고 있으며 그는 자기가 작업한 것처럼 생각한다." 예술가는 그가 작업하는 아주 질적인 매체를 생각한다. 그리고 그 말은 그가 창작해내는 대상들에 너무 근접하여 있으므로 그들이 직접적으로 그 속에 몰입한다. 예술가는 그가 작업하는 동안 지각하는 사람의 태도를 그 자신 속에서 구체화한다. 예술가는 절정을 그의 선택적 경향에, 의미에 있어서 풍요롭거나, 그가 끌어내는 방향에 추가하여 그의 관심에 뒤쫓는 논리에서 그가 선택할 때는 잔인하다.

예술은 표현한다. 그것은 진술하지 않는다. 그것은 술어들 속에서 상징화된 개념들과 관여하는 것이 아니라 그것들의 지각된 특성들 속에 있는 존재와 관여한다. 예술은 행위 하는 것의 특성이며 행하여지는 것의 특성이다. 예술은 상호 알 수 없는 형식들의 태도속에 존재하는 언어의 보다 보편적인 형태이다. 도덕적 임무와 예술의 인간적 기능은 문화의 내용속에서만이 지적으로 논의될 수 있다. 예술의 특별한 작품은 특별한 사람이나 다수의 사람들에게 제한적인 영향을 미칠 수 있다. 예술은 도표나 통계치에서 발견되지 않는 예언의 모형이다. 그것은 규칙, 지각, 충고, 관리에서 발견되지 않는 인간관계의 가능성을 암시한다.

예술은 의례의 효력에 관한 그리고 모든 사건들과 삶의 장면들에 있어서 함께하는 축하의식을 통해 사람들을 결합시키는 의식의 확장이다. 이 역할은 예술에 대한 보상이며 예술의 징후이다. 예술이 인간과 자연을 결합시키는 것은 친근감있는 사실이다. 예술은 또한 서로에 있어서 사람들이 근원적으로 그리고 운명적으로 그들의 결합을 알고 있다고 표현한다.

예술은 행하는 것 또는 만드는 것의 과정을 나타낸다. 이것은 기술적 예술처럼 미술의 진리이다. 점토의 형, 대리석의 가

공, 구리의 주물, 그림물감의 초벌칠, 건물들의 건축, 노래부리기, 악기의 연주, 무대에서의 공연 역할, 서양춤에 있어서 리듬있는 움직임을 통한 동작을 포함한다. 모든 예술은 물질적인 재료를 가지고 조정하는 도구들을 사용하거나 하지 않거나, 가시적이거나 만져서 알 수 있는 어떤 것의 생산에 대한 견해를 가지고 그 무엇을 행한다.

3. 한국의 실학사상

1) 실학의 의미

한국의 실학사상에서 실학이라는 명칭은 실사구시지학(實事求是之學)의 약칭이고 실사구시라는 말은 서한(西漢)경제(景帝)의 아들 헌왕(巘王)의 "수학호고(修學好古) 실사구시"하였다는 말에서 유래된 것이다. 실사구시는 '사실에 토대를 두어 진리를 탐구하는 일'이다. 중국에 있어서 실사구시의 학풍의 확립은 명(明)나라 말기 서유럽 과학의 전례와 청나라 초의 고증학풍의 흥기(興起)로 말미암아 비로소 그 학적 체계를 갖추게 되었다.

한국에 있어서 실학은 조선후기라고 하는 특수한 사회적 상황속에서 산출된 특수한 사상이요, 따라서 그 배경과 관련지어질 때 비로소 그 의미가 확실히 드러나는 사상체계이다. 그러나「아직도 조선실학의 개념은 실로 논하는 이들의 견해에 따라서 구구하기 때문에 이의 획일적 정의를 내리기는 극히 곤란할 수 밖에 없다.」

조선후기 실학풍을 실학이라고 최초로 지칭한 사람은 최남선이다. 최남서은 그의 「조선역사」에서 우리가 현재 실학자라고 부르는 이들의 실학에 대해 「실학의 풍」이라고 하는 동시에 「실증 실용의 학」이며 「조선연구의 호수」라고 언급하고 있다.

「실학복고를 제창하고 고증학의 선구를 이룬 그 과도적인 학풍이 경세치용의 학이다. 그리고 이우성은 18세기 이후 실학을 경세치용학파 후생이용학파, 실사구시학파로 분류 하였다. 그리고 박종홍은 실학을 「무실역행」의 학으로 보았으며, 이가원은 「실학은 이용후생을 주로한 경세의 학이다.」 또 이기호는 「수기치인의 학」이라고 정의하며 전해종은 「修己治人으로서의 實學」에 중점을 두는 경향이 있다고 주장한다.

이러한 「修己治人」이라는 정의에 대해 나는 여기에서 「실학이란 실지로 유용한 공용성(utility)를 가진 학문, 현실적(actual, real)인 학문, 실천적(practical)인 학문, 실증적(postitive)인 학문」이라는 천관우의 주장을 받아들이고자 한다.

최한기는 철학적 근거를 정립할 뿐 아니라, 현실 속에서의 실용적 구현을 위한 깊은 관심과 체계적 구상을 하고 있다. 먼저 그는 실(實)의 의미를 강조하면서 "명은 실에서 생기는 것이니, 그 실이 있으면 그 명이 있고, 그 실이 없으면 그 명도 없는 것이다."라 하여 실재나 실용이 명칭이나 명분보다 근원적인 중요성이 있음을 강조한다.

한국의 실학사상이 발생된 배경을 살펴보면, 임진(壬辰) · 병자(丙子)의 양란과 당쟁(黨爭)으로 말미암아 극도로 쇠퇴하고 부패 · 타락된 국가사회를 바로잡고 토탄에 빠진 백성을 구제해 보려는 일부의 뜻 있는 정치가와 재야(在野) 학자들의 자가반성에서 일어난 여러 가지 모양의 <구국구폐운동(救國救弊運動)>이 때마침 중국으로부터 들어온 수신(修身) · 제가(齊家) · 치국(治國)의 이상을 실현하려는 <고증학(考證學)>과, 천문 · 지리 · 역산(曆算) · 농학 의학 등의 놀라운 과학적 지식을 비롯하여 새로운 세계관 · 인생관을 제공해주는 서양의 학문과 천주교의 도입, 청조(淸朝)의 찬란한 문화와 산업제도를 그대로 배울 것을 주장하는 <북학(,北學)>파가 서로 합치되어 일종의 경세의 학(經世之學)으로 발전되었는데 그것이 바로 한국실학(韓國實學)의 내용이 되었다.

2) 타학문과의 관계

이수광은 성리학을 이론적으로 전개하기보다는 현실의 구체적 실천을 추구하는 실용정신을 발휘하려고 노력하였다. 그는 선비가 학문에 뜻이 있더라도 실용(實用)할 수 없어서 힘이 있는지 없는지 모른다면 학문을 성취하기 어렵다고 지적하여, 학문은 실용할 수 있을 때 비로소 이루어지는 것이라고 보았다.

유형원은 불성무물(不誠無物)이라는 「중용(中庸)」의 명제(命題)를 근거로 "천하의 사물이 실사(實事)가 아님이 없다"고 주장하여 실재(實在)의 근거를 사물에 두고 있음을 밝혔던 것이다, 여기서 그의 성리학은 이기(理氣)의 궁극적 실재성에 대한 신념을 벗어나 사물의 실재성에 대한 분석형식으로서 이기(理氣)를 논의하는 것이라 할 수 있고, 따라서 성리학은 형이상학적 진리체계로서가 아니라, 실재의 현실을 인식하는 논리체계로서 제시되는 것이라 할 수 있다. 유형원은 실사를 학문의 근거로 파악 할 뿐 아니라 "사물에 본말이 있고" "덕은 본이고 재는 말"이라는 본말론을 실사(實事)에 철저히 적용시킴으로써 실학적 입장을 더욱 뚜렷하게 제시하고 있다.

박세당은 성리학을 벗어난 경학체계의 재구성을 시도하였던 것으로 이해할 수 있다. 박세당은 경전에 대한 주석서인 「사변론」을 저술하면서 사서와 「서경」 및 「시경」을 독자적으로 해석함으로써 경학의 기반 위에서 탈 주자학적 철학체계를 모색하였던 것이다. 그는 사물에 성(性)이 있음을 부인하지는 않지만, 그 성이 인간의 성(性)과는 류가 다르다는 것을 강조하면서 5상의 덕은 사물에 적용시킬 수 없음을 지적하고 있다. 또한 "「중용」이라는 글은 사람을 가르치는 것이지 사물을 가르치는 것이 아니요, 사람은 가르칠 수 있으나 사물은 가르칠 수 없고, 사람은 도를 알 수 있지만 사물은 도를 알 수 없다."하여 주자가 사람과 사물을 상통시키고 있는 입장을 부정하였다.

박세당은 사람과 사물을 동체로 파악하는 주자학적 입장을 벗어나, 사람과 사물이 서로 다른 종류라는 사실을 강조하는 것이며, 이러한 전제 위에서 성은 인성과 물성으로 본질적인 분별을 일으키게 되는 것이다. 따라서 인간존재에 있어서의 기본적 실체는 성이 아니라 심으로 인식하게 된다는 것이다. 그의 실학적 논리는 명과 실 또는 문과 질을 분별하여 인식하고, 실내지 질에 우선적 가치를 부여하는 데에로 나타나는 것을 볼 수 있다.

이익은 "한 글자라도 의심을 두면 망녕되다 하고 비교하여 검토하면 죄라 한다. 주자의 글도 오히려 이와 같으니, 하물며 고경에 있어서랴. 우리나라의 학문이 우둔함을 벗어나기 어렵다."고 말하면서, 당시의 폐쇄적 학풍과 의심할 줄 모르며 권위에 순종하는 속학을 비판하였다. 나아가 그는 경학을 한마디로 <치용(致用)>이라 지적하여, 경학의 목적이 실용에 있음을 밝혔다. "경을 설명하면서 이 세상 온갖 일에 베풀지 않는다면 이것은 단지 읽을 줄 아는 것일 뿐이다."라 하여, 경전을 지식의 대상으로 삼는 독경의 풍조를 반성하고 실제에 응용할 것을 강조하였다.

정약용의 학문관은 객관적 사실의 분석적 인식으로서 고증적 내지 실증적인 태도를 학문의 기초적 방법으로 중요시하는 것은 사실이지만, 실증의 방법을 통하여 실용의 목적을 추구하는 데 있다고 할 수 있다. 인간존재나 사회적 가치를 벗어나는 실증은 그에게서는 맹목일 뿐이다. 따라서 경학의 체계에서도 고증학적 방법을 도입하지만, 청조 고증학의 한학풍에 빠지지 않고 새로운 가치질서의 인식을 위한 해명에 관심의 목표를 두었던 것이다.

성호학파에 속하는 권철신은 반 주자학적 경전 주석 때문에 사문란적이라는 비판을 박았던 윤휴의 입장을 지지하기도 하고 양명학의 입장을 받아들였으며, 이가환은 해, 달, 별 등 천체가 나타나는 여러 가지 현상을 깊이 연구하여 이익의 서양과학을 수용한 학풍을 계승하였다. 이들 가운데 이벽은 서양과학에 대한 이해도 깊었을 뿐만 아니라 천주교 교리도 신봉하게 되었으며, 이로 인해 이벽을 중심으로 한 교리 연구를 위한 토론이 활발해지면서 신서파(信西派)가 성립된 것이다.

정약전도 이벽과 더불어 「기하원본」을 연구하였고, 이가환도 천체 현상의 연구를 통하여 일식 월식의 계산과 태양의 궤도, 적도의 교차 도수를 비롯하여 지구의 둘레와 지름에 대한 계산을 도표로 제시할 수 있을 만큼 정밀한 이해의 수준에 이르렀다. 이승훈은 자신이 북경에 갔을 때에도 천주교에 입교하려는 의사와 함께 수학에 관한 지식을 얻으려는 욕구가 강하게 있었음을 밝힌바 있으며, 「기하원본」, 「수리정온」 등의 서양 과학서적을 교리서와 함께 받아왔던 사실에서도 이들의 서양과학에 관한 관심을 확인 할 수 있다.

3) 사회 경제 사상

정약용은 경학 체계 속에서 인을 두 사람의 일이라 하여 부자 · 군신 · 부부 등 인간관계에서 직분을 다하는 것이라 파악하고 있다. 그리고 수기치인에서의 치인이나 이인치인(以人治人)에서의 치인이 권력에 의해 백성을 다스리는 것이 아니라, 인간이 인간을 섬기는 방법이라 하여 부모나 임금을 섬기는 것도 치인이라 해명하였다. 그의 1표2서는 바로 이로한 치인의 이념에서 나온 구체적 제도의 검토라고 할 수 있다. 그는 목민의 개념을 제시하면서, 목이 민을 위하여 존재하는 것이지 민이 목을 위하여 존재하는 것이 아님을 강조하여 위민과 민본의 의미를 밝혔다. 그는 봉건적 신분계급에 관해 신랄하게 비판하고 계급제도가 없는 평등사회에 대한 강한 희망을 밝혔다. "나의 소망이 있다면 온 나라 안이 모두 양반이 되게 하는 것이니, 곧 온 나라 안에 양반이 없어지는 것이다."

정약용의 「목민심서」는 애민의 정신으로 백성의 삶을 구제해야 하는 구체적 방법과 제도를 체계화한 것이고, 「경세유표」도 국가의 정치제도를 개혁하는 방안이라 할 수 있으며, 「주례」의 6관 제도를 기준으로 행정 · 재정의 구체적 현실을 비판하고 개혁하려는 것이었다. 그는 토지제도에 대한 개혁안으로서 여전제를 제시하기도 하였지만, 생민을 위한 기본방법으로 백성의 이익을 억제할 것이 아니라 보호해 주는 정책이 있어야 하고, 또한 놀고 먹는 선비들을 생산에 종사하도록 할 것을 주장하였다. 「흠흠신서」에서 옥사를 결단하는 근본이 인간에 대한 흠혈 곧 사랑에 있다고 강조한 것처럼, 이러한 제도의 실용적 구상은 동시에 애민의 도덕적 원리와 결합되고 있는 것임을 확인하는 속에서 실학사상의 중용한 특성을 엿볼 수 있다.

유형원은 반계수록의 첫머리에서 전제(田制)를 논하면서 "토지는 천하의 대본이라" 밝히고 토지제도가 바로잡히면 모든 제도가 바로잡힐 수 있음을 역설하였다. 곧 정전법(井田法)의 정신에 따라 토지의 경계가 한 번 바로잡혀지면 백성의 산업이 항구하게 확립되고, 병정을 수색하여 모으는 폐단이 없어지고, 귀천 상하의 모든 국민이 각각 그 직분을 얻게 되고, 인심이 안정되며 풍속이 돈후해진다는 것이다. 또한 전제를 바로잡는 것을 근본으로 할 때 말단의 모든 사회적 폐단이 바로잡히게 될 것이며, 따라서 정치와 교화의 근본을 전제에서 추구할 것이라 보아, 전제를 떠나서 인정(仁政)을 행하고자 한다는 것은 거짓말에 지나지 않는다고 지적하였다. 전제에서 정·교의 근본을 발견하는 유형원의 입장은 본말론의 적용 영역을 전면적으로 전환시키고 있는 것이다. 그는 재(財)를 말에 두는 것이 아니라 실사로 파악하고 재의 기본형태인 전(田)에서 본을 발견함으로써 실학적 학문의 기반을 실사에서 확립하려고 하였다. 그는 또한 법제의 중요성을 강조하면서 법제가 척도의 역할을 하는 것이요, 척도 없이는 도의 실현도 불가능할 것임을 인식하였다.

이익의 전제론인 균전론은 토지 겸병으로 파산하여 유리하는 서민에게 생활 기반을 보장하기 위해 매매할 수 없는 일정한

면적의 영업전(永業田)을 부여하면서 영업전 이외의 토지는 제한 없이 소유할 수 있게 한다는 것이다. 영업전을 확보하여 민생의 기반을 보장하면서 인간의 소유욕을 현실적으로 긍정하는 생각이 그의 경세론에 나타난 것이다. 또한 전제와 세제에 있어서 정확하게 토지를 측량하고 호구를 조사함을 기초로 할 것을 강조하는 데서, 제도의 객관적 운영 기반을 전제로하고 있는 합리성을 보여주며, 국가 재정의 건전한 충실화를 추구하였다. 이러한 경세론적 관심을 꿰뚫고 있는 것은 관리의 침탈로부터 곤궁에 빠진 민생을 보호함으로써 국가의 정치적 안정성과 사회의 건전한 질서를 회복할 수 있는 기반을 확립하자는 것이고, 이러한 그의 경세론은 고전적 민본원리의 현실적 재확인이라 할 수 있다. 그는 노예제의 비 인간적인 측면과 더불어 국력 쇠약의 원인이 되는 모순을 지적하여, 노비사유의 한계를 정하고, 노비도 과거에 응시할 수 있게 하며, 점차적으로 속량하는 것이 국가의 힘을 기르는 방법임을 밝혔다.

4) 경험

한국 실학사상에 있어서 경험에 관한 논의는 혜강 최한기에게서 찾아볼 수 있다. 그러나 그의 경험론은 실학사상의 실천적인 측면이라기보다는 영국의 경험론 아니 인식론적 측면에서 논의된 것이라고 보아도 틀림없을 것이다. 그는 감각기관을 통하여 경험된 지각은 기억과 변통을 통하여 양적 확충을 할 수 있게 되고, 나아가 추측을 통하여 견문의 감각적 지각을 넘어서 사유를 통한 인식에로 확대하게 되는 것이라고 본다.

마음이 기(氣)를 말미암아 추(推)하고 성(性)을 말미암아 측(測)하여, 점진적으로 단계를 밟아 효과를 이루는 것이 아는 것이라는 언급에서도 감각적 지각의 경험을 기초로 추(推)하여 이성적 사유의 측(測)으로 인식의 확장 과정을 보여주는 것임을 알 수 있다.

"마음의 기능은 본 것을 미루어(推) 보지 못한 것을 헤아리고(測), 들은 것을 미루어 듣지 못한 것을 헤아리고, 익숙한 것을 미루어 익숙하지 못한 것을 헤아리고, 있는 것을 미루어 없는 것을 헤아리는 것이니, 삼라만상이라는 것은 이 미루고(推) 헤아리는(測)것 가운데의 한 가지일 따름이다.

최한기는 인간의 지각 주체를 신기(神氣)라 하고 이 신기(神氣)의 경험을 지각이라 규정함으로써, 지각은 경험을 통하여서만 이루어지는 것으로 규정하는 경험적 인식론을 전개하고 있다. 여기서 신기의 경험으로서의 지각은 주체의 신기가 대상 곧 사물의 신기와 통하게 되는 것이며, 통하지 못하면 지각이 이루어질 수 없는 것이다. 그리고 통하는 것은 끊임없는 신기의 교접에 의한 경험에서 이루어지는 것이라 할 수 있다. 이때에 통하게 하는 것은 기(氣)의 힘이라 하여 지각 주체로서의 본래적인 능력이 전제되어 있지만, 통하여야 할 대상으로서의 사물과 통할 수 있는 기구는 바로 감각기관으로서의 모든 통로로 제시된다. 지각의 도구를 감각지관으로 지적하였을 때 일차적으로 모든 지각은 감각적 지각이 된다.

지각이 곧 경험이고 경험은 감각기관을 통하여 이루어지는 것이라면, 감각적 경험 이전의 지각 주체는 아무런 지각 내용을 가질 수 없는 것이며, 측은지심(測隱之心)과 같은 4단(四端)도 선천적 량지(良知)가 아니라 경험을 통하여 얻어지는 것이라 한다. 따라서 그는 견문열역(見聞閱歷)의 경험이 쌓여서 지각이 이루어지기 전 마음(心)의 본체를 거울에 비유하여 먼지만 없으면 그대로 비출 수 있음을 지적하고, 또는 순담(純澹)한 정천(井泉)에 비유하여 경험에 따라 빛깔이 염습(染習)하는 것과 같다고 하여, 정천의 순담한 본성이 남아 있는 측면을 제시하기도 하고, 경험의 염습이 완전히 제거되기 어려움을 素帛에 물감이 한번 들여진 것으로 비유하기도 하였다.

5) 교육

실학사상가 중 교육사상가로서는 순암 안정복(1712 - 1791), 반계 유형원, 초정 이덕무, 다산 정약용을 들 수 있다. 안정복은 그의 저서 하학지남을 통해서, 유형원은 학교사목을 통해서, 이덕무는 사소절을 통해서, 정약용은 아학편을 통해서 그들의 교육사상을 전개했다.

조선 후기의 대학자인 안정복은 선비수업의 지침서로서 하학지남을 저술했다. 선비들의 일상생활과 독서궁리로부터 성의정심, 수신제가, 치국평천하에 이르기까지 선비교육의 전반적인 내용이 체계적으로 정리되어져 있다.

하학지남은 수권(首卷)·상권·하권의 3권으로 구성되어 있다. 수권의 목용편은 상·하권의 생활에 적용되어진 과정(用)으로 되어 있다. 그리고 상권과 하권은 다시 상호 체와 용의 관계에 있게 된다. 상권이 체가 되고 하권이 용이 된다. 따라서 전체적으로 볼 때는 용이 되는 일용편을 첫머리에 두어 체보다는 용을 더욱 강조하고 있다. 이러한 예는 특이한 사실로서 순암학의 실학적 측면을 엿 볼 수 있는 실마리가 된다고 볼 수 있다.

수 권은 하루 24시간을 따라서 2시간마다 해야 할 일을 상세히 서술하고 있다. 이와 같이 목용편에는 하루의 일과가 구체적으로 열거되어 있다. 순암 나름대로 꾸며본 선배들의 이상적인 하루 생활이라고 볼 수 있다.

상권의 내용은 독서와 위학과 심술의 세 편으로 짜여져 있으며, 각각의 편들은 다시 장과 조목들로 세분화 되어 있다. 독서편에서 순암은 "학문하는 도는 궁리에 앞서는 것이 없고 궁리의 요체는 독서에 있으므로 독서편을 머리에 둔다"고 기술하고 있다. 위학편에서는 "학문 공부는 단지 양도(糧道)이니 지(知)로서 선을 밝히고 행으로서 몸을 성(誠)하게 하여 그 힘쓰는 바는 경 하나에 지나지 않는다"고 기술하고 있다. 심술편에서는 "학문 공부의 요체는 심술이 그 바른 것을 얻는데 있다. 그러므로 지금 따로 심술 일편을 만들어 성의, 정심, 양기지법을 상세히 논하게 되었다. 당연히 위학편의 존양(存養), 성찰, 논경의 장과 합쳐서 고찰하여야 한다"고 기술하고 있다.

하권의 내용은 위의(威儀), 정가(正家), 처기(處己), 접인(接人), 출처(出處)의 다섯편으로 되어 있고, 각각의 편들은 다시 장과 조목들로 세분화되어 있다.

위의 편에서 "비록 심술을 바르게 하여 그 내부를 다스렸을 지라도 위의를 단정히 하여 그 외부를 정돈하지 못하게 된다. 그러므로 위의편을 두게 되었다" 고 기술하고 있다. 정가편에서는 "몸이 이미 닦아졌으면 가정에 베풀어서 가정이 바르게 되어진다."고 기술하고 있다. 처기편에서는 "선비가 이 세상을 살아가자면 당연히 처기하는 도를 살펴야 한다. 이가 밝고 의가 전일(專一)하지 못하면 그 처하는 것의 떳떳함을 얻을 수 없다" 고 기술하고 있다. 또 접인편에서는 "이미 처기하는 도를 살폈으면 당연히 접인하는 술(術)을 살펴야 한다, 그러므로 처기편의 위에 둔다"고 기술하고 있다. 끝으로 추처편에는 "이미 처기하는 도를 살피고, 접인하는 술을 알았으면 가히 임관할 만하다. 그러나 거취와 취사(取舍)는 오직 의를 따라서 해야 한다" 고 기술하고 있다.

유형원은 반계수록9권 교선지제 상에 학교사목(學校事目)을 기술하였다. 이것은 학제론인데 일반적으로 실현되지는 않았으나, 그 구성과 내용에는 교육행정상 이전 성리학자들의 학제관과 비교하여 여러모로 특색이 있고, 더러는 현대의 학제와도 비슷한 성격을 지닌 데가 있다. 유형원이 학교 사목에서 7가지에 걸쳐 주장하고 있는데 그것은 과거제의 폐지 및 공거제의 주장과 동일한 맥락에서 이해할 수 있다.

공거제(貢擧制)의 수립과 학제안을 보면 유형원은 국립의 교육기관으로 중앙에 태학, 각도에 영학, 각 부군현에 읍학의 3단계를 두어, 이 3단계의 각각의 학교를 상호 계통학으로 연관을 맺게 한다. 먼저 각 지방에 사설되는 향상을 마친 사대부의 자제 또는 양민의 우수한 자, 15세 이상을 전형하여 읍학(4학)에 입학시킨다. 학내에 위사내사를 구별하여, 신입자는 먼저 외사에 입학시킨다. 외사에서 1년 이상이 지나면 고강(考講)을 받아 내사에 들게 한다. 내사생 교육 3年이 경과하면, 그 가운데서 현자·능력있는 자를 추천 선발하여, 이들을 고급 교육기관인 영학으로 추천하도록 한다. 영학에서 1년 이상이 경과하면, 읍학에서와 같은 방법으로 현자·능력있는 자를 선발하여 3년에 1명씩 태학에 추천하도록 한다. 태학에서 1년 이상을 경과하면, 또한 같은 방식으로 매년 35人을 공거한다. 이렇게 공거된 자를 진사라 하며, 중앙에 설치된 진사원에 1년씩 입직하여 그 인물됨을 평가한 후 관리로써 등용한다.

이 몇 단계의 공거에서 선발되지 못한 자는 각각 능력과 인격에 따라 지방의 각동 각학에 적소를 주어 지방관으로 삼는다. 한편 공거제에도 역시 인사에 사적인 감정이 개입될 우려가 있으므로, 수령·교관으로서 녹을 관한 자가 추천을 잘못한 자는 파직하고, 사사롭게 천거한 자는 사기죄로 엄벌할 것을 주장하고 있다. 이상의 공거제는 중공(衆共), 책실(責實), 양조(陽朝), 경구(經久)를 특색으로 함으로써, 공론을 수령할 수 있고 그 사람의 인물됨을 자세히 알 수 있다.

이덕무가 지은 사소절(士小節)은 ㉠ 조선조 후기의 지식층이 염원하던 '이상적 가정'상을 제시하고, 이것의 실현을 위하여 가족 각 구성원이 갖추어야 할 행위규범, 생활덕목 등을 서술한 윤리 서적이다. 사소절은 그 편찬동기에 있어서 주자의 소학과 유사점을 가진다. 초정 자신도 사소절에서 밝히고 있듯이, 입교 명륜 심술(心術), 위의(威儀), 의복, 음식 등 일상생활의 작은 예절(小節)을 상세히 설명한 소학의 저작체계 및 가치를 높이 평가하고 있다.

6) 예술

실학사상기 뿐만 아니라 현대 이전의 한국 예술작품은 훌륭하며 그에 따라 훌륭한 예술가도 아주 많다. 그러나 예술이론 더 나아가 미 자체에 관한 이론이 부족함은 물론 전무하다고 보아도 옳을 것이다. 실학사상가들도 모두 집필자이며 시와 서예가 그들의 삶과 분리될 수 없다는 점에서 시인이며, 서예가이며, 문인이다. 여기에서는 예술과 관련되는 실학사상가와 사상의 내용을 논하려고 한다. 허균의 누이 허난설헌의 시대는 실학사상기이고, 여성이 표면에 나서지 못하는 시대에 시를 쓰고 사문집을 저술했다는 것은 크게 기뻐할 일이지만 실학사상가로 보아야 할지는 연구해 보아야 할 것이다.

택리지는 1714년 숙종 때 이중환이 지은 우리 나라의 지리서이다. 살기 좋은 지방의 선택에 관한 논평을 위주로 우리나라 전역에 걸친 지형·풍토·풍속·교통으로부터 각 지방의 고사(故事) 또는 인물에 이르기까지 자세히 서술하였다. 저술 당초에는 책명이 정해져 있지 않았으나 뒤에 이긍익이 〈팔역복거지〉라 한 데서 약하여 〈팔역지〉란 이명이 있으며, 〈택리지〉란 이름은 내용을 보아 후인들이 지은 것으로 보고 있다. 그 밖에 〈팔역가거지〉〈박종지산수록〉등 이명이 많다. 산천·지리·도서·촌락·사찰·명승·포항·성시·인물·성씨를 풀이한 것으로 도선·무학·정도전·남사고 등의 풍수설을 인용하였다. 평안·함경·황해·강원·경상·전라·충청·경기의 순서로 8도의 지리를 논하고 복거론(卜居論)으로서의 양택·토리·강하·인물을 논하고 12명산대찰론과 국도·단춘사군·병화 불입지지·수가거론·거택·성씨론 등으로 되어 있다. 특히 12명산 대찰론은 한국의 자연미를 만끽하게 해준다.

홍길동전은 조선중기에 허균(許筠)이 지은 소설이다. 연대 미상이다. 한글소설의 최초의 작품으로서 이는 중국소설「수호전」을 모방하였다 한다. 임진왜란 후의 사회제도의 결함과 부패한 정치를 개혁하려는 그의 혁명 사상을 작품화한 것이라고 한다.

성소복부고는 교산 허균의 시문집이다. 1611년(광해군 3)에 자신이 직접 편집. 1·2권 시, 3권 부(賦), 4~21권 문(文), 22권 설(設)로 되어 있다. 은둔·고일·한적·퇴휴·유흥·아치·숭검·임탄·광희·유사·명간·정업·현사·청공·섭생·치농의 16부문으로 나누고, 따로 시·부·잡문과 병화사상·서화금탕 등을 책 끝에 붙였다.

연암집은 조선 영·정조 때의 실학자 연암 박지원의 시문집이다. 아들 박종간이 편집하였다. 열하일기는 박지원의 열하 견문기이다. 1780년(정조 4) 청나라 건륭제의 칠순연(七旬宴)에 가는 도중 열하에 이르러 그곳 문인들과 사귀고, 연경에 가서는 명사들과 교류하면서, 그곳 문물제도를 목격하고 견문한 것을, 풍속·경제·병사·천문·문학 등 각 분야로 나누어 기록했다.

허생전은 연암 박지원이 지은 한문소설이다. 그의 〈열하일기〉의 옥갑야화에 실려 잇는 것으로, 허생의 상행위를 통하여 우리 나라의 자연경제를 타파할 것을 주장, 무위도식하는 양반들의 무능을 풍자하였다. 호질은 연암 박지원이 지은 한문 단편 소설이다. 〈열하일기〉 관내정사조에 실려 있는데, 썩은 양반과 유림을 크게 풍자하였다. 양반전은 연암 박지원이 지은 한문소설이다. 양반들의 허위와 부패상을 폭로한 작품이다. 양반 노릇하는 조건이 너무나 까다로운 데에 질려 버린다는 내용이다. 〈연암집〉 별집에 실려 있다. 예덕선생전은 실학자 연암 박지원이 지은 한문소설이다. 연대 미상이다. 인간 사회의 이면을 꼬집어 세상을 풍자한 작품으로 양반들을 공박한 것이다. 비록 인분(人糞)을 나르는 천한 직업을 가졌을망정 마음이 착하고, 자기 직업을 아끼며 만족하고, 의리를 중히 여기므로 덕이 높아 예덕선생이라는 존칭을 받았다는 내용이다.

완당집은 조선 말기 김정희의 시문집이다. 남상길·민규호 두 사람이 편집하여 1868년(고종 5)에 간행. 문장 2권, 척독(尺牘) 1권, 문답 1권, 시 1권으로 되어있다. 완당척독은 조선 말기의 명필 완당 김정희의 척독을 수집한 책이다. 남병길이 산정했으며, 그의 머리말이 있다. 완당선생전집은 조선 말기의 고증학자·금석학자인 동시에 서도가인 완당 김정희의 시문집이다. 1권에는 고·설·변, 2~5권은 소·서·독, 6권은 서·기·제발, 7권은 전(箋)·명·송·잠·상량문·잡저, 8권은 잡식, 9~10권에는 시 등을 수록하였다. 1868년(고종 5)에 유재 남상길 등이 편집 간행한 완당집 및 완당척독·담연재시집 등을 1934년 김익환이 합편하여 서울 영생당에서 발행하였다.

이재유고는 조선 정조 때 사람 이재 황윤석의 시문집이다. 청비록은 조선 정조 때 사람 이덕무가 편찬한 시화집이다. 고려와 조선의 작품에서부터 청조·일본의 근대인의 작품에 이르기까지 여러 사람의 시화를 수록하고 평하였다. 아정유고는 조선 정조 때 사람 아정 이덕무의 시문집이다. 죽은지 3년 되던 1796년(정조 20)에 임금의 뜻을 받들어 아들 이광규가 유고를 모으고, 규장각 직원들이 편찬하여 간행하였다. 냉재집은 조선

영조 때 사람 냉재 유득공의 시문집이다.

완당세한도는 조선 말기의 서화가·금석학자인 완당 김정희의 산수화이다. 초가와 소나무를 간결한 필치로 그린 것으로 농축된 문기를 볼 수 있다. 서울 종로구 손창근이 소장하고 있는데 국보 180호이다. 완당인보는 조선시대 김정희가 사용하던 자·호 및 허다한 금석고증, 서화 등에 쓰던 인보. 김정희인·추사·소봉래학인·염·병오노인·추사심정·예장·천보재·대한천상·추사진장·김씨추사·완당·심정금석문자·완당독보·예당사정·담재·방외소요·견한·매화구주·동이지인·장수신청지거·유어예·방초연년·완당예고·금문지가·용·조선국서화가·운화거·김정희완당인·일편심 등을 비롯한 101점의 추사인보가 수록되었다.

4. 분석 및 비교평가

한국의 실학사상과 미국의 실용주의를 분석 및 비교 평가하려는 발상자체부터가 잘못된 것인지도 모른다. 그러나 분명 거기에는 시대와 지역은 다르지만 함께 사유해 볼 수 있는 내용이 있음은 부정할 수 없을 것이다. 따라서 나는 여기에서 내가 생각해 볼 수 있는 몇 가지를 분석 평가하려고 한다.

1) 실학사상이나 실용주의는 용어자체는 다르지만 그 내용을 표현함에 있어 같은 의미로 받아들여도 좋을 것이다. 한국의

실학사상이 조선 왕조시대라는 전통사회의 성곽속에서 발생하고 실천하려는 사상이라면, 미국 실용주의는 미국 독립과 함께 사상의 자유와 개방이라는 사회적분위기에서 발생되고 실천된 사상이다. 유럽 철학의 바탕에서 성장한 미국의 실용주의가 논리성과 이론적 전개에 있어서는 한국의 실학사상보다 앞선 것은 인정해야 하지만 모든 분야가 훨씬 발달된 최근의 사상이라는 점도 간과해서는 안 된다. 양측 모두 실제적이며, 실용적이며, 실천적이며, 삶에 이로운 것을 추구하며, 실험적이며, 경험이 중요시된다는 점에서는 동일하다.

2) 시대적으로 볼 때 한국의 실학사상이 17세기(이수광, 1563~1628)초부터 19세기(서유구가 1834년 호남지방 순찰시 고구마 종자구입, 최한기 1877년 사망)까지라고 본다면, 미국의 실용주의는 퍼어스(1839~1914)에서 시작하여 듀이(1859~1952)에 이르러 꽃피워 현대에 이르고 있으므로 한국 실학사상이 발생하여 끝맺은 후에 미국 실용주의는 시작하여 현대에 이르고 있는 셈이다. 한국 실학사상이 중국을 통해 유럽의 과학과 문물이 유입되어 발생되었다면 미국 실용주의는 현대과학과 학문이 발전하기 시작한 유럽을 통해 그 사상적 근거를 마련했다. 미국의 실용주의는 언어, 행위, 그리고 경험과의 관계를 나타내는 방법이다. 결과, 성과 사실들에 치중하는 태도이다. 인간의 인식을 환경에 적응 시키는 과정으로서 파악하는 입장이다.

3) 한국의 실학사상이 유학과 주자학의 바탕위에서 서양의

과학과 문물의 도입에 영향을 입은 것이라면, 미국 실용주의는 2500년 동안의 서양철학의 바탕위에서 미국 사회가 요구하는 조건을 충족시키는데서 발생한 것이다. 실학사상가들의 정책제시, 허균이나 박지원 같은 사상가를 통해 자연경제의 타파, 무위도식하는 양반들의 무능 풍자, 양반들의 허위와 가식 그리고 부패상 등의 폭로는 왕조사회, 양반제도라는 특수성 속에서 메아리로 그치고 말았다. 그러나 미국의 실용주의 특히 듀이의 실용주의는 정책에 깊이 반영되었고, 미국 국민들의 마음속에 각인되었으며, 실천되어 오늘날의 미국으로 이끌었다. 한국의 실학사상은 조선사회를 개조하려 했지만 미국 실용주의는 개방되고 개조된 사회에 의해서 발생하고 발전했다는 역설이 성립될 수도 있다. 정약전, 이승훈 등의 수학에 관한 지식이 서양과학에 관한 관심의 확인으로 그쳐버린 것은 안타까운 일이다.

4) 실학사상과 실용주의에서 공통으로 주장되는 '경험'이라는 말을 놓고 볼 때 최한기에 있어서 '인간의 지각 주체를 신기라 하고 이 신기의 경험을 지각이라 규정함으로써 지각은 경험을 통하여서만 이루어지는 것으로 규정하는 경험론을 전개하고 있는 것이다. 최한기의 경험론이 영국 경험론과 독일 관념론의 혼합의 형태로 본다면, 실용주의에 있어서 경험의 의미는 영국에서 시작한 근대 경험론의 전통을 계승한 것으로 볼 수 있다. 그러나 더 나아가 실습, 실험, 실천을 중시한다는 점에서 체험(personal experience)이라는 의미가 더 적절할 것으로 보인다.

실용주의에 있어서 경험은 특히 교육에 있어서 강한 의미와 본래의 의미를 갖는다. 실용주의에 있어서 교육은 경험의 기초 위에서 경험을 통하여서 교육적 경험을 사회적 과정으로 보는 것이다. 학교는 작은 사회이면서도 학교에서의 교육은 사회 전체를 움직일 수 있는 거대한 힘을 가진 배움의 장이다.

5) 실학사상은 그 시대의 세계관을 폐쇄적인데서 개방적인데로 전환시키고 의리와 도덕의 순수성을 추구하기 위하여 기술 및 경제이론의 범위를 확대시키려 하였다. 그러기 위해 경제적 물질적 기반을 기초로 할 것을 주장하고 신분적 사회질서를 생산과 능률 중심의 사회제도로 전환시키려 하였다. 이것은 오늘날의 자본주의 사회에로의 도약 단계도 될 수 있었다. 그러나 왕조사회, 양반제도, 당쟁이라는 장벽에 부딪혀 주저앉고 말았다. 그러나 실용주의는 개방된 세계관과 사회질서 속에서 자유로운 경제활동과 아울러 뿌리깊은 유럽의 학문적 전통속에서 과학 기술발전의 원동력이 되었다. 거기에는 왕조사회 대신에 미국 독립이 있었고, 국민들에게는 자유가, 양반제도 대신에 남녀평등이, 당쟁 대신에 위대한 미국 건설이 있었다.

6) 실학사상가 중 이덕무의 교육은 일상생활의 현실과 파괴되지 않은 실제적 인간형을 추구하며 작은 예절에 철저하여 나아가 능히 큰 의리를 실천할 수 있는 인간교육을 지향한다. 유학의 공론화 관념화라는 것을 안타까워했으며, 가정의 의미를 새로이 부각시키려고 노력하였다. 고증학적 태도를 견지하여

고전 본래의 의미를 추구하는 실증적인 방법론을 현실에 적용하려고 하였다. 실용주의는 가정 중심의 교육을 탈피해 학교라는 사회를 통해서 전통적 학문위에 실증적이고, 실용적이고 실천적인 경험 즉 체험교육을 실시하였다. 교육은 삶의 사회적 연속성을 유지하는 수단이었던 것이다. 개개인은 각각 집단의 생활경험을 짊어지고 가는 단위이다. 어린이는 경험을 통해서 말하기를 배우는 새로운 재능과 새로운 욕망을 가지게 되는 것이다.

7) 유형원의 공거제 수립과 학제안을 보면 유형원은 국립의 교육기관으로 중앙에 태학, 각도에 영학, 각 부 군현에 읍학의 3단계를 두어, 이 3단계의 각각의 학교를 상호 계통학으로 연관을 맺게 한다. 읍학에서 4년, 영학에서 4년, 태학에서 1년 도합 7년의 교육 후 진사가 되어 진사원에 1년씩 입직하게 된다. 이는 서양 희랍의 플라톤(Platon)의 이상국가에서의 교육론과 유사하며, 현대의 발달된 세계 교육의 학제론과 유사성을 띠고 있다. 그러므로 이러한 교육론이 메아리로만 그치고 만 것은 안타까운 일이 아닐 수 없다. 유형원의 이상 교육론이 사장되지 않고 실천되었다면 한국은 세계 최고의 국가가 되었을 것이다.

8) 미국 제임즈의 실용주의는 종교적 신비주의에 입각한 사상이라고 보아도 좋을 것이다. 유럽에서 종교 개혁 이후 종교와 사상의 자유가 보장된 미국 사회와 종교와 사상의 자유가

제한되고 억압된 한국의 실용주의는 그 실천에 있어서 차질을 빚을 수밖에 없다. 이익의 서양 기독교에 관한 사상 중 기적과 신비적 내용에 대하여 거부한 것은 오늘날 정치와 교육, 정치와 종교의 분리는 물론 광신적 믿음을 경계한 것으로 볼 수 있다. 오늘날 학교 교정에 있는 단군상이 일부 극단적인 기독교인들에 의해 파괴되는 행위는 종교적 차원을 넘어서 반국가적, 반민족적, 반국민적 행위이다. 개인의 신앙이 국민이나 민족정서를 해칠 수는 없는 것이다. 신앙도 우리의 삶을 위한 것이며, 필요하면 신이라도 만드는 것이 미국 실용주의임을 잊지 말아야 할 것이다.

9) 실학사상기에서는 조선시대의 모든 학자들이 그렇듯이 실학사상가 모두가 집필자요 문인이었다. 조선시대의 유학, 시, 서예, 그림 등은 그 시대의 사상가들과 분리해 생각할 수 없으며, 실학사상기의 허균이나 박지원의 문학은 그 사회의 부정부패와 모순을 들춰냄에 있어서 모자람이 없었다. 이중환은 그의 저서 택리지에서 한국의 자연미를 아주 잘 설명하고 있으며, 추사의 「완당세한도」는 국보 180호로 지정받은 산수화이며 그의 글씨는 왕희지를 능가한다. 실학사상기의 예술가들은 이론적이고 논리적인 면 보다는 그들 스스로 훌륭한 예술가이며, 훌륭한 예술작품을 창작했다. 그러나 미국의 실용주의에서는 '예술은 표현할 뿐 진술하지 않는다.'는 듀이의 주장에도 불구하고 전통적 유럽의 예술관을 벗어나지 못하고 있다. 훌륭한

예술이론가가, 미학자가 훌륭한 예술가가 아니라는 사실을 듀이는 잘 보여주고 있는 것이다. 듀이에 있어서는 예술에 관한 이론만 제기되고 기술되었을 뿐이다. 예술에 있어서만은 실학사상이 실용주의의 위에서 실천되었다.

5. 결 론

나는 본 논문을 쓰면서 안타까움을 금할 수가 없었다. 실학사상가들의 실학사상만 제대로 실천되었다면 일제 36년의 수탈도 당하지 않았을 것이며, 민족의 수치도 당하지 않을 뿐 아니라 현재에와 대일 무역적자(2004년말 2400억 달러)도 당하지 않았을 것이기 때문이다. 안타까움을 돌이켜보면 한국의 실학사상가는 조선이라는 왕조 사회의 전통속에서 언론의 자유, 사상의 자유가 허용되지 않고 당쟁의 소용돌이 속에서 옳고 그른 것이 밝혀질 수 없었고, 옳다고 인정되어도 제대로 실천될 수 없었다. 적은 농지와 험준한 산은 백성들로 하여금 소심하게 만들어 개척의 꿈을 가져볼 수도 없게 만들었으며, 전통에 얽매인 삶과 현실성이 부족한 유학과 주자학의 사상은 실학사상의 실천을 가로막았다. 당쟁과 개인 이기주의, 파벌주의에서 오는 실정은 오늘날의 한국 현대 정치에서도 잘 드러나고 있다. 특히 현대 교육에서 만이라도 한국의 교육 개혁, 아니 교육 혁명이라도 일어나야 할 터인데 교육부총리 임명에 지인(知人)이나 당정의 자리 안배에 치우쳐 있음은 안타까운 일이다.

미국의 실용주의는 미국의 철학이다. 신천지는 개척의 여지가 풍부하였고, 전통과 왕조의 구속이 없어 실험적으로 행동할 수 있는 여건이 구비되어 있었다. 유럽 민주주의의 전통을 물려받은 사회환경과, 제한된 좁은 생활공간에서 생활경쟁을 할 필요없이 여건이 좋은 서부로 개척운동을 전개할 수 있었다. 숙명론을 신봉하느니보다 낙천적인 생활태도로 현세에서의 성공을 꿈꿀 수 있는 미국 사회의 생활철학의 근거가 된 것이 미국 실용주의이다. 자기의 신앙대상이 아니어서 배척하는 것이 아니라 국민들에게 필요하다면, 국가와 민족과 국민에게 도움이 된다면 신이라도 만드는 것이 미국의 실용주의이다. 이제 우리는 과거의 실학사상이 실천에 옮겨지지 못하고 성공하지 못한 것을 거울삼아, 이미 받아들여지고 있는 실용주의를 우리의 것으로 만들어 실천하면서 세계에서 최고로 부강한 국가, 세계에서 최고로 훌륭한 민족, 세계에서 가장 평화롭고 행복한 국민들이 되도록 매진해야 할 것이다.

참고문헌

1. A Pluralistic Universe, William James, Havard University Press. Cambridge, Massachusetts and London. 1977.
2. Art as Experience, John Dewey, Minton, Blach & Wmpany, New York. 1934.

3. Chance, Love and Logic, Charless, Peirce, Harcourt, Brace and Company, Inc. New York. 1923.
4. Charles Peirce's Pragmatic Pluralism, Sandra B. Rosenthal, State University of New York, 1994.
5. Charless. Peirce and the Philosophy of Science, Edited by Edward C. Moore, The University of London. 1993.
6. Democracy and Education, An introduction to the Philosophy of education By John Dewey, The Macmillan Company, New York, 1926.
7. Dewey reconfiguared (Essays on Deweyan Pragmatism), edited By Casey Haskins and David I. Seiple, State University of New York Press, Albany, 1999.
8. Essays in Pragmatism : William James, Hafner Publishing Company, New York, 1949.
9. Experience and Education By John Dewey, The Kappadelta pi Lecture Series Collier Books, Macmillan publishing Company, New York. 1963.
10. Experienc and Nature, John Dewey, Philosophical Library, Inc, 1946.
11. Human Nature and Conduct, John Dewey, Modern Library, Inc. 1930.
12. Individualism Old and New, John Dewey, Minton, Baleh & Company, New York, 1930.
13. Intelligence in the Modern World, John Dewey's philosophy,

Edited, and with an Introduction by Joseph Ratner, The Modern Liberary is published By Random House. INC. New York. 1939.

14. Interest and Effort in Education, John Dewey Houghton Mifflin Company, Boston, New York and Boston, 1919.
15. The Meaning of Truth, William James, Havard University press Cambridge, Massachusetts and London, 1975.
16. My pedagogic Creed, Personal Growth Leaflet 19. National Education Association. Washington. DC. 1897.
17. Peirce, Christopher Hookway, University College, London and New York. 1992.
18. Peirce. Pragmatism and the logic of scripture, Peter Ochs, Edgar Bronfman Professor, The University of Virginia, Cambridge University press, Cambridge, 1988.
19. Pragmatism, William James, Harvard University press Cambridge, Massachusetts and London. 1975.
20. Problem of Men, John Dewey, Philosophical Library, Inc, 1946
21. Reconstruction in philosophy, By John Dewey, Enlarged Edition with a New Introduction By the Author, beacon press. Boston. 1970.
22. The School and Society and The Child and The Curriculum, John Dewey, Introducation by Philip W. Jackson. A Certennial publication of the University of chicago press, The University of Chicago press. chicago and london. 1990.

23. The Varieties of Religious Experience, The Modern Libery, New York, 1994.
24. Will to Believe, William James, Dover Publication Inc, Harvard University, Cambridge and Massachusetts.
25. Bertrand Russell : A History of western philosophy.
26. Hans Joachim stoerig : Kleine Weltgeschichte Der philosophie.
27. Sterling P. Lamprecht : Our philosophical Traditions.
28. 玉井茂 : 西洋哲學史.

V. 서양의 미학이론과 한국 미학이론의 단초

1. 서 언

「서양에서의 미학이론과 한국 미학이론의 단초」는 양 지역에서의 예술 창조에 대한 관찰과 사상에 기반을 두어야 한다. 이 분야에 대해 각각 양 지역에서 이룩한 업적들 사이에 더욱 효과적으로 가교를 놓아야만 한다. 한국의 예술에는 서양의 자연주의적인 사상가들에게는 거의 용인될 수 없는 종교적 신비주의 철학이 깊게 스며 있다. 한국 예술론은 오랜 동안의 체험적이며 실제적인 경험에 바탕을 둔, 예술에 관한 여러 가지 현명한 귀납도 내포하고 있다. 또한 서양과 한국의 미학은 모두 서로가 하나의 전체로서의 문화에 연관된 모든 예술들에 관여하고 있는 것이다.

철학의 한 분과를 이루는 서양 미학의 주제는 오랜 동안 그리이스, 로마, 그리고 몇몇 다른 서양 국가의 사상과 예술들이라는 좁은 범위에다 그 토대를 두어 왔다. 이와 동시에 미학은 인간 사회에서의 모든 예술, 모든 미적 체험, 그리고 모든 예술의 가치에 관해 보편화 할 의미를 떠맡아 왔던 것이다. 한국 미학은 사계절이 뚜렷하고 산과 강, 들 모두가 아름다운 자연에 바탕을 두고 있다. 그럼에도 불구하고 한국 고대에서부터 근세에 이르기까지 한국 예술은 특별한 경우를 제외하고, 신분의 차이 때문에 확대되어 발전하지 못하고 재능 있는 천박한 기술로서 학대받고 천대되었다. 그들의 예술은 진실된 인간성을 지녔고, 인간적 가치를 지녔으며, 서양 예술과 마찬가지로 보편화할 의무를 지녔다.

본 논문은 서양의 미학이론을 분석 평가함으로써 한국미학이론의 정립에 대한 하나의 시론이 될 수도 있을 것이다. 그것은 한국에는 세계 어느 나라에도 뒤지지 않는 예술들이, 문화유적이 존재함에도 불구하고 그러한 것들에 대한 학문 즉 한국미학 이론이 정립되어 있지 않기 때문이다. 과거에는 그러한 이론이 전무한 상태였으며, 현대에 와 일부 학자들이 각기 자기의 분야(회회면 회화, 건축이면 건축)에서 미학적 추구를 시도하고 있지만 미학이라는 큰 틀에서는 연구가 이루어지지 않고 있다. 이제는 한국미학 이론도 정립되어야 한다. 이것이 본 논문이 탐구하려는 근거요, 목적이다. 이러한 관점에서 본 논문은 전개될 것이다.

2. 서양의 미학이론

서양에서 미학 또는 미에 관한 논의는 그리이스의 플라톤에서부터 시작되었다. 그리고 미학이라는 명칭은 18세기 중엽 독일의 바움가르텐(A. G. Baumgarten, 1714~1762)의 저작 「Aesthetics」에서 연원 되었다. 그는 미에 관한 학문을 감성적 인식이라고 규정하였다. 그에 의하면 미적 표상은 감성적이기 때문에 이성적 인식을 대상으로 하는 논리학과 동등한 차원의 과학이라는 것이다. 콜린도 "미학은 정신의 모든 이법의 근원이다."라고 정의한다. 또한 크로체도 "미학은 직관적 또는 표현적 인식의 학문이다."라고 말한다. 미학이란 오직 아름다운 것을 이해하기에 그리고 무엇이 아름답고 무엇이 아름답지 않은가를 가르는 데에 관심을 가지고 있는 것이다. 미학에 있어서 미적 지각은 미적 태도에 의해서 설명된다. 우리가 세계를 어떻게 지각하는가를 결정하는 것은 우리가 취하는 태도이다. 태도란 지각을 방향 지우고 조절하는 방식이다. 여기에 머물지 않고 우리는 오직 우리의 목적과 관련 있는 대상의 특징들만 보고, 그것이 유용한 한에서만 겨우 주목한다. 어떤 호용을 지니는가 하는 것은 대상이 갖는 가치와 관계를 갖는다. 그래서 하르트만도 "미적가치는 오직 특정한 작용의 대상이 갖는 가치이며 대상의 가치이다." 라고 말한다.

넓은 의미에서 아트(Art)는 어떤 목적을 가지고 솜씨 있게 수행되는 인간 활동을 일컬으며 여기에서 산출되는 대상이 예술

작품이다. 크로체가 말하는 것처럼 "예술은 직관이다. 그러나 직관은 어제나 예술은 아니다. 예술적 직관은 일반적인 직관과는 다른 종(種)이다." 그처럼 아트라는 단어의 외면은 극히 포괄적이다. 건전한 예술은 목적과 수단이 분리되지 않고, 심미성과 기술성이 분열되지 않는 상태를 말한다. 예술은 미의 이해력과 일치되며, 미의 이해력은 확대되어 가장 건전하고 조화로운 삶의 경험이라는 어떤 이상이 된다. 아름다움에 대한 감성은 조화 안에서의 결속과 통일이라는 사상의 더 높은 형식으로 즉 그것은 우리의 개인적인 생활 속에서의 어떤 사회의식이라고 설명되었다. 예술에 대한 최초의 근원적인 욕구는 인간이 정신에서 어떤 표상, 어떤 사상이 솟아나올 때 이를 작품으로 산출하거나 세우는데 있었다. 이는 인간이 다른 표상을 지닌 사람들에게 언어로 이해시키는 것과도 같다. 그러나 언어에서의 전달 수단은 하나의 기호에 불과하므로 이는 매우 자의적인 외면성을 띤다. 그에 반해 예술은 단순한 기호를 이용해도 되지만, 의미에다 그에 맞는 감각적 현재성을 부여해야 한다. 헤겔은 "우리는 일반적으로 미(그것이 자연미이든 또는 예술미이든)란 미감적 이념의 표현이라고 부를 수 있다."고 말한다.

예술은 모든 가능한 소재를 우리의 직관과 감성에 드러내 이를 치장해 주는 형식적인 면도 지니고 있다. 예술은 만약 서로 대립되는 것들에 열광하면 할수록 감정과 열정의 대립은 더욱 확대될 뿐이다. 다양한 소재들은 우리로 하여금 그러한 형식적인 규정에서 해방시켜 준다. 소재들의 현란한 차이점들까지도 꿰뚫어 보는 이성은 그처럼 서로 대립되는 요소들 속에서도 더 숭고하고 보편적인 목적이 드러나는 것을 보고자하며 또 그 목적이 달성되는 것을 알려고 요구하기 때문이다. 콜링우드는 "예술은 인식이요, 개별성의 인식이다. 예술은 실체적인 것과 구별되는 것으로서 순수하게 이론적 활동을 설명하는 것에는 존재하지 않는다."고 말한다. 예술은 또한 그러한 열정의 모습을 우리의 직관에 드러내면서 그 열정들에게 아첨하는데 그치더라도 그렇게 하는 예술 속에는 이미 그 열정들을 완화시키는 힘이 들어 있다. 또한 예술가는 고통에 사로 잡혔을 때 자기의 농도 짙은 가정을 자신을 위해 표현함으로써 종종 스스로 그 고통을 완화시키고 약화시킨다.

건축술은 그 고유 개념에 맞는 위상을 획득하자 하나의 목적과 건축술 자체 속에 들어 있지 않은 의미에 종사하면서 작품을 만들어 낸다. 하르트만은 "건축이라는 것은 여러 가지 마술, 가장 부드러운 마술임에 틀림없다."고 말한다. 건축이 가장 외면적인 예술임에는 틀림없다. 그러므로 여기서는 그 외면적인 것이 스스로 의미를 내포하고 있는가 아니면 그것이 어떤 다른 목적에 수단으로 사용되는가, 아니면 수단으로 사용되면서도 동시에 독자성을 띠는가가 중요한 차이가 된다. 첫 번째의 경우는 상징의 예술과 일치하고 두 번째의 경우는 고전적 예술과 일치한다. 건축은 가장 불완전한 예술이었다. 왜냐하면 우리는 그것이 감각적인 계기만을 포착하고 무게의 법칙에 따라 무거운 질료를 다루는 가운데 정신적인 것을 합당한 현재성으로 표현할 능력이 없다는 것을 알았기 때문이다. 상징적 예술은 기존의 인간 형상을 채택해야 하는 조각보다 더 자유롭게 자연으로부터 유기적인 형태들을 취해 그 형태들과 주어진 일반적인 상황들과 결합시켰다. 반면에 고전적 건축은 그 형태와 형상을 내용상 정신적인 목적에서 취했으며 인간의 오성에서 나온 것을 형상화할 때는 어떤 직접적인 모형이 없이 만들어 내었다. 따라서 건축은 정신으로부터 나오는 실제의 현 존재에 정신을 위해 예술에 적합한 외적 환경을 부여하는 것으로 한정되어야만 했다.

하나의 조각 작품은 이미 구상할 때부터 특정한 외부 세계 및 그 공간적 형태, 장소의 상황과 연관되어야 한다. 이런 점에서 조각은 특히 건축적인 공간과 지속적인 관계를 맺는다. 조각의 정신적 내용 속에 들어 있는 주관성의 위상은 그것이 스스로 표현될 수는 없으며, 전적으로 그 실체에 의해 관통되고 그것에서 형식적으로 자신 속에 회귀하지 않는 것으로 증명되는 성질을 띠고 있다. 조각가가 창조해 내는 것은 한편으로는 역시 내면과 외면이 보편적으로 일치되어 나타나는 모습이고 다른 한편으로는 어느 정도 실체적인 것에 밀착해 그와 뒤얽혀 나타나는 개별성의 형태이다. 쇼펜하우어도 "조각은 살려고 하는 의지의 긍정에 알맞게 나타나며, 회화는 살려고 하는 의지의 부정에 나타난다."고 하여 의지의 개별성의 형태임을 설명한다. 신들이 그들의 영역에서 영원한 이념에 따라 창조해 내지만 그 외에 현실에서는 모든 것을 피조물의 자유와 독자성에 내맡기듯 조각도 그런 식으로 인간을 형상화해야 한다.

회화가 감성적 시각의 전형적인 예술이라는 것(미학이라는 말은 본래 여기서 나온 것이다.) 그리고 회화가 감성적 시각의 전형적인 예술이 되게 하는 까닭은 그 질료에 있고 또 다른 예술보다도 더 이 질료에 밀착하여 있는 것이다. 버질이 주장하듯 "조형예술 가운데에서 나는 회화에 우선권을 주었으면 하는데, 이는 한편으로 회화는 소묘물로써 다른 모든 조형예술의 기초가 되기 때문이다. 한편으로 회화는 다른 예술들에게 허용되어 있는 것보다도 훨씬 더 이념의 영역에로 파고 들어가서, 직관의 분야까지도 이 이념에 맞도록 더욱 확장할 수가 있기 때문이다." 회화는 순전히 감성적인 대상층에 결부된 예술이지만 그러나 무한히 다양한 예술이다. 대상으로서 회화에서 신적(神的)인 것은 정신적으로 생동하는 주체로서, 공동체 안에 들어가 개개인 모두에게 신(神) 자신과 더불어 정신적인 공통성을 지니게 하는 중재의 가능성을 부여한다. 더 나아가 회화는 심정(心情)도 표현 내용으로 삼는다. 다시 말해 심정 속에 살아있는 것은 비록 그 내용이 객관적이고 절대적이라 해도 역시 주관적인 방식으로 주어져 있다.

"음악은 단지 감각과 더불어 유동하는 것에 지나지 않는다."

고 버질은 주장한다. 음악은 시간계속 중에서 서로 떨어진 것들을 완결된 체제로 통일하는 것이다. 이 종합은 귀로 듣는 좁은 한계를 넘어서 음악적으로 들을 때에 이루어지는 것이다. 그러나 이 종합은 일시에 이루어지는 것이 아니라 감성적으로 듣는 과정에서 더구나 음악 작품의 특수한 내면적 통일성과 완결성을 토대로 하고 이루어지는 것이다. 음악 작품은 분명히 객관적으로 잘 조직된 하나의 연관이며 그 속에서 모든 개별자가 선후해서 서로 결탁하는 구조를 갖는다. 또 음악적으로 표현하기 위해서는 전적으로 무대상(無對象)적인 내면, 추상적인 주관성만이 적합하다. "음악은 결코 현상을 표현하는 것이 아니라 모든 현상들의 내적 본질이나 본질 자체 또는 의지 자체를 표현한다."고 쇼펜하우어는 주장한다. 이것은 바로 우리의 전적으로 비어 있는 자아, 즉 더 이상 내용이 들어 있지 않은 자아이다. 그러므로 음악의 주요 과제는 대상성 자체가 아니라 반대로 가장 내적인 자아가 주관성과 이념성을 띤 영혼에 따라 움직이는 것을 반향하게 하는데 있다. 뿐만 아니라 음악은 모든 예술 중에서 가장 자유스런 예술이다. 그러나 긴밀한 내적 필연성과 통일성을 가진 예술도 이 음악이다.

춤은 종합예술이다. 춤은 시간과 공간 속에 동시에 존재한다. 창조자와 창조물 즉 예술가와 작품은 아직 하나인 채로 있을 따름이다. 리드미컬한 동작의 패턴, 조형적인 공간감각, 가식세계나 상상세계의 생생한 재현, 이러한 것들을 인간은 자신의 몸을 가지고 춤으로 창조해 낸다. 춤의 황홀경에서 인간은 차안의 세계와 피안의 세계, 악마의 정령, 신의 영역 사이에 다리를 놓게 된다. 정신없이 신명에 사로잡혀 그는 세속적인 속박들을 끊어 버리게 되며 몸을 흔듦으로써 자신이 모든 세계와 어울어져 있음을 느끼게 된다. "춤의 참 힘을 아는 자는 누구든지 신과 함께 있도다." 라고 페르시아의 회교 승려 시인 루미(Rumi, 1207～1273)는 감동적으로 외친다. 춤은 신을 추구하는 행위, 나아가서는 인간 운명을 좌우하는 초인적인 힘의 일부분이 되려는 의식적인 노력으로까지 발전되면서 그 테두리를 넓혀 왔다. 춤은 헌신의 의식(Sacrificalrite)이며 주문이요, 기도요, 예언이 된다. 춤은 자연의 힘을 불러일으키기도 하고 쫓아내기도 하며, 아픈 사람을 치료하고 죽은 사람을 그의 후손들과 연결시키기도 한다. 춤은 먹을 것과 사냥에서의 행운과 싸움에서의 승리를 보장해 준다. 춤은 들판과 거기 살고 있는 부족에게 축복을 내려 준다. 춤은 창조자이며, 보호자이고, 안내인이며, 수호자이다. 유럽의 발레도 역시 신과 영웅의 세계로 뛰어들지만 이 세계는 그 고유의 것이 아니다. 그것은 살아 있는 경건함과 민족의 전통으로부터 거리가 멀다. 유럽의 발레도 역시 자연현상과 인간의 행위, 전투와 사랑을 묘사한다. 그러나 이미 그것이 성립되기 수백년 전에 이런 주제들을 주술적, 종교적 의미를 잃어버리고 단지 구경거리가 되었다.

하르트만이 말한 것처럼 "문학은 비난하기를 가르치는 것이 아니라 존경하며 사랑하여 숙시하기를 가르친다. 그리고 문학이 가르치고 보는 방식은 자상하고 헌신적이고 사랑하는 마음으로 보는 것이다.” 그 결과 인간의 형태가 우리에게 직관된다. 문학은 직접적으로 지각에 호소하는 것이 아니라 표상이 지각과 대체되는 계층에 끼어들지 않으면 안된다. 또한 작가가 존중하는 것도 심적인 것이며 그가 표현하는 것은 인물의 내면이다. 물론 문학에 있어서의 유일한 실재적 전경인 어문의 추상성이라는 요소는 완전히 말소될 수 없다. 어문은 어디까지나 개념이며, 개념은 비직관적이고 비예술적인 효과밖에 나타낼 수 없는 것이다. 문학은 예술가적 언어의 독특한 투명심으로 표시한다. 그러나 이 예술적 언어가 유희적 기분을 벗어나서 진실을 말하게 되려면 시적 표현이라는 특수한 형성력을 요구하는 것이다. 우리가 문학에서 찾고, 또 문학에 대해서 요구하는 진리는 사실의 진리가 아니라 생활의 진리인 것이다. 생명의 진리는 인물과 유형과 성격에만 요구되는 것이 아니라 상황, 갈등과 해결, 행동과 결과, 불의의 사실, 우연의 역할, 능숙과 졸열 등에도 요구되는 것이다. 문학은 기타 어떤 종류의 미나 마찬가지로 숭고한 것을 나타내는 능력을 가지고 있다. 또 문학 자체의 내부에는 숭고의 다양성에 대하여 가장 광범한 자유의 여지를 가지고 있다.

조각의 형식은 건축에서처럼 단지 무기적인 주위환경을 받치고 지탱하는 법칙에 따라 형태화 되지 않고 정신을 이상적으로 조형화 하는데 알맞게 고전적인 미로 형상화하는 임무를 띤다. 이런 점에서 건축은 그것이 어떤 것을 내용으로 삼든지 간에 그 표현 방식에서는 상징적인 것을 암시한다는 기본 유형을 벗어나지 못하는 반면, 조각은 고전적 예술 형식을 예술 작품 속에 생생히 드러내는 내용과 표현 방식에 특히 적합한 것으로 보인다. 조각에서는 고전적인 것이, 음악과 회화에서는 낭만적인 것이 전체적인 예술 원칙이 되어 아주 깊이 파고들어 그 안에서는 다른 예술 형식이 발전될 여지가 더 좁아진다. 시문학에는 예술 형식들의 모든 단계가 가장 완벽하게 예술 작품으로 드러난다. 건축이 제재에 대한 자유를 가진 점에서 음악과 일치하나 실용적 목적에 종속하는 점에서는 음악과 반대이다. 또 건축이 실용적 목적과 그가 사용하는 둔중하고도 무심하며 거칠은 재료에 의하여서 이중적으로 결정되는 점에서 음악과 분명히 대립하지만 거기에도 계층 관계가 있다.

건축이나 회화에서 나타나는 상징성과 낭만성 역시 고전적인 이상에 적합하다는 것이 보이기는 하지만 원래 자신의 영역 속에 머무는 이상을 이러한 상징적 낭만적 예술 형식들의 최고 법칙은 아니다. 조각에서 신은 단순히 대상으로서 관조된다. 그러나 반대로 회화에서 신적(神的)인 것은 정신적으로 생동하는 주체로서 공동체 안에 들어가 개개인 모두에게 신 자신과 더불어 정신적인 공통성을 지니게 하는 중재의 가능성을 부여한다. 화가나 시인은 본질 특징을 선택하며 또 선택된 모든 본질 특징 중에서 다시 중요한 것을 선택할 수 있다. 회화에 있어서는 문학에 있어서 보다도 사실성의 요구가 더욱 제한될 필요가 있다. 회화는 그 공간적 질료성에서 볼 때 조각보다 더 추상적이다. 그러나 이 추상성은 단순히 자의적인 제한이 아니며, 또 자연의 산물에 비해 인간의 솜씨가 숙련되지 않아서 생기는 것도 결코 아니다. 그것은 비록 조각으로부터의 필연적인 이행 과정에서 나오는 것이다. 조각은 다소 자체 안에 완결된 개체성에 한정된다. 그러나 회화에서 개인은 자기 안에서나 밖에서나 한 정지어 진 채 머물지 않고 다양한 관계성으로 이행해 간다. 회화는 조각이나 건축술 보다 두 가지의 극단적인 것을 더 허용하는데 그 하나는 회화에서는 대상의 깊이, 즉 형태를 이상적인 미로 이행하고 표현하는데 종교적 윤리적인 진지함이 중요한 사안이며, 다른 하나 현실 속에 있는 세부적인 것들로서, 그 자체로는 중요하지 않은 대상들을 예술에서는 주관적으로 만드는 일이 중요하다.

회화는 주관적인 내면성을 완전히 특수화하여 내용으로 삼아야 하므로 조각처럼 무상황적으로 자체 속에 안거해 있거나 다만 성격을 실체적으로 묘사하는 데만 머물러서는 안된다. 회화는 조각이 표현하는 독자성을 포기하고 특정한 상황, 다양성, 성격과 형상의 여러 다른 모습과 서로 관련시켜 내용을 외적인 환경 안에 넣어 표현하고자 노력해야 한다. 회화의 상황이 조각의 상황과 본질적으로 구분되는 점은 조각은 주로 자신 속에 안거하고 규정성이 그다지 중요하지 않은 무해한 상태 속에 아무 갈등 없이 존재하는 것을 표현하는 사명을 띠었다. "음악은 시의 단순한 보조 수단이 아니고 분명히 독자적인 예술이다. 이것은 모든 예술 중 가장 강력한 것이며 따라서 그 자체의 방편으로부터 완전히 목적을 달성한다."고 쇼펜하우어는 음악과 시의 관계에 관해 기술했다.

문학은 음악과 마찬가지로 시간성을 가지고 있다. 즉 문학에 있어서도 중간층에 풍부한 내용을 제공하는 유동하는 심적 활동이다. 그러나 문학과 음악과의 이 유사성은 피상적인 것에 지나지 않는다. 음악은 마음의 운동을 운동하는 음성으로 직접 묘사할 수 있다. 문학은 운동과 표정에서 출발하여 상황과 사건의 진행으로 옮아가며 여기서 다시 인물의 성격적이고 도덕적인 내면성으로 옮아가며 그리고 또다시 모든 사건들, 인생과 운명의 전체성으로 옮아간다.

3. 한국의 미학이론

한국의 건축미는 건물 그 자체의 미 이전에 건물과 주변 지형의 조화미를 생각했다. 산악국가인 한국에서 산기슭의 집터는 조건이 까다롭다. 뒷산이 날카로우면 단기(短氣)에 치우친다. 뒤쪽 산형이 둥굴고 너그러우면 백성들은 덕기(德氣)에 넘친다. 산사태가 날 자리엔 집터를 잡을 수 없다. 큰물이 쏟아지는 계곡도 마땅치 않다. 집은 남향으로 지어야 하며 골짜기가 남향으로 열려야 볕이 잘 든다. 이런 터전은 겨울에 따뜻하고 여름에 바람기가 있어 시원하다. 산의 능선 중 어느 한쪽이 낮아 바람이 휘몰아치면 나쁘다. 바람기도 온화해야 하며 이런 터전을 바람기 머금었다고 말한다. 산은 고정되어 있지만 계곡의 물은 늘 흐르고 있다. 산이 조건을 만족스럽게 구성하였는데도 이 물이 없으면 사람이 살 수 없다. 물도 좋아야 하며 이렇게 고루 갖추어진 터전을 우리는 좋은 집터라고 불렀다. 이런 집터 중에서 아늑한 골짜기의 서쪽편 능선 아래로 맑은 물이 알맞은 양으로 흐르면 으뜸이라 손꼽았다. 그 물줄기는 집의 앞면에 이르면 동쪽으로 직절하여 남향한 대문 앞을 지나 집의 동쪽에 만든 연못으로 흘러든다. 연당에 모였다가 넘쳐흘러야 수덕을 충분히 받는다고 믿었다. 주민은 용기를 내어 그 물줄기를 아예 집에 끌어들여 수덕을 확실하게 하는 것이다.

한국인은 예로부터 자연을 벗삼아 자연과 함께 호흡하면서 자연 속에서 자유롭게 살아가는 꽃과 새, 다시 말해서 생물체를 사랑하면서 시를 읊었고 또 그림으로 그린 것이다. 한국인은 산에는 산신이 산다고 믿었다. 환웅 이래의 믿음인 것이다. 산은 그래서 신성한 곳이기도 하였다. 산을 의지하고 사는 백성들에게는 산은 삶의 터전이기도 하였다. 그런 산에 삼라만상이 깃들어 있다. 인간은 삼라만상의 일원이 되어 산 속에서 살게 되었다. 산의 자연을 주시하며 사는 동안에 산의 변화와 신비에 압도되고 말았다. 이러한 자연속에서 한국에서 대표적인 건축미 중 하나가 사원 건축미이다. 주남철도 "장소를 달리하여 변화를 가져오는 성격은 공간의 구성에서 이루어져 공간 정서의 변화와 통일성을 손쉽게 이룬다. 사찰 건축에서 멀리 일주문 밖에서부터 일주문에 이르기까지 형성되는 공간 정서는 일주문을 통과하여 다시 천왕문까지의 공간 정서로 바뀌고 천왕문을 통과하면서 넓은 공간에서 좁은 공간으로, 다시 넓은 공간으로 나아가게 되는 공간 정서의 변화를 맛보게 되는 것이다."라고 말한다. 뒷산을 등에 지고 자락을 깔고 집을 짓는다. 앞으로는 맑은 물이 유유히 흐르는 시내가 있다. 풍수지리설을 일컫는 사람들은 우뚝 솟은 산이 음이 되고 산을 감싸고 흐르는 물이 양이 되어 양과 음이 어울리면서 조화를 이룬다고 한다. 그런 조화를 산천의 정기라고 하며 그 산청 정기가 살고 있는 사람들에게 전하여진다고 한다. 산자락에서 산천 정기가 뻗어나며 사는 집에서 제일 먼저 산천 정기가 도달하는 자리에 돌아가신 조상을 모신 사당이 있다. 산천 정기가 산 사람의 인격 함양에 지대한 자극을 공여하는 것이라면 살고 있는 사람들에게 먼저 끼쳐야 할 터인데, 그것을 돌아가신 조상들의 영령이 먼저 누리고 있는 것이다.

장승 신앙 역시 구사당, 당산, 산신각, 당산나무, 서낭당 등의 당제 행사와 돌무더기, 선돌, 솟대 등의 입간 습속이나 무속신앙과 더불어 우리 나라 고유 민속 문화의 소산으로 그 구체적 신상과 제사, 고사, 굿 등이 오늘날까지 전승 발전되고 있다. 한편 마을신 가운데 상위신으로 모셔지는 산신, 서낭신, 용왕신에 비하여 벅수와 장승은 솟대나 돌무더기와 같이 있기도 하면서 하위신으로서의 민간과 밀착되어 있었다. 장승을 보고 결코 예쁘다거나 아름답다고 말할 수는 없다. 통방울 같은 눈, 주먹 같은 코, 반은 썩고 그나마 성한 것은 들쭉날쭉 제멋대로인 이, 귀 밑까지 찢어진 입, 게다가 몇 년만 지나면 비바람에 색단장은 말끔히 사라지고 패인 나뭇결이 흉칙한 주름을 만들어 볼썽사납게 된다. 이러한 장승을 부처님의 온화하고 인자한 얼굴에 비할 수 없으며 문무석인의 근엄하고도 점잖은 모습과 견줄 수 없다. 못생기면 못생길수록 미우면 미울수록 불규칙하면 불규칙할수록 장승은 장승 나름의 멋이 있다. 더 나아가 한국 불상은 안휘준이 말한 대로 "인공 이전, 미 이전의 세계에서 일하며 형용할 수 없는 불후 불멸의 미를 만들어 내고, 소재가 가지는 자연의 미를 의식적으로 보존하려는 노력은 세계에 자랑할 만한 성과요 감각이었다고 할 수 있을 것이다."

"산수를 그린다는 말은 자연을 그린다는 뜻이고, 이 때의 그린다는 말은 자연의 이치를 확인한다는 말이다."그리고 "산수화는 진여(眞如)로서의 자연을 대상화하는 작업이 아니라, 자연을 대상으로 한 주체(화가)의 존재론적인 심의(心意)를 나타내는 수단이다."라고 박용숙은 서술한다. 한국에서 이야기하는 산수화란 자연의 표현인 동시에 인간이 자연에 대해 지니고 있는 이른바 자연관의 반영이기도 한다. 따라서 산수화란 이 두 가지 복합적인 성격을 띠고 있는 것이다. 자연은 말할 것도 없이 산과 언덕, 바위와 돌, 바다와 강, 나무와 풀, 구름과 안개 등으로 복잡하게 구성되어 있고, 끊임없이 변화하면서 인간과 동물, 새와 곤충, 그리고 그 밖의 수없이 많은 생명체들에게 서식처를 제공하여 준다. 자연과 인간의 이러한 밀접한 관계 때문에 한국에서는 일찍부터 산수화가 그려지기 시작하여 오늘날에 이르기까지 그 전통이 이어져 오고 있다. 처음에는 인간과 신령이 몸담고 있는 거처로서 실용적인 기능과 목적을 지닌 그림들이 도안적이고 상징적인 모습의 배경으로 그려지기 시작하였으나 점차 순수한 감상을 위한 그림으로 독립하여 발전하게 되었던 것이다. 산수화는 산과 강과 바위와 나무 등으로 이루어진 천태만상의 대자연을 제한된 크기의 화면에 기운생동하도록 표현해야 하며 또한 인간의 자연관이나 사상을 반영해야 하므로 회화의 여러 분야 중에서도 가장 어렵고 복합적인 성격을 띠고 있다.

산수화 중 한 분야인 수묵화는 대상이 지니고 있는 객관적인 색채를 벗어나고 대사의 충실한 객관성에서 이탈함으로써 회화의 표현이 주관화되는 것이다. 수묵화는 발행 초기부터 수묵으로 표현하기 적합한 주제로 선택하여 점차 간단하고 깨끗하면서 품격 높은 회화로 자리 잡았다. 수묵화란 채색을 쓰지 않고 단색인 먹으로만 그리는 동양화의 한 양식으로 문인화의 근원이 되었다. 특히 화려한 채색을 피하고 먹의 정신성을 구현하기 위한 것으로 많은 문인과 선비에 의해 즐겨 그려 왔던 그림이다. 수묵화의 성격을 보면 사물의 형태만을 묘사하는 것이 아니고, 그 물체 내면의 뜻까지 묘사하는 정신에 의해 구축된 것이며, 이것이 후에 동양화 또는 한국화의 방향과 정신을 결정하는데 어느 정도 기여하였다. 수묵화의 미학은 단적으로 말해서 먹의 미이며 표현은 정신미에 있다고 말할 수 있다. 따라서 먹물만의 수묵화는 색채를 더불어 사용한 담채화에 비해 동양적인 심오한 미의 표현이란 것도 사실이다.

화조화란 꽃과 새 단순한 소재만을 그린 그림을 말하는 것이 아니고 산수(山水), 인물, 사군자(四君子)를 제외한 모든 소재의 그림을 말한다. 즉 화훼, 과실, 초충(草蟲), 어개(魚介), 새, 짐승 등을 그린 그림을 총괄해서 말한다. 화초와 화목, 꽃들은 사계절의 변화가 뚜렷한 우리 한국의 풍토에서는 매년 같은 시기에 같은 꽃을 피워 철따라 아름다움을 제시한다. 꽃의 수명은 아침 이슬처럼 덧없고 길지 않은 것이다. 한국인들은 한해에 한번 피고 지는 꽃의 아름다움을 아쉽게 그리워하고 기다린다. 더구나 피자 마자 지는 꽃의 순간적 생명미를 사람들은 매우 애석하게 여긴다. 바로 이것이 무상의 미의식이다.

한국예술과 동양예술의 회화 상에서 흰 바탕의 여백과 검은 묵의 조화로 이루어지는 담백한 맛의 그림을 문인화라 칭했으며 또 이 문인화는 한국적이고 동양적인 정신세계가 가장 함축성 있게 표현된 회화로 보는 사람들이 많다. 군자란 명칭은 본래 학문과 덕이 있는 사람을 지칭하는 말로 춘추전국시대의 맹상군, 평원군, 춘신군, 신능군 등 뜻이 높은 네 인물을 골라 그들의 덕망을 높이 받드는 데에 있었다. 회화에서 군자라는 마을 쓰게 된 동기는 매, 난, 국, 죽의 네 식물들이 갖는 특성을 고결함과 지조, 그리고 높은 소양을 갖춘 인물들에 비유함으로써 그 존칭의 이름을 모방한데서 연유되었다. 중국에서 초기의 사군자는 어떤 회화적 의의를 가지고 발전한 것은 아니다. 사군자의 그림은 산수화에 비해 간략하였으므로 문인들이 여가를 이용하여 일반적으로 즐길 수 있는 비전문적인 화법으로 생각했다. 특히 사군자의 그림은 점과 선 그리고 묵색의 조화로 이루어지는 특징이 있다.

인물화의 종류는 초상화, 신화화(神話畵), 종교화, 풍속화, 역사화, 전쟁화 등이 있는데 이미 춘추전국시대에 그려진 백화여신도를 통해 그 역사가 얼마나 오래 되었는가를 짐작할 수 있다. 한국 고대의 기물(器物)이나 고분벽화에서 인물화를 볼 수 있으며 고려시대의 불교융성과 함께 불교인물도를 비롯하여 조선시대에서는 많은 인물화를 남기고 있다. 그 중에서도 조선후기의 공제 윤두서(尹斗緖, 1968~1715)의 자화상, 그리고 단원 김홍도(金弘道, 1745~1817)의 군선도(群仙道), 혜원 신윤복(申潤福, 1758~?)의 풍속도 시리즈 등은 널리 알려져 있다. 특히 김홍도의 군선도에 나타난 인물들의 옷주름은 굵고 힘차면서 투박하고 경직한 느낌을 줄 뿐 아니라 그의 풍속도는 타인의 추종을 불허하는 특이한 경지를 이룩했다.

정상조는 미학상 서예의 미를 세 가지로 나누어 논한다. "첫째는 서조자연(書肇自然)이고, 둘째는 역현신응(力顯神凝)이며, 셋째는 신채의경(神采意境)이다. 첫 번째의 미적 기초는 진(眞)과 이(理)의 문제이고, 둘째는 미적 형태인 미(美)와 형(形), 즉 역도(力度)의 문제이며, 셋째는 미적 공용(珙用)으로서 신(神)과 의(意)의 문제이다." 서조자연이란 용어는 중국 동한(東漢)의 서예가인 채옹(蔡邕)의 구세(九勢) 중에 "夫書肇于自然, 自然旣之, 陰陽生焉, 陰陽旣生, 形勢出矣"에서 차용한 말이라고 한다. 또한 서조자연은 서예가들이 창작할 때 "外師造化하고 中得心源" 하는 표현을 말한다. 서예가는 지혜의 눈으로 자연과 인간생활을 관찰, 포착, 체미(体味)함을 통하여 객관적 규율성에 부합되도록 노력한다. 그리고 심령적인 생동형상과 의태, 화해(和諧), 대칭, 다변, 절주, 착락, 비동, 위려, 무미(嫵媚), 수일, 담아, 웅기, 원휘 등에 대하여 고찰하고 연구하여야 한다. 이러한 후에 다시 영혼과 기교가 손을 통하여 종이 위에 표현되는 서예예술을 재창조할 수 있어야 한다. 자연과 서예창작, 그리고 자연 회귀는 서예예술 창작을 위한 하나의 수련방법이 된다.

서예예술의 두 번째 미감(美感)의 본원은 역현신응에 있다. 力은 서예예술 중에서 역도(力度), 역감(力感)함을 현시하는 말이며 神은 신채(神采)를 가르키는 말이라고 한다. 우리의 서예론자들은 항상 이 양자를 합해서 서예 예술미의 중요한 형식으로 보았다. 역도는 서예 예술의 중요한 심미범주가 되며, 이는 필력이라는 용어로 바꾸어서 말할 수 있다. 역도인 필력에는 허와 실 속에서도 나타난다. 우리가 용필을 함에는 반드시 허와 실이 있기 때문이다. 이는 생동하고 활발한 실처(實處)에 얼마간의 묘가 있게 되고 허처(虛處)가 되고, 실한 곳의 용필은 마땅히 무겁게 하여야 하며, 허한 곳의 용필은 가볍게 하는 것이다. 서예 예술에서 사용하는 신채(神采)라는 용어는 남조 齊代의 왕승건이 제일 먼저 사용하기 시작하였으며 그는 왕희지 종형의 4대손이다. 서예적 신채는 인적 신채, 즉 밖으로 표현한 서예가 내심의 정신과 풍채가 자연스럽게 나타난 것이다. 인적인 신채는 사람의 형모와 같지 않으며, 외모가 아무리 보기가 좋다고 할지라도 서예적인 신채와 풍도(風度)가 같지 않은 것이다. 세 번째의 의경(意境)이란 말을 최초로 사용한 사람은 老莊이고, 미학의 범주로 형성된 것은 당대이며, 청대에 이르러서 문예와 미학의 영역에서 광범위하게 사용되었다. 의경이란 용어는 현재 시화 뿐만 아니라 서예예술에서도 상용하게 되었다. 그 개념은 서예작품 중에 내재된 작가의 정신 및 심미정취 그리고 작가 개성의 돌출된 특색을 말한다.

한국의 서예에서 김정희의 출현은 한국의 서예법은 물론 화법, 그리고 시문에 있어서도 도미(掉尾)의 존재였다. 그는 중국의 북비(北碑)와 남첩(南帖)에서 근원하여, 당송과 명청의 이론을 두루 섭렵해서 공전절후의 경지를 닦았으며, 그의 여력은 스스로 밝힌대로 불급을 면치 못했다고 겸사했으나, 한말의 서법을 그런대로 잇게 한 우람스런 존재이기도 한다. 이런 뜻에서 김정희의 서법은 고법을 두루 섭렵하여 새로운 김정희 추사체를 창출하였으며, 그의 방경고졸(方勁古拙)하고 청고고아한 <眞與北狩古鏡>·<梣溪>를 비롯한 각종 예서, 행서의 현액들과 <歲寒圖>와 <偶然寫出圖>는 문인화의 지남(指南)이자 신품(神品)으로 앙양되고 있다. 이 모든 유작은 비록 산재하여 있지만, 그의 예술은 백의(白衣)와 더불어 영원할 것이다.

4. 서양과 한국의 개별예술 분석 평가

"서양의 미학자들은 극동의 전통적인 예술에서 세 가지의 가치를 발견할 수 있다고 한다." 첫째로는 사상사에 관한 우리의 지식과 나아가서는 일반 문화사에 관한 지식을 풍부하게 한다는 것이다. 둘째, 동양예술 특히 같은 환경에서 유래한 예술의 양식을 이해하는데 있어서 도움이 된다는 것이다. 대체로 예술의 양식과 사조는 매우 일반적인 방법으로 평가하고 그 토대 위에서 예술의 법칙을 정립하려는 시도보다 수세기 앞서서 나타난 듯하다. 셋째, 우리 자신의 당대 예술을 포함한 예술 일반에 대한 우리의 이해를 증진케 한다는 것이다. 그러한 제조명은 더욱 폭넓고 포용성 있는 방향이 될 것이다. 무한히 다양한 세계예술을 더 많이 체험하고, 다른 문화의 사람들이 그들의 예술을 창조해서 사용하고 향수하며, 또 비평가가 이유를 좀더 이해한다면, 우리의 기준은 더욱 상대적이고 다원적으로 될 것이다.

미학은 예술이 무엇이며 그리고 예술 그 자체의 변화하는 현실에 대해 어떠한 것이 되어야만 하는가 하는 미학적 개념을 확립하는데 있어서 아주 뒤떨어져 있다. 그러나 시대와 지역을 막론하고, 예술과 그 시대의 예술 이론간의 관계는 그 양자를 이해하기 위하여 중요한 것이다. 오늘날의 미학은 옛날처럼 순전히 철학적, 규범적이 아니고 옛날보다 더 설명적, 경험적이다. 미학이란 예술에 대한 이론적 이해라는 공통된 관심을 가진 여러 분야에 있는 학자들의 견해를 표명하는 여러 가지 많은 접근 방법의 혼합체라고도 할 수 있다. 미학이라는 항으로 분류된 어떤 서적과 논문들은 그 논조로 보아 주로 문학적인 일종의 일반화된 예술 비평이 있다.

동양과 서양의 예술사와 예술의 사회적 기능에 관한 철학적 사상사 사이에는 많은 유사성이 있다. 기하학적, 고전적, 바로크적, 로코코적, 낭만적 등의 용어들은 동양과 서양에서 모두 어떤 양식에 적용되고 있는데 의미심장할 정도로 유사한 것으로 간주된다. 일부 사가는 이러한 정기적으로 되풀이되는 유형이 동양과 서양 문명에서 거의 같은 순서로 나타난다고 생각하고 있다. 서양의 형이상학적인 측면에서 한국 미학을 이해하려는 것보다는 세속적, 경험적, 감각적인 체험과 연관된 감관에 의해서 예술과 미를 이해해야 한다.

후기 유가에서는 예술이란 것이 개개 예술가의 본성을 현시하는 것이며 또한 직접 말로써 표명하기에는 너무나도 미묘하거나 강렬한 것을 표현하는 것이라는 사상을 발전시켰다. 서예는 회화의 경우와 마찬가지로 말로는 나타낼 수 없는 것을 표현하고 전달하는 것이다. 회화의 선, 색, 질감은 주제와는 관계없이 표현 수단이 될 수 있는 것이다. 이것은 초기 유가에서 예술의 도덕적인 주제를 강조했던 경우와 다르다. 회화는 문인의 전통에서 불가결한 것이 되었다. 군자는 대상 그 자체에 관심을 두거나 지나치게 집착하는 일없이 외계대상에 감응할 수가 있고 순간적으로 자신의 정감을 그 대상 속에 투사할 수가 있는 것이다. 이러한 사실은 "시(詩)는 정감이 아름다운 표현이며, 뢰(誄)는 얽혀 있는 슬픔을 나타내는 것이고 잠(箴)은 굴곡이 선명하고 맑고 굳센 것이며, 송(頌)은 활발하면서 아름다운 것이고, 주(奏)는 평담하고 철저하면서 급박하지 않은 것이고, 설(說)은 다채로우면서도 변화가 많은 것이다."라는 면론의 말에서도 찾을 수 있다.

서양에서는 외계의 대상과 이에 대한 사고에 더 많은 주의와 관심을 집중함으로써 내적 생을 객관화하고 외화하는 경향이 있다. 이와는 반대로 한국의 주관주의는 내면으로 주의를 집중하고. 감각적 현상계에서 떠나는 경향이 있다. 서양은 타자와 자연환경을 능동적으로 다루고자 하는 관심과 노력을 보이는 경향이 있지만, 그러나 개인의 내적 심성을 계발할 필요는 없다. 또한 한국인들이 자기 관찰, 자기 묘사, 극기에 어느 정도 능하다는 것은 부정할 수 없는 일이다. 한국의 예술가들은 자신의 사고와 정감에 대한 엄격한 수련을 하면서 외면적인 작품이나 외적 생활을 완성하는데 세심한 주의를 기울이지 않았던 것은 아니다. 또 그러한 수련을 하면서 불교, 선(禪), 도교의 은둔자들은 자연을 관조하고 묘사했다. 서양에서도 영혼을 열렬하게 추구하는 사람들이 항상 있어 왔다. 서양의 예술가는 아무리 자아의식이 있다고 해도 전통적인 한국 예술가와 뚜렷하게 다르다. 전통적인 한국의 예술가는 적어도 이론적으로라도 내면적 평화, 평정, 자연과의 합일을 이룩하려고 한다. 서양의 많은 예술가들은 현대 사회에 대한 그들의 불안감, 좌절감, 불만족, 냉소, 거부감, 배척감, 원망 등을 대중에게 보이는 데 더욱 열중한다. 이러한 태도는 내면적 조화라는 유가의 이상과 만물의 자연적 과정에 대한 만족이라는 도가의 이상으로부터 반대편 극단에 서 있다. 서양의 예술가라면 자기 수양을 통해서 자신의 심적 불화를 조화에 이르게 하려 한다기보다는, 그러한 불화를 있는 그대로 충격적으로 혹은 적극적으로 토로하려고 할 것이다.

어느 특정한 문화와 시대의 예술을 그 시대와 그 지역의 미학 이론과 비교해 볼 때, 우리는 때로 거기에 상이점이 있다는 데에 놀라게 된다. 가끔 거기에는 아주 모순되는 것이 있는 것 같아 보인다. 즉 예술이 당대의 예술 원리에 어긋나 있거나 그것을 무시하고 있다는 것이다. 철학자들이 예술상의 혁신을 받아들이고 승인하에 되기까지에는 수세기가 지나야 한다. 예술가와 철학자가 서로 다르다는 것도 하나의 요인이 된다. 즉 예술가는 보다 감각적이고 상상력이 풍부하며 숨김없이 활동적인 반면에, 철학자는 보다 지성적이고 비판적이라는 것이다. 예술은 첫째로, 국민들 사이에 경외, 복종, 충성심이라는 필요한 습관을 주입하는데 중요한 역할을 한다. 둘째로 예술은 숭배, 기도, 의식에 의하여 신이 사람들에게 승리, 풍년, 건강 그리고 이 밖의 소원을 성취하려 하는데 중요한 역할을 한다고 할 것이다. 셋째로 예술은 장려한 과시, 사치스러운 환락, 비위를 맞춰 그린 초상화, 그리고 지배 계층의 위대성의 찬미를 통해 지배 계층에게 기쁨과 자만심을 주는 것이다. 선과 실용주의, 한국미학과 서양미학은 쌍방이 모두 다면적이다. 이들은 각각 다양하고 때로는 반대되는 태도를 지니고 있다. 우리가 각 이론에 대해 어떤 해석을 하는가가 큰 문제가 될 것이다.

한국화에서 자연의 경치, 즉 산과 돌, 물과 나무 등을 붓으로 수묵과 색채를 사용하여 그린 것을 산수화(Landscape Painting)라 한다. 산수화는 서양의 풍경화처럼 다른, 예술 의식과 이념을 가진 회화 사상에 의해 성립되었다. 한국회화는 여백의 효과를 노리기 때문에 서양화와는 달리 많은 구도법이 있다. 동양화의 십사구도법(十四構圖法)은 산수화에 있어서도 구도의 표준이 된다. 다음 지형상의 구도는 산의 형태에 따라서 구도를 잡는 것을 말한다. 우선 한 화면에 주산(主山)의 위치를 어디에 두고 다음에 객산(客山)을 어떻게 연결하여 산맥을 이루게 할 것이며, 산허리에 이어지는 계곡, 임목, 가옥, 계곡의 물줄기 점경물(點景物) 등의 배치는 자연의 이치에 맞게 하여야 한다. 그리고 언덕의 근원을 잘 구분하여 그 위에 수근으로 나무의 대소, 전후를 정함으로써 구도에 안정감이 있게끔 한다.

서양화와 한국화(동양화 포함)는 발생과 발달의 상태가 다르며 또한 감성에도 차이점이 있다. 한 그루의 나무를 보는 데도 서양인을 전체를 하나의 덩어리로 보고 난 다음 부분으로 분석해가며 한국인은 한 개의 나뭇가지라도 그것을 자연의 한 부분으로 해석하고, 암시적이며 자유로운 사상을 통한 표현을 생각한다. 서양인의 감성은 물질적이고 과학적인데 비하여 한국인의 감성은 암시적이면서 정신적인 점의 차이가 있는 것이다. 다시 말하면 아무 것도 그리지 않는 여백과 살려서, 보는 사람으로 하여금 과학적인 설명이 없어도 자유로운 상상에 의하여 공간감을 암시하는 것이 한국화 미의 특징인 것이다. 서양의 미학과 다른 이와 같은 특징의 대표적인 것이 낙관이다. 낙관이란 낙성관식(落成款識)의 준말로서 서화가들이 자기 작품을 완성하고 화제, 시재, 아호, 성명 등의 순서로 쓰고 인장을 찍는 일 등의 전부를 말한다. 낙관은 화면의 장식효과, 즉 구도의 일부라고 할 수 있으므로 화제의 내용이나 서채는 물론이요, 인장의 자체(字體), 위치, 크기, 모양 등이 또 하나의 미를 창조한다. 그러나 낙관이 각기 그림과 어울리지 않으면 도리어 그림을 손상시키는 결과가 된다.

수묵화의 깊은 표현력과 예술성이란 것을 별도로 하더라도, 구상이 이루어져 단숨에 그려 나가는 웅대하고 거침없는 필력이라든가, 상쾌한 속도를 가진 선의 아름다움, 농담, 변화의 묘, 번짐이 주는 깊은 맛 등, 수묵화가 지닌 매력은 크고도 끝이 없다. 그러나 그 반면에 수묵화의 필법은 세부의 묘사에는 적합하지 못하며 또 다시 고쳐 그릴 수도 없다. 따라서 붓을 화지에 대기 전에 무엇을 어떻게 표현할 것인가에 대한 내면적인 마음의 자세와 그것을 어떤 순서로 그릴 것인가의 기법적인 면에서 계획을 정확히 세워, 머리 속에 대부분의 그림이 이루어져 있어야 한다. 마치 바둑 고수들이 한 수, 한 수 둘 때마다 전체 판세를 염두에 두고 있는 것과 같다. 담채화(淡彩畵, Light Colored Painting) 혹은 수묵 담채화는 수묵화와 같으나 담채(透明彩色)를 더 혼합하여 그리는 그림을 의미하므로 담채화라 말하고 있다. 그러나 서양의 수채화에서도 담채화 기법이 있기에 이를 구분하기 위해서 수묵 담채화라고도 한다. 서양화에는 정물화가 있다. 정물화의 특징은 우리 생활 주변에서 흔히 볼 수 있는 꽃, 채소, 생선, 과일, 기물(器物), 악기 등 정지된 물건을 옮기고 배치할 수 있기 때문에 뜻대로 구도를 잡아 그릴 수 있는 것이 편리하다. 구도를 잡을 때는 통일, 변화, 균형 등 구도의 삼 요소를 생각하여 공간의 여백을 짜임새 있게 그릴 수 있도록 해야 한다. 한국화에서는 정물화란 말이 없다. 그러나 이에 가까운 것으로서 화조화 소재들의 일부를 그리는 기명절지화(器皿折枝畵)를 들 수 있다.

서양에서 회화가 발생할 당시부터 오늘에 이르기까지 색을 추구해 왔으며 한국에서는 초기에 색을 주로 하였으나 점차 변화되어 선을 중요시하며 발달해 왔다. 이 선과 색은 서로 맞설 수 없다. 색을 극단으로 사용하면 선의 사용이 어색하고, 선을 극단으로 사용하면 색을 사용할 여지가 없어진다. 그래서 선과 색을 같은 농도로 사용하면 서로의 특징이 희생되어 회화성이 저조해진다. 따라서 선을 살려 가면서 색을 사용하려면 자연 그대로의 복잡한 색을 단순화 시켜서 질감을 암시하는 표현을 해야 하기 때문에 한국화의 색채는 자연의 모방보다는 창조적인 방향으로 다루어 나가게 된 것이다.

독일의 헤겔은 "자연적 현실에 비해서 예술작품이 갖는 참된 장점은 그것이 단순히 지속적으로 보존된다는데 있는 것이 아니라 생명을 불어넣음으로써 예술작품 자신을 고양시킨다는 점에 있다."고 확신하고 있다. 예술작품이 자연에 비해 갖는 이런 우월한 입지는 또 다른 반대적인 생각들에 의해서 또 다시 논쟁화되고 있다. 자연과 자연의 소산을 신의 작품으로서 신의 선과 지혜에 의해 창조된 반면에 예술작품은 단지 인간의 작품으로서 인간의 통찰과 손에 의해 만들어진다. 서양이나 한국이나 모두 자연은 신의 작품이라는 데는 견해가 같은 것으로 보인다. 한국에서 산은 만물 창조의 근원인 하늘의 뜻에 의해 성립되었다. 하늘은 전능의 신인 천재(天宰, 하늘님)를 뜻하고 이 만물의 창조자인 하늘을 숭배하는 일이 사람의 도리이며 근본적인 윤리로 되어 있다. 한국에서 영적인 산수를 숭배하고, 자연을 가깝게 하고, 자연을 따르며, 자연과 함께 사는 일이 인류의 도리가 되었다. 그리고 산을 두려워하고 숭배하는 산악신앙(山岳信仰)이 발달해 온 것이다. 그래서 대자연을 그린다는 것은 무한한 우주의 본질을 탐구한 회화가 되어야 할 것이다. 그 때문에 산수화에 있어서는 산이나 물이 그려 있지 않은 그림도 산수화라 불리우고 있으며, 서양의 객관적이고 합리주의적인 풍경화와는 관념적으로는 차원이 다르다.

서양의 미학이론 중에선 "예술은 자연의 모방이다."라는 모방론이 고대 그리이스에서부터 제시되어 왔다. 이 원리에 따르면 모방이란 자연현상들을 현존하는 모습 그대로 적합한 방식에 의해 모조하는 숙련성이며, 그것이 예술의 본질적인 목적이라는 점이다. 제욱시스(Zeuxis)가 그린 포도는 진짜 비둘기들이 그것이 실제인줄 알고 부리고 쪼았다고 해서 예전부터 그 그림은 예술의 승리이자 동시에 자연의 모방이라는 원리의 승리라고까지 칭송되기도 했다. 또 뷔트너(Christian Wihlelm Buettner, 1716~1801)의 원숭이는 뢰젤이라는 사람이 그린 「벌레들의 축제」라는 작품 속에 있는 풍뎅이가 진짜인 줄 알고 정말 할퀴어 대어 그 아름답고 비싼 작품을 망쳤음에도 불구하고 이는 바로 그 그림 속의 자연묘사가 그만큼 특출했다는 것을 증명해 주었다.

조선조까지 한국에서 예술은 자연의 모방이라는 어떠한 이론도 존재하지 않는다. 왜냐하면 앞에서도 지적했듯이 서양과 한국은 자연이라는 개념 자체의 의미가 다르기 때문이다. 한국의 자연에는 신앙 숭배의 사상이 있으므로 굳이 자연모방이론의 근거를 찾는다면 종교적 예술품에 있어서이다. 한국에서 단청이란 용어는 건축물에 채색되는 것과 벽화를 그리는 일도 단확, 단벽, 단록, 진채, 단채, 단칠 등으로 다양하게 부르고 또한 단청에 종사하는 사람도 화사, 화원, 화공, 가칠공, 도체장 등으로 불렀다. 또 승려로서 단청일을 하거나 단청일에 능한 사람을 금어, 화승, 화원 등으로 불렀다. 「삼국사기」의 <솔거조>에서 솔거를 착화자라 일컬었으며 그가 그린 황룡사 벽면의 노송 그림을 "화노송"이라 했다. 솔거는 황룡사 벽면에 늙은 소나무를 그렸는데 너무나 잘 그려 살아 있는 것 같았다. 마치 살아서 청청한 것 같은 솔거의 소나무 그림에는 나뭇가지에 새들이 날아들 곤 하였는데 그 뒤 색이 바래서 어두워지자 절의 스님이 새롭게 단청보수하니 그 다음부터는 새들이 날아들지 않았다고 한다. 여기에서 화는 단청에 바탕을 두고 있었다.

한국인과 서양인의 미의식에는 자연을 이해하는 방법이 서로 다르다. 한국인이 보여주고 있는 자연관은 사람과 자연이 하나로 융합되고 그 자체가 정서적인 리듬이 되어 사람의 심금을 울려 예술이 된다. 인간의 마음과 자연이 뗄래야 뗄 수 없는 관계를 이루는 것이 한국인의 미의식이며, 이것이 화조풍월(花鳥風月)을 즐기며 봄, 여름, 가을, 겨울의 시정에 넘친 예술을 만들어 낸 것이다. 나뭇가지에 새가 앉았다가 금방이라도 날을 듯한 소재, 물 속을 헤엄치는 물고기, 한번 포효하면 온 세상이 무너질 듯한 호랑이 따위의 그림은 서양에서는 별로 찾아 볼 수 없다. 즉 종래의 서양화에서는 탁상 위에 기물(器物)이나 사냥에서 얻은 죽은 박제품, 화병에 꽂힌 꽃 등의 소재가 정물화에서 많이 다루어지고 있다.

사군자는 서양화와 특히 달라 자연과 일치하며 정신이 강조된다. 사군자는 서양의 외적인 미를 추구하는 데에 그치지 않는다. 매, 난, 국, 죽의 자연상태에 대한 오랜 관찰과 사실적인 탐구를 통하여 그것들이 갖는 형상을 양식화하고 또는 집약화하여 그것들이 갖는 형상을 양식화하고 단순화 또는 집약화하여 신운(神韻)과 기상(氣象)이 넘치는 화풍을 이루게 하는 형식적인 과정이 있었다. 사람을 주제로 한 그림, 즉 인물화는 동·서양을 막론하고 가장 먼저 발생하였다. 특히 한국과 동양의 인물화는 산수화, 화조화와 함께 동양화의 3대 전통적 장르를 이루어 왔다. 인물화는 고대 한국회화의 전성기를 대표하였으며 산수화는 인물화의 배경으로 종속 개념을 갖는 등 인물화가 우선이었다. 인물화는 신석기문화 이후 중국 채도(彩陶)시대부터 한대(漢代)를 거쳐온 도기상(陶器上)의 인물을 비롯하여 벽화, 畵像石), 화상전, 공예품의 도안 등은 유래를 지니고 있으면서 회화상의 역사를 대변하고 있다. 그리고 시대를 더해 가면서 도교의 신선(神仙)이나 불교의 고승, 나한 등의 인물을 그린 도석인물화가 등장하게 되었다.

수천년의 유구한 역사와 더불어 시대가 변천하면서 많은 사람들은 문자를 보다 더 아름답고 예술적으로 조형화하려는 충동과 욕구가 서예의 발달을 가져왔다. 서예는 문자를 표현 대상으로 하고, 문자는 인간의 의사와 사상을 전달하는 문장으로 구성되었다. 이러한 문자는 평면위에서 점과 획의 결구 즉 어떤 형태가 되도록 얽거나 짜서 만듦으로 조성되며, 문자와 문자 사이의 여백에서 꾸밈없는 질박과 통일된 질서가 있다. 이러한 서예는 조화, 균제, 통일, 변화 등의 미를 추구하며 특수한 용구를 사용하여 표현하는 동양 고유 문자 조형의 시각적 추상예술로 발전되어 왔다.

서예가 오랜 역사와 정서에서 동양예술, 특히 중국과 한국의 근간을 이룬 것은 문자가 표기 수단으로 표현된 형태가 조형미술이기 전에 자연과 인간정신을 중요시하기 때문이다. 문자는 자형의 변화가 있어도 글자의 내용이나 뜻은 변치 않는다. 그리고 서예는 시대와 지역에 따라 서체와 서풍이 현저히 달라지며 심미적 느낌도 달라지게 마련이다. 이러한 서예가 현대 예술의 한 분야를 확고히 하는 근거에 대하여 정상옥은 다음 세 가지를 제시한다. 첫째로 표의 문자인 한문자는 그 문자마다 삼라만상의 형상과 뜻을 표현할 수 있는 문자이다. 둘째, 한문자의 조자(造字)는 천변만화한 구상적 형태와 추상적 형태의 다양성을 함께 지니고 있다는 점이며, 셋째 거북등이나 짐승뼈에 새겨진 갑골문자나, 쇠붙이에 부어 새긴 금문(金文), 그리고 돌에 새긴 석각등도 있다. 그러나 가장 기본이 되는 것은 천태의 조화를 나타낼 수 있는 독특한 필기구인 붓과 먹을 사용한다는 점이 예술로서의 서예를 오늘에 가능하게 하였다.

서예는 쓰는 사람의 인품과 학식 그리고 정신과 흥취에 따라 거짓없이 표현된다. 또한 서예는 지역과 시대변천 그리고 사람에 따라서 서체와 서풍은 현저하게 달라지는 예술이다. 이와 같이 서예는 시대사조와 개인의 인품에 따라서 필연적으로 그 표현이 달라지게 되었다. 사람은 누구나 천부의 성격이 다르고 소양이나 학문의 깊이에 따라 인품이 형성되며, 이들의 모든 조건이 그 사람의 인격을 이루게 한다. 서예는 서예가의 기교보다는 인격과 사상에 의하여 서체의 서풍이 형성되고 표현되는 예술이기 때문에 정신수련과 학문의 넓고 깊음에 따라 서체에 커다란 영향을 미쳤다.

서예는 문학, 회화, 음악, 연극, 무용 등 다른 예술과 달리 그 표현대상이 문자이므로 구조적 조형적인 특징을 가지고 있다. 서예는 회화와 달리 점과 획을 한번 그은 획은 다시 덧칠하지 않는 심성표현의 일회성 예술이라는 점이다. 서예는 다른 예술과 달리 서예만이 가지는 특수성으로 인하여 단순, 소박, 유현의 독창적인 문자 조형을 심상적으로 자아내어 표현하는 추상예술이다. 서예가 다른 예술과 달리 문자를 대상으로 하지만 그 문자자체가 아니고 엄격한 음운율에 의하여 지어진 詩, 文의 문장을 그 대상으로 한다는 점을 간과해서는 안된다. 서예가는 詩, 文을 지은 작가가 어떠한 시대적, 사회적 배경으로 자기의 사상을 표현하려고 하느냐를 통찰하고 음미하여 그 감흥과 흥취로 글을 표현하여야만 생동감이 넘치고 기력이 있는 서풍을 자아내게 할 수 있다. 그래서 서예가들은 다른 예술과 달리 서법에 의한 서체와 서풍을 연찰함과 동시에 詩, 文과 經, 史 등 관련 학문을 연구하여야 하는 이중의 학문관계를 내포하고 있는 예술이다. 한국의 서예는 고려가 신라의 유풍을 이어 받아 독창적인 서예중흥을 이루었고 말기에는 새로운 서풍을 받아 조선으로 이어진다. 조선조에는 고려의 여풍인 조맹부 서풍이 한세기를 풍미하다가 세조의 계유정난과 임진, 병자의 호란으로 왕희지의 서풍으로 복고하게 되고 다시 말기에 청의 실사구시의 고증학의 영향으로 김정희의 추사체가 그 빛을 발하였다.

5. 결 론

서양에서 미학은 종래에는 미를 논구하는 철학의 한 분과로 정의 되었었다. 그러나 점차로 미학은 과학의 입장에서 반 독립적 주제로, 예술과 이와 연관된 활동이나 체험에 관한 이론적 연구에 기여하는 것으로 이해되어 가고 있다. 그러나 서양의 미학이론과 한국 미학이론이 상호 접근치 못하고, 한국 예술론이 서양세계에 알려지지 못하고, 한국 미학이론이 정립치 못함은 한국이 정치, 경제, 군사면에서 서양에 미흡했고, 우리의 문화, 예술이 서양에 소개될 기회가 적었다. 더 나아가 서양미학 그 자체가 안고 있는 전통적인 관성(慣性), 즉 미에 대한 형이상학적 가정으로부터의 연역이나 고도로 전문화된 언어 분석에 지나치게 의존하데 기인하는 것으로 보인다.

서양의 미학이론을 뒷받침할 만한 많은 훌륭한 예술이 있었음에도 불구하고 미학이론이 정립치 못함은 안타까운 일이다. 신라시대 솔거의 황룡사 벽화는 서양의 모방이론에 충분한 근거를 제공해 준다. 서양에서 모방이론은 한국보다 먼저 나왔어도 그 실례는 한국보다 훨씬 뒤진다. 특히 한국(중국 포함)의 서예는 연극이나 영화처럼 다수가 협동하는 것은 아니지만 혼자서 하는 종합예술이다. 서예는 詩, 文, 회화라는 세 영역을 종합한 예술이며 서양 그 어디에서도 추구할 수 없는 독특한 영역인 것이다.

또한 한국에는 서양에 뒤지지 않는 건축, 조각, 회화, 음악, 무용, 문학 등 다양한 장르에 풍부하고 훌륭한 예술과 예술작품 그리고 예술가가 있다. 이제는 그러한 훌륭한 예술에 종합적인 학문적 근거로서 미학이론을 전개하고 정립시켜 훌륭한 한국의 예술을 더욱 훌륭한 예술로 존립케 하는 근거가 되도록 노력하여야 한다. 한국은 서양과 달리 모든 예술이 자연 속에서 자연과 합일하여 자연물의 하나로서 인간정신을 잘 표현하고 있다. 이제 우리는 이러한 정신을 계승하여 모든 난관을 제거하고 한국미학이론의 존재와 독창성을 정립시켜야 한다. 한국에는 훌륭한 예술은 있어도 훌륭한 미학이론은 없다는 편견에서 벗어나야 한다.

참고문헌

1. Ackemann. R. J. Nietzsche, The University of Massachusetts, Massachusetts.
2. Arthur Schopenhauer, Die Welt als Wille und Vorstellung(Ⅰ·Ⅱ), F. A. Brokhaus, Wiesbaden, 1972.
3. B. Croce, Aesthetics, The Noonday Press, U. S. A, 1963.
4. Bennett Reimer, A Philosophy of Music Education, Prentice-Hall, Englewood Cliffs. N. J, 1970. (안정모 역, 음악미학, 도서출판 다라, 서울, 1997.)
5. Carl G. Jung, Modern Man in Search of a Soul, Harcourt Brace & World, New York, 1933.
6. Colin Lyas, Aesthetics, UCL Press, 1997.
7. Curt Sachs, World History of the Dance, W. W. Noryon and Company. INC, New York, 1937. (김매자 역, 1992, 박영사.)

8. David E. Cooper, Aesthetics, Blackwell, Oxford, 1997.
9. F. Nietzsche, F. Nietzsche Werke(Ⅲ) Baenden(Ⅰ・Ⅱ) Band, C. Hanser Verlag, Muenchen, 1962.
10. Fritz Spellig, In Zeitschr für Ethnologie, 1927.
11. G. W. F. Hegel, Vorlessungen ueber die Aesthetic(Ⅰ), Schrkamp, Frankfurt, 1986.
12. Georg Anschütz, 양일용역, 음악미학입문, 세광음악출판사, 서울, 1994.
13. Guenther Stahl, In Zeitschr, für Ethnologie, 1926.
14. Immanuel Kant, Kritik der Urteilskraft, Verlag Von Felix Meiner, Hamburg, 1974.
15. Monroe C. Beardsley, Aesthetics from Classical Greece to the Present : A Short History (이성훈・안원혁 역, 1992, 이성과 실천).
16. Nicolai Hartmann, Aesthetics, Walter de Grueyter, Berlin, 1953.
17. Osborne Harold, Aesthetics, Oxford University, Oxford, 1972.
18. R. G. Collingwood, The Principles of Art, Oxford University Press of Florida, 1995.
19. Richard Dien Winfield, Systemetic Aesthetics, The University Press of Florida, Florida, 1995.
20. Salim Kemal, Kant's Aesthetics Theory, Macmillan, London, 1997.
21. Virgil C Aldrich, Philosophy of Art, Prentice-Hall, Kenyon College, 1963.

22. Young J., Nietzsche's Philosophy of Art, Cambridge University, Cambridge, 1992.
23. 고유섭, 한국건축미술사 소고, 대원사, 서울, 1999.
24. 권오성, 한민족음악론, 학문사, 서울, 1999.
25. 금기숙외 5인, 한국미학시론, 고려대학교 한국학연구소, 서울, 1994.
26. 김두하, 장승과 벅수, 대원사, 서울, 1994.
27. 김봉열, 한국의 건축, 공간사, 서울, 1994.
28. 김영학, 민화, 대원사, 서울, 1994.
29. 김용준, 이씨 조선의 미술 조선미술대요, 1948.
30. 김원룡, 한국벽화고분, 일지사, 서울, 1981.
31. 김정기, 한국목조건축, 일지사, 서울, 1997.
32. 김준영, 한국 고전문학사, 형설출판사, 서울, 1996.
33. 문명대, 마애불, 대원사, 서울, 1994.
34. 문명대, 한국의 불화, 설화당미술선서(6), 서울, 1996.
35. 문명대, 한국조각사. 설화당미술성서(27), 서울, 1997.
36. 문일평(文一平), 「한국의 산수」, 신구문화사, 서울, 1974.
37. 민주식외 5인, 한국미학시론, 고려대학교 한국학연구소, 서울, 1994.
38. 박금술, 춤동작, 일지사, 서울, 1982.
39. 박언곤, 한국의 정자, 대원사, 서울, 1994.
40. 박용숙, 한국 미술의 기원, 예경, 서울, 1991.
41. 박황, 판소리소사, 신구문화사, 서울, 1983.
42. 발해정효공주묘발굴청리간보, 사회과학전서 제17호, 1982년 1기.
43. 신영훈, 사원건축, 대원사, 서울, 1994.
44. 신영훈, 한옥의 조형, 대원사, 서울, 1994.

45. 안휘준, 조선왕조후기회화의 신동향, 고고미술 제134호, 1977.
46. 안휘준, 한국회화사, 일지사, 서울, 1980.
47. 안휘준, 한국회화의 전통, 문예출판사, 서울, 1997.
48. 윤열수, 괘불, 대원사, 서울, 1994.
49. 윤희순, 조선미술사연구, 동문선, 서울, 1994.
50. 이강근, 한국의 궁궐, 대원사, 서울, 1991.
51. 이상보, 한국 가사문학의 연구, 형설출판사, 서울, 1994.
52. 이종석, 한국의 목공예, 설화당미술선서(41), 서울, 1996.
53. 이종석, 한국의 목공예, 설화당미술선집(42), 서울, 1996.
54. 이필영, 솟대, 대원사, 서울, 1994.
55. 임영주, 단청, 대원사, 서울, 1994.
56. 주남철외 5인, 한국미학시론, 고려대학교 한국학연구소, 서울, 1994.
57. 진동혁, 고시조문학론, 형설출판사, 서울, 1997.
58. 진홍섭, 불상, 대원사, 서울, 1994.
59. 한만영, 한국불교음악 연구, 서울대학교 출판부, 서울, 1990.
60. 허순선, 한국의 전통 춤사위, 형설출판사, 서울, 1991.
61. 홍윤식, 불화, 대원사, 서울, 1994.
62. 황호근, 한국 문양사, 설화당미술선서(12), 서울, 1996.

저자 약력

학력 : 중앙대학교 철학과 학사 · 석사학위 취득
서울대학교 국민윤리교육과 석사학위 취득
중앙대학교 철학과 박사학위 취득
미국 U.I.C.대학교 방문교환교수(2년 6개월)
현, 국립 전남대학교 철학교수

논문 : 「의지의 표상과 원근법적 가치평가연구」(박사학위논문), 「서양의 미학이론과 한국 미학이론의 단초」(범한철학회), 「미국 실용주의와 한국 실학사상 비교연구」(범한철학회) 등 40여 편

저서 : 「김영삼 김일성」, 「서양철학 일반」, 「인간과 윤리」, 「서양의 미학이론과 한국의 미학이론」, 「종교철학」, 「중국 그리고 인도철학」, 「개똥철학」, 「The American Pragmatism and Silhak Thoughts」(영인본), 「한국철학」, 「표상과 충족이유율」, 「흥미와 노력(영역)」, 「실용주의와 실학사상」, 「경험, 흥미 그리고 노력」, 「미학강론」, 「충족이유율의 4가지 근거에 관하여(독역)」, 「일반논리학」, 「쇼펜하우어와 니체」, 「도덕교육 논의」, 「미학논의」, 「삶과 철학」, 「교육 뒤집기」, 「아! 변호사, 판사도 웃기는구나」

비교철학

인쇄 | 2007년 7월 20일
발행 | 2007년 7월 30일

저 자 | 유명걸
발 행 | 강정채
발행처 | 전남대학교출판부

등록 | 1981. 5. 21. 제53호
주소 | 500-757 광주광역시 북구 용봉동 300
전화 | (062) 530-0571~3
팩스 | (062) 530-0579
홈페이지 | http://altair.chonnam.ac.kr/~cnup

값 12,000 원

ISBN 978-89-7598-618-5 (93130)

이 도서의 국립중앙도서관 출판시도서목록(CIP)은 e-CIP홈페이지 (http://www.nl.go.kr/cip.php)에서 이용하실 수 있습니다.
(CIP제어번호: CIP2007002483)